U0511035

# 华大讲堂

## Top Forum
## of Huaqiao University
## 2015

主　编/陈铁晗　曾　路

副主编/赵小波　黄景生

社会科学文献出版社

SSAP

SOCIAL SCIENCES ACADEMIC PRESS (CHINA)

　　2015 年 5 月 5 日，"华大讲堂"第 48 讲，国家自然科学基金委员会副主任刘丛强主讲"中国科技发展、创新驱动与基础研究"。图为华侨大学校长贾益民向刘从强颁赠"华大讲堂"纪念文集。

　　2015 年 5 月 18 日，"华大讲堂"第 49 讲，北京大学社会科学学部主任厉以宁主讲"新常态与中国经济的走向"。图为泉州市长郑新聪为厉以宁颁发主讲嘉宾纪念牌。

　　2015年6月8日，"华大讲堂"第50讲，中共中央党校原文史教研部主任周熙明主讲"核心价值观与文化思维"。图为讲座现场。

　　2015年7月20日，"华大讲堂"第51讲，国家行政学院原副院长周文彰主讲"'三严三实'的内涵和意义"。图为泉州市人大主任陈万里向周文彰颁发主讲嘉宾纪念牌。

　　2015 年 9 月 14 日，"华大讲堂"第 52 讲，清华大学社会学系教授孙立平主讲"当前中国的经济困境与社会转型"。图为讲座现场。

　　2015 年 10 月 13 日，"华大讲堂"第 53 讲，清华大学电子商务交易技术国家工程实验室主任柴跃廷主讲"互联网＋传统产业转型升级"。图为华侨大学党委书记关一凡向柴跃廷颁授华侨大学兼职教授聘书。

　　2015年11月27日,"华大讲堂"第54讲,国家行政学院经济学部主任张占斌主讲"适应经济发展新常态　全面建成小康社会"。图为讲座现场。

　　2015年12月25日,"华大讲堂"第55讲,国家行政学院应急管理培训中心主任龚维斌主讲"健全公共安全体系　加强应急管理工作"。图为泉州市市长康涛为龚维斌教授颁发"华大讲堂"主讲嘉宾纪念牌。

# 前　言

在推动经济社会发展的过程中，中共泉州市委、泉州市人民政府和华侨大学联袂创办了公益性高端学术文化讲坛——"华大讲堂"，广邀国内外各界各领域的著名学者、专家和高层人士，为干部群众、社会各界人士和学校师生作专题报告。

从2009年3月正式启动到2015年12月，"华大讲堂"共举办了55场高水平报告会，内容涉及经济、政治、社会、文化、生态等诸多热点问题。

"华大讲堂"已逐步成为一个卓有影响的校地合作、学术探讨、理论普及的阵地品牌，成为一个集思想性、文化性、公益性、开放性于一体的高端讲座平台，成为传播新观念、传递新思想、拓宽视野的窗口，成为大学和城市紧密联系的纽带，既提升了城市的品位和大学的学术感召力，也扩大了泉州市和华侨大学在海内外的社会资源和影响力。

### 1. 广邀名家，发挥智库和专家的指导作用

"华大讲堂"从一开始就注重体现高水平、高品位，广邀高水平专家，分享研究成果和前沿思想。7 年多来，共有 52 人担任过"华大讲堂"的主讲嘉宾。他们都是相关专业领域颇有影响和建树的权威专家，既有中央党校、中国科学院、中国工程院、中国社会科学院、国家行政学院、清华大学、北京大学、香港科技大学、博鳌亚洲论坛、海峡两岸关系协会、香港政策研究所等机构智库的学者，又有国家发展改革委、交通运输部、中国人民银行、国务院侨办、国务院台办、中央编译局、国务院研究室等部门的官员。他们当中有两院院士，有社科院学部委员，有中央政治局集体学习发言人，也有党和政府工作报告、重要文件的起草人，还有来自境外的专家学者。

和硕彦面对面交流，与鸿儒零距离对话。"华大讲堂"的持续举办，在广大干部群众和高校师生中兴起了一股愈加浓郁、愈加活跃的学习风潮。许多听众反映，他们在"华大讲堂"听到了最好的讲座，得到了很多启发。

"华大讲堂"是泉州市引智借智的学术桥梁，是泉州建设"东亚文化文都"、"21 世纪海上丝绸之路先行区"的发展辐射端，是一个学用结合点，为干部群众提供思想理论和实践指导，在近年来泉州经济社会各项事业发展、综合竞争实力提升的过程中，发挥了人才高地、人

才智库的作用。

## 2. 聚焦热点，面向实际助力经济社会发展

主办方坚持聚焦现实、博纳兼容，围绕社会关注的热点焦点话题和重大理论问题，结合当地经济社会建设的实际需要，以提高现实针对性为着力点，精心选题，举办视角多样、内涵丰富的专题报告会，传播当今世界经济、政治、文化、社会发展的新思想、新观念。

"华大讲堂" 55场专题演讲的内容，涵盖了经济形势与发展战略、政治发展与政府治理、社会建设与公共管理、国际形势与国际关系、台海局势与两岸关系、依法治国与法制建设、文化战略与文化产业、绿色发展与生态文明、海上丝绸之路建设与开放战略、核心价值与思想建设、基础研究与研究转化、公共安全与应急管理、科技发展与产业转型、党的建设与意识形态、发展理念与发展趋势等许多热点难点和重点问题，直面社会发展的前沿和实践。

开讲之前，大部分主讲嘉宾都结合演讲主题，深入泉州社会进行调研，考察现状，分析问题，提出建议。许多主讲嘉宾多年来一直关注福建、关注泉州的改革发展，有多人担任泉州市的高级顾问，41名主讲嘉宾受聘担任华侨大学教授。他们在经济发展、社会建设、文化产业等方面提供指导，在泉州举行了一些重要的学术论坛、会议并开展调查研究。

## 3. 坚持开放，推进文化交流助力民心通

校地双方明确坚持长期合作，持续运作，每年举办8至10讲，力求将 "华大讲堂" 办成推动校地发展的大论坛、加强文化育人的大窗口。每场报告会都通过多种渠道广泛预告，通过校园网进行视频直播，通过 "@华大讲堂" 新浪微博进行图文播报、网络互动，使师生和社

会各界都可以参与。

"华大讲堂"的报告会，吸引了众多干部师生，许多听众都慕名前来。泉州市委学习中心组成员、市直有关部门、高校、各民主党派负责同志，华侨大学党委中心组扩大会议成员、中层干部、辅导员、思想政治课教师，每一讲都到场聆听。部分区县中心组成员、市委党校各类学习班、企事业单位人员也都积极参与。

在"华大讲堂"报告会的互动环节，提问的群体除了有在校师生、退休老教授以及泉州市有关领导、机关干部，还有媒体记者和慕名而来的社会人士。讲座结束后，不时有学生、干部和记者簇拥着主讲专家请教问题。

主办方积极提升讲堂成果，精选高水平报告，出版"华大讲堂"系列丛书，由社会科学文献出版社公开出版发行，目前已出版6辑年度文集。该书坚持原汁原味地体现专家的演讲内容，既在一定程度上进行从口头语言到书面语言的转化，又基本保留口语化深入浅出的表述方式，让人犹如亲临讲堂，这种处理方式深受读者喜爱。

### 4. 注重提升，侨乡侨校及海内外各界协同创建

"华大讲堂"在国内学术文化界，尤其是在福建省已经具有较高的知名度，受到有关部门、专家学者以及当地社会各界的高度肯定。国侨办与泉州市在第四轮、第五轮共建华侨大学时将"华大讲堂"列入共建项目，华侨大学被省委宣传部确定为首批"省级理论进基层示范点"，不少专家表达了参与意向。《福建日报》（理论版）、《福建理论学习》多次登载了报告内容，2015年"华大讲堂"获评"福建省十佳社会科学讲坛"，"华大讲堂"专题网获评"第七届全国高校百佳网站"。

"华大讲堂"引起了社会的普遍关注，许多中央、省、市级媒体进

行了持续、深入的报道，称赞"华大讲堂"已成侨乡文化名片。据不完全统计，新华社、中新社、中国国际广播电台、《人民日报》（海外版）、《人民政协报》、人民网、央视网、凤凰卫视、香港《大公报》、福建电视台、《福建日报》、海峡卫视、泉州电视台、《海峡都市报》、《海峡导报》、泉州电视台、《泉州晚报》、《东南早报》等媒体都对"华大讲堂"进行过报道，并且，凤凰网、网易、新浪等许多门户网站转载过"华大讲堂"的相关内容。福建电视台多档栏目介绍了"华大讲堂"，泉州媒体还结合当地实际以专版的方式对讲座内容进行报道，为泉州市民带来专题的解读。

"等闲识得东风面，万紫千红总是春。"主办方正按照切合地方经济社会发展实际、保持高端品位、服务侨务工作和当地发展的要求，加强合作，积极创新，致力于把"华大讲堂"打造成具有影响、富有魅力、享有美誉以及促进学术交流、传播前沿思想、引领社会文化的区域性高端文化品牌。

借此机会，我们要向一直以来关心和支持"华大讲堂"建设的各级领导、专家学者、干群师生、听众网友、新闻媒体等社会各界人士表示衷心感谢并致以诚挚问候。

期待各界朋友继续关注和支持！

让我们共同努力，携手共进！

编　者

2016 年 4 月

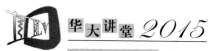

# 目 录
## CONTENTS

华大讲堂2015

# 目 录
## CONTENTS

# 刘丛强简介

**刘丛强** 男，1955年9月出生于贵州遵义，研究员，中国科学院院士，国家自然科学基金委员会副主任。主要从事地表地球化学过程及其生态环境效应以及微量元素和同位素地球化学基础理论和应用研究。曾获中国科学院首届"中国科学院创新文化建设先进个人"等荣誉称号。

1994年入选中国科学院首批"百人计划"，1996年获国家杰出青年科学家基金，1998年任国家攀登项目首席科学家，2006年任"973"计划项目"西南喀斯特山地石漠化与适应性生态系统调控"首席科学家。早期主要从事中国东部新生代火山岩及其地幔岩包体的微量元素和同位素地球化学研究，其成果获2002年贵州省科学技术进步一等奖（负责）；1996年至今主要从事地表地球化学过程及其环境效应方面的研究，研究重点为喀斯特环境地球化学过程和环境变化。有关喀斯特（乌江）流域物质的水文地球化学研究成果于2004年获贵州省科技进步一等奖（负责）。至今共发表中文期刊收录论文200余篇，英文SCI收录论文110余篇；合著专著5部；培养博士生（毕业）30余名。

# 中国科技发展、创新驱动与基础研究

刘丛强　　　　　2015年5月5日

　　尊敬的泉州市各位领导、校领导，各位老师、同学，下午好！很高兴到华侨大学和大家一起讨论我们国家关于科技发展、基础研究和创新驱动的问题，今天有好多领导、大学老师，讲得不对的地方，请大家批评指正。

　　讲到中国的科技发展、创新驱动，我想各位领导深有感触，在目前创新驱动的大形势下，在泉州这片民营经济活跃的热土上，你们的体会和实践可能要更深入、更全面。

3

任何科技的发展都涉及经济发展、社会发展，甚至涉及整个社会安全各方面的问题，现在政治、经济、文化、科技是分不开的。我的报告主要讲四个方面：第一方面，简单分析一下全球大趋势，这种大趋势涉及经济、文化、科技；第二方面，我们国家实施创新驱动战略的战略意义和必要性；第三方面，这几年实施创新驱动战略，高度重视科技发展、科教兴国，讲讲我们国家科技进步的情况；第四方面，结合本人目前的基础研究工作和从事的管理工作，谈谈在创新驱动中如何把基础研究做好，从基础研究、科技发展、创新驱动以及社会经济发展整体来看，如何发挥基础研究的作用。

# 一 分析全球大趋势

东西德间的柏林墙倒塌了，苏联解体、世界两极化的形势已经过去了，多极化的形势慢慢出现。目前世界政治、经济和其他方面的格局都面临着重新洗牌，过去的东方社会主义和西方资本主义阵营，以及发达国家和欠发达国家的间隙开始模糊，这种模糊和人类社会面临的科学问题、生态问题等一系列问题的全球化是紧密相关的。现在需要建立新的国际秩序，维持新的国际形势，而新型大国的崛起也是目前世界多极化的主要原因之一。比如说印度、中国和其他新兴经济体的出现，完全打破了过去两极化的世界格局，新型战略伙伴关系慢慢走向国际社会，交流机制化的合作模式也纷纷出现。这种变革形势也反映了人类社会经济发展的趋势，在这种大变革中，也有潜在的危机。

英国有名的文学家狄更斯写了《双城记》，开场白描述的是当时法国大革命动乱——一切都是不确定的时代，他将那个时代描述为：最好的时代，也是最坏的时代，是最光明的时代，也是最黑暗的时代。这种矛盾的时代存在好的一面，也存在坏的一面。现在有人担心，全球趋势是向着光明发展，但是也存在很多不利因素，如果不利因素成为主导因素，这将会完全违背我们的愿望，走到相反的一面，就是走到了最糟糕的时代。这些因素有很多，经济发展了，人们对生活水平的要求提高，以及对环境等的要求慢慢提高而招致的问题。经济生活水平、教育等各方面是很好讲的，可以少数人说了算，也可以少数国家说了算。现在科技发达、经济发达、交通信息发达，任何信息封锁都是不可能的，人们对自己本身生存的要求比以往高很多，这也会造成另外一种形势。

现在世界大格局的变化，人口老龄化、人类可持续发展所面临的一系列问题，如水资源问题、能源问题、生态问题等，都会造成各种危机，是影响以后大形势变化的因素。全球已经从经济危机、金融危机中慢慢走出来，但是还没有完全摆脱金融危机的影响，全球经济形势仍不乐观。过去的世界管理秩序慢慢消失，比如说两极化的消失、东西阵营的模糊，但是新的全球社会管理机制也没有形成，这可能会造成社会不安定因素，存在某种冲突。例如，现在有乌克兰冲突、种族冲突等发生，有时候冲突比较严重，地区不稳定因素以及新技术的影响、美国在世界上的作用也慢慢改变，这些会对全球科技、文化、教育等发展趋势产生影响。

总的来说，国际关系和国际化道路错综复杂。这种错综复杂是过去经济危机的结果、科技发展的结果，还有人类发展对自然消耗的影响，也给全球社会带来很多不利因素。

美国经济复苏迹象明显，但总体来说还有很多不确定性；日本经济存在结构性问题，重新调整经济结构的难度相当大；欧洲经济现在不太景气。世界银行和国际货币基金组织预测的结果都表明世界经济整体发展缓慢。从 2009 年到现在，世界经济特别是发达国家增长速度非常慢，只有 2% 左右，有一些国家是负增长。近十多年高速经济增长是出现在新兴经济体，中国经济发展速度一直处于 10% 左右。现在的全球背景是：从金融危机以后，科技创新已经成为世界摆脱金融危机、找出新的经济增长点的大趋势。金融危机影响这么多年了，如何改变目前的后危机发展迟缓状态，推动新一轮经济发展繁荣，需要创新驱动，需要新一轮科技革命。

新兴经济体的快速崛起，使全球的价值链、产业链、创新链产生了一系列变化，世界已经进入新的变革时代。但人类经济、科学也存在全球化问题，还有粮食问题、气候变化问题、能源问题、环境问题——这些问题会成为 21 世纪新的挑战。造成包括金融危机在内的一系列危机，要对付这些危机，大家都清醒地认识到创新驱动是不能少的，所以创新驱动是目前整个世界唯一的策略选择，很多国家都在制定相应的创新驱动经济发展的一系列计划。

美国提出创新战略计划，对于如何促进持续增长和高质量就业，也有一系列科学的创新驱动战略措施，主要领域有纳米技术、网络技术、信息技术、全球变化、海洋科技，通过一系列科技发展规划来推动国家科技、社会、经济发展。还有英国、俄罗斯、德国，德国的工业 4.0 版，从过去的 2.0 版、3.0 版到现在的 4.0 版，德国的制造业在世界上是远远领先的，甚至他们瞧不起美国的制造业。另外一个制造业比较强的是日本。现在德国打造工业 4.0 版，是具有物理系统的智能制造，核心内容是依靠网络、信息独立系统研究智能工厂、智能生产，实现三大集成——端到端集成、横向集成、纵向集成4.0版。各个国家都在讨论如何应对经济危机，如何开展国家创新驱动战略，在新一轮创新驱动中也面临各个国家的竞争合作，形势相当复杂。

在世界范围内，新一轮的科技革命、产业革命正在兴起，这个判断是相当肯定的，而且也是清楚的。科技部、自然科学基金委配合国家创新驱动战略，也在实施未来5年、15年科技基础研究方面的规划。在新一轮科技创新驱动变革中，有几大趋势。

一是大家都在重新认识制造业对实体经济的价值。各国综合国力竞争都表现出更多地依赖科技创新，无论是美国等科技发达国家，还是我们发展中国家，甚至一些落后的欠发达国家，都知道科技创新是驱动未来经济发展的一大动力，各国的战略规划都瞄准了科技创新，国际竞争格局也正在重新调整、重塑构架。从每个国家创新战略的特点来看，各国都高度聚焦新兴产业的培育和发展，如新兴能源、生物技术、健康保健、新一代信息技术，这些领域都是大家高度关注的。二是高度重视创业和中小型企业的创新。美国提出了创业美国计划，英国制定了小企业支持计划，这都显示了这方面的特点。三是不论在科技创新战略还是在其他规划里，都高度关注创新人才的内部建设。无论是在科学、技术、产业，还是在科技创新、技术商业化等方面，人才培育是相当关键的。

从目前世界大的经济形势和科技发展形势以及国际政治形势来看，世界经济正走出冰冻期，产业处于转型期，技术处于革新期，新一轮经济发展的动力来自科技创新，这一判断也是大家的共识。

美国有一个专家认为，新一轮产业革命即第三次工业革命应该建立在互联网和新经济基础上。从过去几次工业革命来看，第一次工业革命动力是煤炭、蒸汽发动机、火车、印刷术，关键是蒸汽机的发明。第二次工业革命关键是内燃机的发明，电池的应用。第三次工业革命就是现在所说的可再生能源和互联网技术，大家已经慢慢体会到了。

## 二 我国实施创新驱动战略的战略意义和必要性

我们国家改革开放 30 多年来经济快速发展，伴随着经济发展，我们国家的科技发展相当快，从 2001 年到 2013 年 13 年 GDP 增长速度保持在 10% 左右。经济发展很快，随着经济的发展，我们国家高度重视科教兴国、科技强国和创新驱动。在科教兴国、科技强国和创新驱动战略实施中，我们的科技也得到了很大发展。经济的发展是大家亲身体会到的，而且我们也充分认识到中国经济快速增长，但是我们也清楚地认识到，在经济快速增长的同时需要更多更强的科技力量作为支撑。从过去的历史来看，经济大国还不能代表是强国，科技是很重要的，不能以 GDP 来论一个国家的强弱。举两个例子，1700 年，欧洲占世界 GDP 的 23%，中国也是占 23%，而 1820 年欧洲占世界 GDP 的 26%，我们国家是占了 32%，还挺强的，但是 1840 年中英鸦片战争中国惨败，1890 年中国占世界 GDP 的 13%，日本占了 2.5%，1894 年中日甲午战争中国惨败。所以经济总量不能完全代表一个国家的强弱，过去我们不是输在经济规模上，我们是输在科技落后上。

现在我们是第二大经济体，国家经济规模大，但是不强，表现在很多方面，如单位 GDP 能耗是世界平均水平的 2.2 倍、美国的 3 倍、日本的 4 倍。日本单位 GDP 能耗低得多，意味着它的能源利用技术水平比我国高很多，我们国家经济发展面临的问题就是经济规模大，但不是很强。这里面的矛盾很多，不平衡、不协调，这是大家充分认识到的，在产业结构上过多依赖第二产业，在投入结构上过多依赖物质投入，同时还表现为城乡地区贫富差距相当大。总的来讲，经济大而不强的原因有很多。一是产能过剩。二是能源资源环境压力比较大，资源总量小。我们国家地大但资源并不"宏大"，无论是石油、天然气还是铁矿，矿产资源都很少，所以很多都靠进口，人均所有量更低。三是我们对外依存度高。这与我们的资源拥有量和环境承载力都有关，所以资源拥有量相当少，环境承载力也不强。我们地大，但西北是沙漠干旱地区，北方严重缺水，南方洪灾频繁，像这种环境也给我们带来很多不确定因素。四是能源利用率低。由于技术不发达等各方面原因，对能源浪费很多，很多稀土的矿渣日本人都很想要，现在不出口给他们，但实际上不光是稀土矿，很多贵金属矿产冶炼中损耗相当多，这都涉及技术问题。

经济发展有很多不足，大而不强，下一步要克服这些问题，还是需要科技创新。刚刚讲了世界经济增长低速，需要调整，在新一轮科技革命中国际竞争相当激烈，国内在新的历史起点上有许多有利条件，但也有很多挑战，经济增长速度处于换挡期，结构调整处于阵痛期，这都给经济发展带来了希望，同时也带来许多挑战。目前最大的问题是面临中等收入陷阱的严峻考验，不平衡、不协调的发展问题相当突出。我们国家的经济发展成就世界有目共睹，在 20 年间迅速发展到中等发达国家水平，但是从目前经济发展趋势来看，也显现了另外一种潜在危机，就是中等收入陷阱。

1965 年到 1978 年巴西经历了 13 年高速经济增长，年均增长速度是 10% 左右，人均收入从 1700 美元达到 5500 美元，现在我们是 7000 美元左右，进入了中等收入国家行列。巴西在 1978 年就进入世界最富裕的发展中国家之一，但是后来由于没找到适合自己的经济发展战略，经济长期处于停滞阶段，直到 2006 年巴西人均收入才比 1978 年高了一点，它的经济发展停滞了 20 多年，这就是所谓的中等收入陷阱。大量能源消耗、人口红利驱动了过去一二十年的经济发展，再进一步发展怎么做，这就需要考虑，唯一的选择就是科技创新。波音飞机赚的钱，苹果手机在中国赚的钱，要多少 made in China 才能赚回来？国外的玩具、衣、帽、鞋都是中国生产，它的利润相当低。下面要考虑如何跨越这个陷阱，如何推动新一轮中国经济发展，我们国家也有清楚的认识，所以实施创新驱动发展战略是重大国策。

## 三 我国科技发展进步情况

习总书记的几次政治局讲话都高度重视我们国家创新驱动战略问题，充分认识到过去的发展模式已经难以持续，也提出了一系列指导方针，科技创新推动经济社会发展，增强自主创新能力，完善人才发展机制，营造良好的政策环境，开放合作，这些是党和国家领导人对新一轮创新驱动提出的指导方针。

从中国科技发展的历史阶段来看，从 1978 年改革开放到现在的创新驱动，我们的科技发展进入第四个阶段。30 多年来我们国家的科技发展相当快，在发展过程中，我们也进行了一系列战略部署，这些战略部署在推动国家科技进步、基础研究、人才培养方面都起到很大作用，科学规划纲要也明确了指导方针、政策目标、重点任务、政策环境。

三十多年的改革开放，特别是近十多年来高度重视科教兴国、科技强国、创新驱动，制定了一系列科技规划纲要，对增强我们国家的科技创新驱动能力起了很大作用。2013年我们国家研发人员队伍总量有360万，居于世界第一位，这十多年来科技队伍实力大大增强。这五年论文数量也在稳定增长，五年来保持世界第二位。发明专利在增长，在科学技术方面，从科技部统计的技术领域来看，在1140项技术中，各方面统计有领跑、并跑、跟跑的，跟跑比例比较大，跟着别人走，领跑是少数，并跑是30%左右，领跑即处于国际先进水平的有100多项技术。这十多年来，我们通过实施科教兴国、科技强国、创新驱动战略，中国的科技进步还是相当大的，尽管我们大部分还处于跟跑、并跑中。

不仅这十几年对科技的投入增加，推动了科技发展，同时科技体系和政策完善在很大程度上保障了我们的国家创新驱动、科技发展。政治体系的完善已经形成了推动创新的完整政策体系，比如说财政科技投入如何促进科技进步成果转化和高技术产业化，知识产权技术标准领域也形成了一系列政策体系。

从目前我们国家的财政科技投入情况来看，中央财政科技资金主要用在以下几个方面。

一是基本运行科研项目，60%~70%是投入在科技研发上。国家财政拨款对科技投入是增长的，而且增长相当快，基本上和GDP增长速度相同，目前财政拨款的研发经费是5006亿元，全社会的研发经费总量突破了12000亿元。从社会研发经费投入情况来看，经济发达地区对研发的投入也很大；从活动类型来看，综合研究在研发经费里占了80%多，应用研究是10.7%，投入到基础研究的经费比较少，是4.7%，应用基础研究实验发展经费的比例应该达到多少？与发达国家相比，我们的比例还有进一步完善的空间，真正的科技进步离不开基础研究，基础研究是长期投入，但是这个投入是必需的，而且是有战略性、有重要意义的投入。

发明专利申请数、基础研究文章的引用率、科技队伍都有较大增长。从技术角度来看，发明专利申请数直接反映了我们国家技术的进步，发明专利申请数增长相当快。

从整体来看，我们国家科技发展的趋势在于创新驱动方面，我们国家科技进步还有待提高。我的研究领域是地球化学，地球化学所有的高精尖仪器都是国外产的，走进任何一家医院，核磁共振这种高精尖大型仪器都是国外产的，到日本去买马桶盖、电饭锅，这说明我们的制造业、技术等方面都远远落后于发达国家，这方面需要努力。

十多年来进步了很多，有很多领跑技术，比如说高铁很快走遍全世界，这是中国人引以为豪的有自己知识产权的技术，但是达到这种水平的还很少。另外，这还跟基础研究有关。关于基础研究和应用、技术的关系，李政道先生在2005年接受《科学时报》采访时说过，基础科学和应用科学、技术是鱼和水的问题，他也讲到一个国家的科技要强盛，必须有一个完整的国家知识创新体系，否则就不堪一击，而且会持续后退。基础研究的投入不是只写文章，过去写文章获得诺贝尔奖的理论现在都产生了社会效应，都变成了技术，大大推动了人类进步。日本人有两个诺贝尔奖，LED灯在节约能源方面发挥的作用是有目共睹的，所以基础研究非常重要。

# 四　如何做好基础研究

在新一轮创新驱动中，目前世界各国都在制定自己的科技战略。同时也高度重视基础研究。许多发达国家的基础研究资助机构都制定了未来5年、10年、20年的推动基础研究战略，培养基础研究队伍，更进一步把自身的基础研究和应用研究、技术结合起来，最终在推动社会发展、经济发展等方面实施了一系列战略。

总体来讲，这些基础研究在战略规划方面也体现了以下几个特点。一是如何推动卓越研究，再进一步推进科学和工程学的研究，来满足社会需求。这种基础研究目前越来越多地反映社会导向和需求导向。这是一个趋势。二是人才培养方面，因为搞技术研究必须要有人才，人才无论在什么场合、在什么时代，永远是一个主题，人才是很重要的。三是目前大科学的发展，全球化不仅是科学的问题全球化，还有经济发展的全球化，社会稳定发展的全球化，还有其他一系列都是全球化的问题。在科学当中全球化的问题就突出了，目前用多学科交叉来应对全球化的问题也是一个大趋势。

研发投入我们现在居第二位，也突破了 GDP 总量的 2%。实际上发达国家研发经费投入占 GDP 的 6%，我们是 2%，所以研发投入我们跟发达国家来比还是有差距的。另外一个就是我们的基础研究投入占研发经费的比例很低，发达国家平均在 15%，就是说我们 12000 亿元的研发经费应该是 15% 用于基础研究，而我们现在只用了 4.7%，说明我们的基础研究投入还有待进一步提高。这几年由于科技发展，包括重视科技研究，我们国家的科技产出也大大提高，论文产出量已经占了世界第二位，仅次于美国。论文引用数，也就是它的质量也大大提高了。不论是它的量还是质都在提高，这些就不细讲了。近十多年来我们科技成果产出的增长情况以及成果的影响力也在逐步增长。但是，我们也知道基础研究还有很多的学科，有物理、化学、数学、地理等其他学科。在技术方面有很多问题，如工程材料等，任何一门学科的发展都应该达到一个平衡。从长远来看，如果一个国家的科技实力、科技发展只依赖于两个学科，那么将来在某一时期就会受到关键性技术的制约。所以在基础研究里学科的平衡发展是相当关键的。但是我们目前出现的情况是，一些学科发展比较快，另一些学科发展比较慢。

还有就是刚才讲的科研成果的产出增长很快，无论是量还是质都增长比较快。但是从另外一个角度来看，跟发达国家来比，我们现在科学研究成果的质量还有待提高。这里有一个数字，就是我们论文总量是仅次于美国，总的引用次数排到全世界的第四位。但每一篇 SCI 论文被引用的情况，也就是平均每一项成果的影响力，还相当低，排到了第 15 位。比如，瑞士、波兰这些小国家它们都排到了第一第二，而我们排到了第 15 位。单看论文量是上去了，引用次数排到了第四位，但是真正从科学成果的质量来看，还差得比较远。我们现在有 300 多万的研发人才，基础研究人才现在也有 21 万，每年我们基金委收到的全国科研院校、单位的直接申请书就是 16 万份左右。这也反映了基础研究队伍是很庞大的。我们再讲人才队伍的质量问题，人才队伍虽然很庞大，虽然总量应该说上来了，但是高水平研究人才相当缺乏。2001年在中国大陆只有 7 个人次的科研成果在高频引用名单中，占比只有千分之一。可喜的是 2014 年有 128 人次，占了 4% 左右。这个量跟美国、瑞士来比是差得比较远的。

这几年，我们人才基金的资助应该说也取得相当好的效果。在我们基金委有了这个资助项目后，21年来，共有3100多人受到了资助，这3100多人基本上在所有大学、科研单位都起了主力作用。从另外一个层面的统计分析来看，现在60岁以下的院士当中有81%获得过基金委的基金资助。这说明基金资助的这些人才或者说这些项目在人才培养方面都起到了正面的推动作用。

进一步讲人才方面，就是在国际上，我们国家的领军人才是比较少的。尽管这几年进步很大了，在一些重要国际学术组织当中我们重要的任职占28%，但一些重要组织的主席仅占百分之十几，都是一般的职位，也就是说从重要学术组织任职的比例来看，还是比较低。

科学层面这几年的发展成就很可喜，有一些学科跟人家是远远不能比，但是有一些学科在世界上还是占有一席之地，如化学、生命科学、工程材料、材料技术。就化学来讲，我们发的文章比美国还多，工程材料方面也是居世界第一位的。虽然总体上没有诺贝尔奖，也没有理论模式等其他方面的重大原创成果，但是从目前的科研成果来看，如电机超导、量质反应谱等物理方面、化学方面、材料方面在世界上都处于领先地位，将来如果有诺贝尔奖就可能产生在这些领域。

从在全球的共同作用发挥以及在科学网络里所处的位置来看，过去中国是边缘化的。图1中左边是2009年国际合作网络，右边是2013年国际合作网络，中国的位置在边缘，这个图比较复杂。简单来看，科技发展是处于边缘位置，如果位置在中间，是处于发达国家的水平。2013年中国的科技有所进步。我们分析进步的同时，也分析了很多存在不足的方面。

从科技形势来看，从我们国家的基础研究来看，实际上与我们国家各方面的发展趋势是有关的。现在我们处于比较复杂的时代，比如

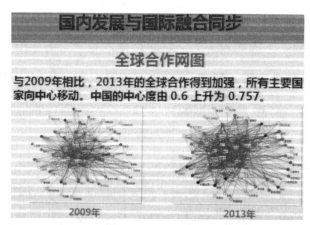

**图 1　2009 年、2013 年国际合作网络**

注：合作频次阈值为 300 次，2009 年国际合作网络有 49 个国家，2013 年国际合作网络有 57 个国家。连线粗细代表国家合作频次多少，节点颜色不同代表某国处于不同的合作程度子网。

数据来源：WoS 数据库。

说现在国家正在努力建成创新型国家，我们还处在技术攻坚阶段。另外，科技体制和创新体制现在国家正在进行调整，现在科技部、国家自然科学基金委还有教育部都在研讨，如何来改革形成新的体制，科技体制变革正处在调整期。基础研究能力、科学能力和产业能力实际上是交汇的。我们的基础研究有了很大进步，量是肯定进步的，质还差一点，就是科技质量还有待大大提高，很有希望，现在进入从量变到质变的一个时期。

从经济上来看，如何调整应对中等收入陷阱，谋求新一轮的经济发展，这是需要我们来突围的。现在就是突围期，在经济结构调整期、产业升级转型期，从我们的经济、科技来看，现在是处在新叠加复杂时期，在这个时期我们基础科学研究也面临很多发展机遇，同时又有很多挑战。

我国提出到 2020 年进入创新型国家行列。我们来看一下什么是创新型国家。创新型国家应具备四个基本特征：一是创新投入高，R&D 投入强度在 2% 以上；二是科技进步贡献率高，达到 70% 以上；三是自主创新能力强，技术对外依存度在 30% 以下；四是创新产出高，世界上公认的 20 个左右创新型国家所拥有的发明专利数量占全世界总数的比例非常高。

要推动实现创新型国家的目标，基础研究非常重要。创新型国家的基础研究也有四个特征：一是科学的发源地，有国际认可的大奖；二是技术的源泉，有科学对技术的推动、技术对产业的推动；三是人才的高地，学科前 20 名或 50 名的科学家占比高；四是创新文化优良。

自然科学基础委的使命就是推动我们国家的基础研究，国家基础研究的投入委托基金委来管理，基金委用好这个钱来推动基础研究产生更多的原创成果，培养更大的基础研究人才队伍，推动基础研究成果和人才培养为中国的经济社会发展服务。

基础研究对基金委提出了很多要求。面对科学的创新驱动，打造创新型国家，基金委就需要解决一些新的问题。如何推动产出重大原始创新成果？如何提高创新环节交汇界面的耦合效率？如何打造人才高地尤其是国际领军人才？如何培育先进的科学文化等等，都是我们基金委的资助机制需要考虑的问题，也即是国家自然科学基金怎么用来推动科技进步和科技成果创新，无论是科研上，还是人才培养方面。

我们现在处于科技体制改革过程中，面临新一轮的创新驱动发展，为自然科学基金推动基础科学进步也带来新的机遇。过去是资源浪费、效率低下的情况比较严重，我们国家的科研经费被很多部门掌握，科技部、国家发展改革委、财政部都可以直接支持这种大的专项、大的基础研究计划，还有科学院、教育部、农业部、环保部。这些项目从设置管理上、从布局上和项目类型设置上都相当多，现在这种碎片化的管理要改了，党中央、国务院专门下发文件，要在 2017 年改变目前这种形式，新一轮的科技体制改革已经开始了。现在要把所有的科技资源重新归类，过去归为五大类，其中基础研究是一大类。在新一轮的科技体制改革中，基金委进行了重新定位，而基金委需要重新定位，主要还是支持我们国家的基础研究和前沿开拓问题以及一些重大科学的学科交叉研究，还有人才队伍的培养，为国家重点研究领域积累创新资源和创新人才。这是科技体制改革以后对基金委进一步的定位。在进一步的定位当中，自然科学基金也会考虑一些新的问题。还有就是新科技领域和产业变革，科技领域和产业变革中的一些领域现在受到了大家的高度关注，一个是信息，一个是生物能源，我们国家要推动信息、生物能源这些领域的研发。

除了大的专项和技术研究方面、应用研究方面，基础研究同时也会被考虑，这是新一轮科技革命和产业变革所关注的新兴问题，所以我们在关注各个学科发展的同时也会重点对信息、生物能源加大投入。

我们现在正处在由量变到质变的时期。大家都知道，一个学校的大学教授和副教授评审、科研院所的职称评审，有关的一些评价制度都高度重视文章的发表情况，甚至不仅这些文章的篇数，还有影响因子大概有多少分，影响因子完了以后，还有就是引用了多少次，引用多少次以后，就是在国际市场上平均被引用多少次，这种评价体系实际上对推动国家科研成果的产出量无疑发挥了相当大的作用。记得 2000 年，我当中科院地球化学所所长的时候，我就颁布了一个新的奖励政策，发表一篇有影响因子文章就奖励 8000 元，如果是 2 篇就奖励

16000 元，如果是 4 篇就奖励 3 万多元。这种激励机制在过去十多年确实起到相当大的作用，不仅是中科院各所，还包括教育部的很多高校。但现有的评价机制指标变了，大家都知道，光讲文章篇数没有用，光讲影响因子也没有用，因为这个不好说，可能你 10 多篇文章还没有人家的一篇重大理论文章好，有些文章也未必是一篇文章具有重大突破，影响因子就四十几，未必等于一般经典学科、传统学科的影响因子只有一或二的。所以现在应该高度重视量和质的问题，究竟对科学成果、对科学理论有什么影响，这才是真正评价科研成果好坏的指标。所以在从量变到质变的评价中，在基金支持的实践中，在人才发挥作用的时候必须可持续地支持研究方向，尤其是基金委必须大胆支持，而不是简单地从前面两三年文章的篇数去判断以后应该怎么样，应该从长远考虑。

总的来说，目前基础研究成果多，但重大原创少。很多理论提出人都是外国人的名字，很少有中国人的名字。当然也有，这种数量相当少，科研大事件少。比如，我们的诺贝尔奖，我估计在不久的将来，在中国大陆上将会逐渐产生自然科学诺贝尔奖，但现在没有。

另外一个就是投入占比少，我们自己跟自己比，科技投入是在增加的，但是要真正与一些发达国家重视科研的程度相比我们还是欠缺的，无论是总量，还是基础研究所占的相对比例都比较低，创新文化等都不是很好。现在大家都知道科研还是在比较浮躁的氛围里，是为了成果而出成果，为了发文章而去搞科研，而不是真正为了科学搞科研，这种创新的氛围还需要大力改善。面对这些问题，国家科研体制要进入新一轮改革，再不改革会影响到科技的发展。有人说影响我们国家科技发展的有几大因素，如院士制度，现在已经有了很大的改进，对研究成果的要求越来越高，今年的评选跟往年都不一样。还有一个就是我们的评价机制需要改进。我们国家有很多科技成果进步奖，但真正的科技进步有多少，大家也很清楚。很多国家科技进步一等奖、二等奖、三等奖，还有省级的一等奖、二等奖，甚至还有大学的奖项相当多，但是，真正的科研成果有多少？这些体制问题无疑在很多方面需要进一步改革，实际上很多因素就导致形成了一个比较浮躁、急功近利的氛围，科学家很难坐下来思考真正的科学问题。

再一个就是资源的配置问题，刚才讲了我们国家有各种领域的项目。基础研究什么都有，现在归为五大类。一个是基础研究，是以自然科学基金委为主，主要支持基础前沿人才队伍。还有一个就是国家科技重大专项，主要是做一些重大技术研究的，还有重点的研发计划，相当于过去的"973""863"，"973"是定位在基础研究，"863"是定位在技术上。现在需要从基础研究到基础研究再到应用，贯通式的全面调整，实际上其他国家的资助机构这些资助机制都有，而我们是分开的。比如，基金委的工作就是支持研究，需要支持哪项技术，本来这个技术研究和这个技术是联合起来较好，分开就不好了，但是现在这种资助机制都没有，实际上在很大程度上没有推动我们国家科研成果的转化。还有技术创新引导专项，以及技术人才等共五大类，现在财政部拨款了，基础研究多少钱，专项多少钱就多少钱，就很清楚了。目前的结构是这样的，在国务院的直接领导下，由科技部牵头来联合财政部、中科院、基金委组成一个联席会议，有咨询委员会同时也有评估和监管机制。这五大类资助机制需要经历一段时间形成新的体系。

自然科学基金委成立于1986年。实际上世界上发达国家，比如说德国的自然科学基金委是把所有国家的钱放在基金委那里，基金委以竞争形式让全国的科研工作者来竞争，这在很大程度上推动了国家的科研进步。日本的成立于1936年，美国的成立于1950年，我们成立于1986年，还是相当年轻的，基础研究没有国界，科学家有国籍，但是基础研究本身没有国界。所以我们自然科学基金委的资助方式吸收了国际上一些先进国家的资助机制。这是我们自然科学基金委的结构情况，我们有8个方面的科学部，有数理、化学、生命、地学、工程材料、信息、管理和医学等，我们基金委员就两百多人，但是我们两百多人收取的直接申请书份数是16万，这个数量是相当大的，美国比我们少一半，但是他们有1000多人，德国基金委收到的申请数量比我们少多了，但是他们有800多人，所以我们的劳动量是相当大的。

这里简单介绍自然科学基金委的项目机制，我们国家的自然科学资助机制没有多大的变化，一个是研究，一个是人才培养，一个是资助条件。研究系列从起点基金的20万元到面上项目的100万元到重点项目的三四百万元，到重大研究的2000万元，再到重大研究计划的两个亿。人才培养系列里有优秀青年基金。应该说这两个系列从成立以来，都很好地应用了这两个制度机制，为我们国家的基础研究和财政都作出了相当大的贡献。

总体来说，我们国家的基础研究投入增长是相当快的，目前来讲，受经济形势影响，西方经济衰退，欧洲也好，美国也好，它们的基础研究资助比例基本上保持不变，都是在1%~2%，我们今年是222个亿，去年是190亿元，占我们国家基础研究投入的60%左右。在新一轮的体制改革中，其他的基础研究在零增长的情况下，基金委增长17%，应当说这是新一轮改革的成果。从国家自然科学基金委获得资助的排名情况来看，肯定是一些规模比较大、体量比较大的综合性研究型大学占比较大，清华大学、北京大学、上海交通大学等每年从基金委申请到几个亿。在人才培养方面，我们国家自然科学基金应该是相当成功的。陈章良20世纪90年代从美国回来跟李鹏总理建议设立总理基金，国家青年基金的成功就是60岁以下的院士80%都是拿这个基金的。反过来讲，没有这个基金支持要科技进一步发展好像还比较困难。去年我们举行了庆祝杰出青年基金设立20周年活动，李克强总理批示，杰出青年基金从过去的每项资助200万元到现在的400万元，数量也大大增加。

　　"十三五"规划中中国的基础研究应该怎么做？新一轮的科技体制改革就是要面对刚才我讲的机遇和挑战，如何解决原创性不足问题，如何解决顶级人才太少问题，如何实现从量变到质变都是"十三五"规划中基金委要考虑的问题。所以现在科研工作如何自主寻找科学问题，用科学问题来驱动科学研究，更多的是把思想、人才、工具融合起来，跨部门跨学科进行资助，这是未来五年我们需要重点考虑的。人才方面刚才已经讲了，过去的资助额度比较小，还有评价制度应该进一步完善，不光是制度支持的力度要增加，时间上也比较稳定，过去的创新是三年评一次，现在一旦评上了，就要六年，就是1200万元的支持。主要目的是什么？只要你认真培养人才，我们就给他一个稳定的条件和环境，让他认真地做科研，而不是老去评价他，这是人才制度保障。在思想上、科研上，将来要支持一些确实有科学突破，完全跟我们平常思维不一样的研究，比如说学科交叉方面。比如，环境科学也是生物科学，也是地质科学，也是一个工程科学，在地质里也有地理，实际上是一个大学科交叉。现在大学科交叉的科学相当多，任何单一学科解决问题都是不可能的，如何资助这种科研活动就需要进一步考虑。比如，有院士在地学，有的在医学，有的在电学等，这放在哪个学科都不好，这就是多学科交叉，叫作交叉学科的院士。基金委评审这个项目的时候，在医学里有呼吸道疾病，但是引起这种疾病的主要物质是大气当中的氮化物质和其他化学物质，这就是多学科交叉，这就一样需要多学科交叉的资助机制。还有一个就是过去很多人认为这个是红的，但是很多科学家说不是红的、是黑的，这种辨别式的资助也很多。我来之前就批准了几个项目，就是2000万元的重大研究项目，这个重大研究项目内容是关于大陆的构造，就是大陆怎么冲到地球板块上去，开启的时候怎么下去，怎么驱动呢？有人提出过去的解释是错的，或者是过去的解释没有，这个人说这是不可能的，结果六个评委打分都比较差，基金委按照评委的分数来看是入选不了的，后来我们一看觉得这是变革性项目，应该资助，成功就成功，也允许你失败，一旦这个成果出来，就是重大的研究成果创新。这种情况过去我们很多都是比较保守，充分依靠专家和科学家，科学家说它不行，我们就说不行，但有时候还是需要大家重新来判断的，所以思想方面，将来的制度机制都是需要改变的。

我们要更多地建一批中心——科研中心。我们国家自然科学基金委跟有关地方政府，如云南、新疆、山东、浙江共同设立联合基金，就是基金委出一半钱、地方出一半钱共同建一个联合基金。这种联合基金是在经济比较发达的省份做，这样做有两个好处：对基金委来讲，我们的使命是推动中国的研究成果创新，更多地挖掘民间资源、社会资源来支持基础研究，这是我们所希望的；从地方上来看，通过科学的制度机制，可以培养地方的创新人才，如跟新疆合作，跟贵州合作，首先需要地方的人来牵头，我们也希望全国其他地方也来参加，但是项目牵头的应该是这个省份。这样就为地方培养了一些基础研究力量。这也是一种新的趋势。我们还跟山东省政府联合建立了海洋科学中心，跟浙江省建立了智慧城市研究中心，跟贵州省建立了喀斯特科学研究中心，这些都是地方政府出一半的钱，基金委出一半的钱，完全用基金委的管理模式来用这个钱，实际上为地方培养人才队伍，同时在某些方面也能为地方的社会经济发展作一些贡献。比如，贵州的喀斯特生态环境在很大程度上制约了经济发展，这些问题解决好，对推动经济发展会起到很大的作用。这些都是基金委所考虑的一些新问题。

从我们国家基础研究来看，基金委主任认为国家自然科学基金对我们国家的基础研究有很大贡献，对于自然科学基金的资助机制未来几年的奋斗目标，他提出了几个并行：一个是总量并行，一个是贡献并行，一个源头并行。总量并行就是我们国家在基础研究上的投入要慢慢赶上世界科技强国，科技强国的基础研究是研发经费的10%，我们要达到10%，还有论文的总量我们现在很快能追上美国，一些高质量论文，从个别学科来看，总量跟它比也是并行，这是目前的情况。在未来的5年、10年，基础研究完全是要并行的。现在我们国家的科研总量各方面都很可观，但是按创新能力来排，我们排得远远靠后，所以到2020年要排到第20位，这是一个奋斗目标。另外就是贡献并行，在基础投入支持下，有十项左右科学研究的重大原创成果，排名要走到前5名。有些学科要慢慢冒出来，希望有一批有国际影响的人才在学科全球前50位科学家中占的比例有所增加。在源头并行方面，在2050年，我们国家要建成科技强国，什么叫科技强国？就是在一些领域起领头羊的作用，比如有三到五项源头性的重大原创成果，形成一批学科高地的科学中心，产出一批从原始创新到应用的重大科研成果。

这些是鼓励，也是目标。在鼓励的基础上，如何达成目标，就看我们国家的基础研究如何去推动它，如何用新的资助机制、新的产业文化去推动我们国家的基础研究，国家自然科学基金委任重而道远。总的来说，基础研究非常重要，因为基础研究能为科技强国提供源源不断的后劲力量，只有基础研究强了，才能推动国家的科技创新和社会经济发展。

我就简单跟大家讲到这里，请大家批评指正，谢谢大家！

# 厉以宁简介

**厉以宁** 男，汉族，江苏仪征人，1930 年 11 月出生于南京。著名经济学家，中国经济学界泰斗。1951 年考入北京大学经济学系，1955 年毕业后留校工作、任教至今。现为北京大学社会科学学部主任，北京大学光华管理学院名誉院长、博士生导师。曾任第七届、八届、九届全国人大常委，全国人大财经委员会副主任、法律委员会副主任，第十届、十一届、十二届全国政协常委，全国政协经济委员会副主任，第十二届全国委员会常务委员。

厉以宁教授在经济学理论方面著书多部，并发表了大量文章，是我国最早提出股份制改革理论的学者之一。他提出了中国经济发展的非均衡理论，并对"转型"进行理论探讨。

厉以宁教授主持了《证券法》和《证券投资基金法》的起草工作，因在经济学以及其他学术领域中的杰出贡献而多次获奖，其中包括"孙冶方经济学奖"、"国家中青年突出贡献专家"、"金三角"奖、国家教委科研成果一等奖、环境与发展国际合作奖（个人最高奖）、第十五届福冈亚洲文化奖——学术研究奖（日本）、第二届中国经济理论创新奖等。1998 年荣获香港理工大学授予的荣誉社会科学博士学位。2013 年荣获 CCTV 中国经济年度人物"终身成就奖"。

其主要著作包括：《中国经济双重转型之路》《体制·目标·人：经济学面临的挑战》《中国经济改革的思路》《非均衡的中国经济》《中国经济改革与股份制》《股份制与现代市场经济》《经济学的伦理问题》《转型发展理论》《超越市场与超越政府——论道德力量在经济中的作用》《资本主义的起源——比较经济史研究》《罗马—拜占庭经济史》《论民营经济》《工业化和制度调整》《希腊古代经济史》《厉以宁经济史论文选》《二十世纪的英国经济："英国病"研究》等。

# 新常态与中国经济的走向

厉以宁　　　　　　2015年5月18日

## 一　适应新常态

　　什么是新常态？最简单的一句话就是按经济规律办事，不要做任何违背经济规律的事情。我们都知道之前中国经济超高速增长或者高速增长，无论是超高速增长还是高速增长，都不符合经济规律，因为不可能长期如此，短期可以。从经济方面讲，高速增长带来了后遗症，归纳起来大概有五个方面的后遗症：第一是资源过快消耗，第二是生态破坏，第三是部分产业产能过剩，第四是低效率，还有第五个后遗症是错过了结构调整和技术创新的最佳时机，精力全放到完成超高速增长任务上。

现在提倡经济新常态要按经济规律办事，首先表现在把高速增长转回中高速增长，6%~7% 都是属于中高速增长。要适应新常态。什么叫适应新常态？我们可以从四个方面分析：第一是由适应高速增长改为适应中高速增长，高速增长是不符合经济规律的，可是我们过去是要适应高速增长，现在要转到中高速增长，一开始就有不适应之处，这是第一点；第二点是由粗放型增长转向效益型增长，转向效益型增长同样有一个适应过程；第三点是由适应计划经济体制管理转到市场经济体制，政府审批过多不适应市场化发展要求；第四点是宏观调控惯了，甚至养成了宏观调控依赖症，没有宏观调控，不知道怎么走路了，现在宏观调控以定向调控为主，以结构性调控为主，这有一个适应过程。现在我们要认识新常态，适应新常态。

## 二　经济结构比经济总量更重要

并不是说经济总量不重要，而是结构更重要。举个例子，从 1840 年英国和中国发生的鸦片战争谈起，1840 年中国 GDP 全世界第一，总量大；但当时英国不是，从 1770 年左右开始进行工业革命，到 1840 年英国工业革命已经进行了 70 年之久，英国的主要产品是什么呢？钢铁、机械制造。英国的大产业是机械制造产业。中国经济总量虽然大，但绝大多数是农产品、手工业品，和机器制造业不能相适应，英国出口铁轨、机车、机器，中国出口的仍然停留在过去的丝绸、茶叶。英国的交通工具已经是轮船、火车，而中国的交通工具是马车、帆船，尽管中国也有大量的棉纺织品，但是手工纺织的。在这种形势之下，中国的产品结构不容乐观。从劳动力素质来看，英国那时候普及了小学，建立了大量中学，也兴建了很多大学，每年培养出很多工程、科研、经济管理、专业金融人才，而中国农民，绝大多数是文盲，妇女绝大多数是文盲，有一些读书人，但读的都是四书五经，为了考科举而读书，所以劳动力质量不高。这就表明中国经济结构方面大大落后于当时的时代潮流。

举一个现代的例子，20世纪80年代国际金融风暴发生了，美国、西欧一些主要国家和日本都知道这次金融危机表明了技术创新要加快，不然技术创新就跟不上形势了，它们都把力量集中在新兴产业的发展、新产品的推出等方面，而我们没有认识到它的重要性，我们依然把怎么实现高速增长目标放在最重要的位置，求总量大，这表明了经济结构的问题。2008年以后，各国结构调整加快，技术进步加快，我们认识到我们的不足。网络经济起步并不太晚，但是对它的重要性认识不够，网络和营销模式的转变结合在一起，开辟了一条寻找市场的途径。网络究竟下一步会怎么发展？"互联网+"，互联网加什么？这个变化现在很难预测，如果不把这个搞上去，我们仍然会感到经济结构的不适应。

## 三　技术创新的重要性

技术创新的重要性主要体现在几个方面。第一是重在效率，重在产品的竞争力。这就体现了技术创新的成果，如果我们不在这方面努力下功夫，我们仍然跟不上形势变化。

第二是新兴产业受到重视，新兴产业成为投资的新热点。这一点我们也没做好，我们知道技术创新重要，但是要有实际的措施，怎么把大量资金引到新兴产业上去，尽力打破垄断，因为不打破垄断、不让民间资本进去是不行的。

第三是群众性技术创新创业越来越重要，因为现在的情况和过去不一样，过去长期流行一句话是高投资带来高就业率，因为要有大量新工作岗位出现，必须有大量的投资，现在这个模式不行了。我在一些地方考察，问当地企业你们现在正在扩建工厂，多少亿投资下去了，你们估计能增加多少个就业岗位，厂方的回答出乎人意料：一个人都不增加，而且还要裁员，为什么还要裁员呢？年纪大的工人不适应新技术，该退休的就退休，不到年纪提前退休。另外，现在有机器人，用机器人操作，公司要尽量裁员，不裁员的话要重新培训，懂得怎么用机器人，一个工厂增加不了几个人，甚至还要裁员，这是事实。那么，我们的就业靠什么呢？靠的就是群众性创业创新，群众性创业创新可以解决更多人的就业问题。所以互联网经济结构都在发生变化，我们必须要想到这一点，也许若干年以后产业进步了，那个时候是不是都在写字楼上班呢？都在工厂里？也许就不需要了，在家里就能上班，只要有一台计算机就可以了。我自己创业了，将来的营销我们现在还不知道，将来其他各个行业的兴起，特别是现代服务业和新的服务业，将来的就业要发展小微企业，发展民营企业，这是解决就业的一个真正途径，而不是搞规模扩大，用机器人就可以代替工人。

第四，技术创新表现为双引擎启动，打造新的引擎。新的引擎包括新兴产业的兴起，其中如新产业新产品，主要产品是新的，功能是新的，增加一个功能就不一样。我到日本去考察，中国大使馆的参赞陪我去，他说你看东京这些年城市规模没有变化，但是你到每个家庭去看看，家庭内部装的设备全变了，都是智能控制，外表看不出来，不像中国这个城市又新建了好多高楼，日本没有这些，但每个家庭内部的设备都变了，从卫生间到厨房，全是智能化控制。前景现在很难预料，有的经济学家说，货币还用带吗？货币不能取消，但是人身上没有货币了，带一个信用卡就可以了，上班或者自己做老板或者给人家打工，你有计算机，在自己家里办公就行了，甚至轨道交通发达到这个程度，人上轨道以后，轨道自动把你送到你要去的地方，下来再换一条。汽车要人驾驶？不一定，汽车装上一个软件之后，就可以自己驾驶，你把程序设计好。很多变化我们不知道，这就表明了我们技术创新、创新创业这个观点正确。

## 四 消费带动经济增长

首先要讲两个历史上的事情。第一个事情是国家大量发钱会引起通货膨胀，这点大家都知道。举个例子，马其顿南下把希腊占领了，然后再以希腊为根据地渡海出征亚洲，把波斯帝国灭了。波斯帝国是一个很大的国家，把王公贵族的金银财宝都拿走了，马其顿国王怎么用这笔钱呢？首先，随他出征的士兵都打了十来年仗，给每个人发了一大笔钱，回家结婚去，老兵都退役了。跟他一起出征的官员都受到了大量赏赐，希腊各个城邦，除了斯巴达以外，都跟亚历山大出征，为了酬报他们，就把钱分给他们作为奖励，因为他们出人出船出粮食。为什么不给斯巴达？因为斯巴达不跟他们合作。结果不得了，通货膨胀持续一百年之久，当时不是用纸币，当时用的是金币和银币。金币银币一样不值钱了，因为钱多了，消费物资供应不上，家家要盖新房，要木料、家具，要买各种衣服，生产力不足，所以物价上涨，这是历史上的一个例子。大量地赏赐小民，只能造成通货膨胀，金币银币都能膨胀。第二个事情是价格革命。时间大概是公元16世纪到17世纪，西班牙把拉丁美洲地区都占领了（除了巴西以外，因为巴西归葡萄牙），把印第安人各个王宫的金银归入西班牙。西班牙还大量采掘当地的金矿银矿，在拉丁美洲没东西买，就运到欧洲（大西洋礁石边上还有一些海底沉船，打开里面都是金银财宝，是从印第安人那里抢来的），西班牙没那么多工业品，就流入了法国、荷兰、英国，抢购工业品，整个物价就起来了，持续达200年之久，这是历史上有名的价格革命。消费的增长要合规律，要和消费品的增长同步，增长不同步，把国家发的钱都花了，只能造成通货膨胀。

根据中国的情况，我们要发展新的消费。第一是增加居民收入，让群众有能力消费。第二是健全社会保障，让群众购买消费品无后顾之忧。关于这一点，可以再举一个例子，20世纪30年代初，西方国家发生了大危机，失业猛增，当时经济学主流是新古典学派，新古典学派提出解决失业问题的一个办法是：一个人的工资两个人分，一个人的饭两个人吃，一个人的工程两个人干，虽然工资少一点，但不会失业，采取这个办法。与此不同的是瑞典学派，他们给瑞典政府提出建议，要解决失业问题绝对不能照新古典学派的做法，应该怎么做呢？应该是失业给补助，住房给补贴，兴建住房，发展房地产，教育免费，医疗免费，就是走福利国家的道路，最早的福利国家是这样出来的。第二次世界大战结束以后，西方经济学家开会，回顾30年代初期新古典派和瑞典学派的争论，讨论谁对谁错，大家一致认为新古典学派错了，因为一个人的工作两个人做，一个人的饭两个人分，是一个工厂内部解决就业问题的办法，绝不是社会解决就业问题的办法，因为社会有一个社会购买力要增加的问题，一个人的工资两个人分，社会购买力并没有增加，没有增加就没有解决社会就业问题。瑞典学派是对的，公费教育、公费医疗、失业补助，这样人们无后顾之忧，消费就增加了。经济学的重要原则是就业扩大，必须有一批人就业，有了收入去花掉，别人就有就业，别人的收入再花掉，别人又有就业了，这就表明社会保障实际上是增加消费的途径。

第三是拓展国内消费市场。不久前我在河北沧州考察，沧州有一个国际裘皮城，皮草行业——我以前没听懂皮草行业，是不是皮革行业写错了写成了"草"字？后来他们说不对，几百年前就叫皮草行业，为什么叫皮草呢？因为裘皮是冬天卖的，夏天没有生意就卖凉席、卖草帽、蓑衣，一个夏天，一个冬天，裘皮只有冬天有销路，夏天没有销路，夏天就卖草，所以叫皮草行业。皮草行业现在生意不好，以前多好，因为那里的裘皮出口地是东欧、俄罗斯，尤其是俄罗斯卢布在贬值，买不起了，所以就想怎么打开国内市场让人买，国内买的人不多，运到中国香港去，中国香港用的是意大利的裘皮，一件裘皮大衣好几十万欧元，少的几万欧元，便宜没品牌。我在那里考察，考察完之后我就说了几句话：第一句话，让产品更个性化，包括泉州也是这样，要让产品更个性化；第二句话，让服务业更人性化，服务业不能摆姿态，因为服务业只有符合人情味，别人才来购买你的服务；第三句话，把品牌打到国外，我们没品牌，我们自己造品牌打到国外；第四句话，把顾客留在国内。我在厦门考察保税商店发现，他们现在就在努力把顾客留在国内，在国内消费甚至比欧盟还便宜，这就了不起了。我们如果把（去国外消费的）顾客有一半留在国内就可以了，现在出国旅游带来的消费量是 2 万亿元人民币，有 1 万亿元留在国内就不错。你看国内的形势，这就是我们的消费，一定要懂得这个道理。

## 五　经济下行的压力

首先要认清一点，经济下行压力不是负增长，西方国家经常是负增长，我们的增长速度放慢了一点，增长率过去 8% 都习惯了，7.5% 就不适应了，现在到 7% 左右了，实际上经济下行就是 7% 也在世界排前面了，就是 6% 又怎么样？所以首先要熟悉为什么会有这样的问题，主要是几个原因。一是前几年大量盲目投资，产能过剩，产品积压，如果没有那个时候的大量投资，产品不会过剩到这个程度，现在转入新常态要避免再出现这种情况。二是应该看到要减小经济下行压力，就一定要懂得道理，调整结构，但调整是很慢的，没有那么快见效，是逐渐调整结构，不能快，技术创新也没有那么容易，要经过实验，要试生产，逐步进行，最后成绩越来越大，急不得，急了可能站不稳，还需要一段时间。三是要懂得西方国家经济不好，所以它们需要减少从中国进口产品。这两年我在浙江考察，他们就说圣诞节礼品不好销了，过去圣诞节礼品很好销，现在圣诞老人和小孩玩具都不好销了，这是因为它们的经济处于不景气状态。四是经济总量越大，成长越困难。现在和十年前相比，我们的总量越大，每增加 1%，都比过去更难，这种情况下我们能够维持 7% 左右不容易，所以要正确认识。我们应该看到金融是一个关键因素，为什么现在会闹钱荒？它的根源不是货币发行量的多少，货币发行量还在增加，为什么会感到出现钱荒？主要是贷款难，银行主要是贷给国有企业，民营企业想贷款没那么容易，因为银行怕啊，民营企业万一贷款不还怎么办，而国有大企业比较稳，所以就贷款给它们，然后它们再贷款给民营企业。很多民营企业贷不到款，只好从大企业贷款，但是很多国有企业也没钱，所以他们得了一个经验（这是我在浙江温州考察的时候听来的）："现金为王"。什么叫作"现金为王"？就是每家企业都要储备超正常的现金，万一有紧急的事情，资金链不能断，资金一断，损失就太大了。所以"现金为王"，要求每家民营企业都有超正常的储备，从全国来讲，多大的量！

在这种情况下，关键就在于信贷改进。你可以回顾一下几年前，当时经济状况差点的时候，几乎一个月提一次存款准备金率，在所有金融调控时代，存款准备金率是最不要轻易使用的，轻易使用要提高利息，存款准备金率牵涉面太大，每个月提款一次，为什么要这样呢？放松的时候，放松两次，不动存款准备金率了，最近才动，此时不减息更待何时？这个问题前面讲过了，面对当前经济下行的压力，我们要适应新常态，进行结构调整，效果慢慢来，要推动技术创新，实现消费群体、消费习惯的变化，让产品更个性化，让服务更人性化。

# 六　继续发挥财政政策和货币政策的作用

走向定向调控，走向结构性调整，现在的宏观调控不能再和以前一样，以前是大水漫灌，凡是搞农业的人都知道，这对水资源是浪费。现在怎么办？哪儿缺水就给水，哪儿不缺就不给。这样的情况我们可以看得很清楚了，定向调控是适应当前的，减税也是定向减税，不是普惠。在这个过程中，一定要认识到宏观调控今后重在微调，重在预调，政府有很强的预测性，一定要记住，宏观调控不能过猛过大，大

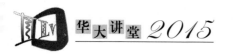

升大降大摇大摆对经济是有害的，出现后遗症不好办，尤其要避免宏观调控依赖症。

## 七　经济形势主要看通货膨胀率和失业率

这两个指标一定要重视，失业率一般在 4%~5%，最高不要超过5%，因为 4% 以下可以承受，如果高了，就要想办法增加就业。增加就业的方法刚才说了，投资是适当的，高投资不一定增加就业率，投资要怎么投呢？第一是要动员民间资本参与投资，不是专靠国有企业、政府。第二是"短板"需要投资，新兴产业需要投资。第三是基础设施要投资，基础设施的投资要有远见，因为它关系到将来会怎么样。通货膨胀率一般是 3%~4% 就需要引起警戒了，突破 4% 就需要注意，解决通货膨胀的路子在哪里？根据美国的经验，如果是总需求过大引起的通货膨胀，紧缩财政、紧缩信贷是有效的；如果是成本引起的通货膨胀，劳动力成本上升，教育成本上升，房地产成本上升，都会引起通货膨胀，这时紧缩是没有用的，应当走技术创新的路子，增加供给，让短缺情况渐渐消失。

## 八　混合所有制改革的进展

混合所有制包含了这样的内容。一是产业结构的调整，通过混合所有制改革来调整产业结构。我们在这里需要讲一个效率的概念，长期以来经济学研究的效率是生产效率，什么叫生产效率？就是有多少投入、有多少产出、投入产出之比，比如说投入不变，产出增加了，这是生产效率提高了，或者投入不变，产出增加了，或者投入减少了，产出不变，同样是生产效率提高。20世纪30年代以后出现了新的效率概念，资源配置效率非常重要。简单地说，就是投入是既定的，但是资源的配置方式可以改变，用A方式配置资源可能产生N效应，用B方式配置资源可能产生N+1效应，这就是资源配置效率的提高。全国这么多国有资产，全国有这么多民间资本，但是配置怎么样？如果你把国有企业的配置问题解决了，更合理地进行配置，效率会大大提高。资源配置效率的例子是存在的，通过混合所有制改革，把效益发挥出来，民营企业一样有这个问题，好多民营企业为什么到这里投资，而不愿到内地投资？成本过高。解决这一问题让民间资本配置得更好，效率一样提高。泉州企业资源配置问题重新考虑一下，鼓励它们进入国家允许的一些产业，这样它们的积极性也发挥出来了，无论国有还是民营，资源合理配置、有效配置，都会大大发挥资本的潜力。

二是相对控股效率更高，不一定都要全资，不一定完全国家控股，现在国资委的政策基本上是一个企业一个对策，不能"一刀切"。

三是在混合所有制改革中一定要重视法人治理结构的完善。股东会、董事会、监事会聘任总经理实行任期制，这些是法人治理结构完备的条件，是不是做得好？是不是还有很大余地可以进一步改进？现在重要的问题就是怎样在中国逐步形成职业经理人制度，因为现在中国没有。国外有职业经理人市场，职业经理人都是高管，有面子，不会到处求职，所以他们成立猎头公司，成立企业咨询公司，需要某一个行业的人，有一些人给介绍，登门求贤，而不是让他来找你。但是，在中国该怎么办？现在国有企业在改组过程中有一批高管下来，他们有经验，泉州在这方面可以搞试点，因为民营企业多，而且它们也正处于需要调整的时期。

四是一定要实行高管产权激励，比尔·盖茨、乔布斯的公司之所以发展那么快，除了他们本人还有团队，他们的团队是别人怎么动摇都不会走的，因为有产权激励。产权激励是用期权制，定一个时间可以买，成交之后再按照价格，在若干天之内，或者几年之内不能转让，过了这个期限就可以转让，这样就把人拴在一起了。

# 九　民营企业转型

民营企业也要进行改革，为什么不提改革？因为民营企业家有一个顾虑，改革是不是要走上国有企业的路，或者和工商业改造一样，他们有这种顾虑，这个转型是体制上的转型。民营企业一开始多半是家族制，这在全世界是通例，因为一开始它有条件局限：第一，家长通常是一个能人，他能够带领全家族把企业搞好；第二，他有威信、号召力；第三，他个人往往在能力上有所长，或者了解生产的情况，或者了解市场的情况。但是民营企业规模大了以后就会出问题，主要是股权一开始就不清晰，股权不清晰就会出问题。我带全国政协考察组对非公有经济新36条的实施情况到广东珠江三角洲进行了调查，在开会过程中，有一名企业家说，我的企业遇到了困难，一开始股权就不清楚，我带三个儿子一起干，从一个很小规模的企业，十年时间就上亿了，又过了几年就有了好几亿资产，可是产权不清楚。老二突然生病死了，老二的孩子也都长大成人，他们说我们不懂企业，你把我父亲的财产分给我们。老大和老三认为我们干了这么多年，产权也不清楚。结果企业分裂了，尽管没有分成几个企业，但是人员就没有过去的凝聚力向心力，遇到了困难。该怎么办？当机立断现在就清理，这样才有前途，越到后面，产权越模糊。他是汕头的一个企业家，大家一起来，当时出了多少力就加多少分，没有的话就按人头分，可以保留股份，也可以在实行股份制之后在证券市场卖掉，但不能再拖了。这个人第二次碰到我，他说幸亏你，拖得越久越难办。在民营企业中认贤还是认亲是一个大问题，认亲——哪个儿子跟我最亲，认贤包括内部产生经理人或者到外面聘请经理人。后来他们又总结出一条经验：亲中最为贤——亲的当中哪个最贤，贤者最亲——贤人中谁跟我最亲近，这是一个变通办法。实际上论亲有它的好处，论贤对将来民营企业的转型非常重要，民营企业在转型中迟早要走职业经理人道路，所以我刚才讲过的职业经理人是很重要的问题。北京大学光华管理学院正在研究一个课题，就是在中国怎样建立职业经理人制度。

# 十　对外投资

现在中国对外职业投资已经超过了外资进入中国的资金量，这是一个大变化，过去是外国来中国投资比较多，现在中国对外投资量更大，这是好事情。这是一个信号，这个信号表示中国市场是有潜力的，中国对外投资更有潜力，对外投资方面应该注意的问题是我们应该把什么产品带到国外去生产。仍然是新产品，新产品不断研发，其中很重要的一条就是产品有新功能。

我在厦门讲了一个故事，是一个案例教学的故事。有一个生产木头梳子的工厂找了四个推销员，他们各带一批样品订单去推销木头梳子，指定到和尚住的寺庙里推销。晚上第一个推销员回来一把都没卖掉，他说和尚说我是光头要梳子有什么用，一把也没卖掉。第二个推销员回来了，销了十来把，在和尚庙里能卖十来把不容易，他对和尚说，梳头是木头梳子的第一功能，木头梳子还有第二个功能，经常用木头梳子刮刮头皮可以止痒、活血、明目、清脑、美容、养颜。第三个推销员回来了，销了好几百把，他说我在庙里仔细考察，香火挺旺，香客挺多，磕头以后头发有一点乱，香灰掉头发上有一点脏；他就找方丈说，你寺庙里的香客多虔诚，你要关心他们，你每天早上每个佛堂前放几把木头梳子，木头梳子很便宜，香客就感到寺庙里很关心他们，他们就来得更勤快了。方丈说对，我应该关心他们，买一点梳子每天放在上面，花不了多少钱，但是获得香客的好评。第四个推销员回来了，销了好几千把，他直接找来方丈，和方丈聊天，有人给你庙里捐钱，有人给你庙里送礼，你庙里去外面办事情公共关系需要打通，你庙里需要有礼品回赠给人家，木头梳子是最好的礼品，因为木头梳子两边可以刻字，把庙里最好的对联刻上去，反面放一个书法字体，写几个字，作为纪念品。

这就说明了问题，怎么打开销路？市场怎么创造？有一个很重要的问题就是要有新功能。第二个推销员销了十来把梳子，因为他发现了梳子的第二功能，第三个推销员是改变了梳子的性质，是庙里关心香客的方式，第四个推销员把梳子当成寺庙的名片送给别人，这样公共关系就打通了，功能就转变了。就和大家现在用的手机一样，十来年前手机只有一个通话功能，年年有新的功能出现，年年有需要换手机，年年手机的市场在扩大，过去只有一个通话功能，现在可以上网、录音、录像。这也表明对外投资中要重视产品新功能。泉州有这么多工业品，价钱便宜，但一定要有新功能，市场才能打开，光靠价格便宜是不够的，光靠广告也不够，必须得实惠，实惠就是要有新功能。

# 十一　信心

现在大家都应该对中国经济有信心，对新常态有信心，对经济下行压力的解决有信心，多方面都要有信心。中国工人的素质是好的。我在珠江三角洲调查，有两个企业家后悔了，当初看国内工资在上升，成本高了，东南亚便宜，工资比我们低，于是就把公司移过去了，结果他们后悔了，中国的工人素质是世界上最好的，工资上升是必然的，因为生活费在上升，工人技术水平在提高，工人的劳动效率在提高。东南亚国家的人不守纪律，该上班的时候不来，昨天刚发工资，就不来了，过两天花完了再来上班，他一个礼拜发一次工资。还有不学习，中国的工人不断学习，因为不学习跟不上。中国的工人技术熟练以后，还有小的发明创造，这一点是不一样的。在德国考察的时候发现，德国大量存在中小企业，而且中小企业都是熟练技工的，当了几年工人以后，有一点钱就出来，在奔驰公司有很多汽车摩托车修理店，都是自己干到一定年龄以后出来创业。他能够造老式汽车的新零件，因为汽车淘汰以后，没有这种零件了，只要有样子，他就能够做出来一模一样的，这就是技术。在德国出现了蓝领中产阶级，中国是没有的，中国是白领中产阶级，难道都是白领吗？《北京青年报》登了一个消息，北京某些环保工人现在都穿上了白领工作服在实验室里看图表，连工人自己都分不清楚谁是白领谁是蓝领，这个界限就没有必要存在了。所以中国必将出现一个中产阶级，无论白领还是蓝领，都是中产阶级的一分子，和现在的德国一样。在德国中产阶级蓝领里，有时候根本从外表看不出来。

# 十二　城乡收入差距

城乡收入差距改革开放前就存在，为什么改革开放以后城乡收入差距继续扩大？这个问题值得探讨，我们从资本的三个类型谈起。第一种资本叫物质资本，物质资本是货币转化为生产资料，如厂房、设备、原材料构成物质资本。第二种资本是人力资本，20世纪60年代开始出现，体现在人身上的知识、技术、经验和智慧。60年代出现了"人力资本"概念以后，一下在全世界推广，西方经济学家举例最多的就是第二次世界大战后的日本和德国，日本和德国的经济在战争中被轰炸摧毁了，铁路中断、工厂厂房被毁，但很快就恢复了，靠的就是高质量的人力资本，物质资本虽然摧毁了，但是人力资本还在就起来了。第三种资本是70年代的社会资本。这个社会资本和报纸上所用的社会资本不是一回事，现在报纸上的社会资本是民间资本，把民间资本叫社会资本。这里的社会资本是经济学概念中的社会资本，它是一种无形资本，是人的信誉，人的信誉是最大的人力资本。从三种资本并存和三种资本的比较，就可以找出城乡差别为什么扩大。

物质资本：城市居民要想创业，祖传的房子一抵押，第一笔现金就到手了，而农民没产权，到什么时候才开始重视产权？在改革开放很多年之后，宅基地上盖的房子没有产权，没有东西可以抵押。最早城里人是靠房子的抵押，有第一桶金，农民没有。所以说从物质资本来讲，差距当然就扩大了。

人力资本：城市学校经费多，教师质量好，设备齐全，学生学习条件好，农村的经费少，校舍差，没有好师资，所以农民子弟就出去打工了。我到贵州去考察，公路两边标语写着"不读完初中，不外出打工"，读完初中才 16 岁。人力资本存量小，城里的人力资本存量大。

社会资本：城里人以泉州为例，以晋江为例，每一个城里人都有亲戚朋友熟人，他出去有熟人，只要你信誉好，别人就相信你，能够帮助你。在闽西，龙岩山上的农民，他们没有到过城市，他们在城市也没熟人，出来没人提拔帮助他们，所以他们的社会资本不像城市那么多。

物质资本，城市占优势，农村占劣势；人力资本，农村占劣势，城市占优势；社会资本也是一样。这种情况下，城乡差别怎么不大？所以我们现在要提高农民的收入，和城市接近，现在的政策是对等。比如说，物质资本方面，农村正在进行确权。浙江确权进行得非常顺利，我们到嘉兴市的一个乡里去，街上放炮仗，土地确权完成验收了，农民高兴，农民承包地有经营权证，宅基地有使用权证，宅基地上的房子有产权证，产权证可以抵押了，物质资本和城市差异就缩小了。人力资本现在正在加快发展，教育要公平，除了国家增加投入，现在民间办学的风气很盛。传统经济学包括西方经济学只研究经济人，经济人假设就是要以最低成本实现最大收益，每一个投资商业、工业的人都有这个想法，一定要成本最低收益最大，这是经济人概念。但人不仅是经济人，人也是社会人，经济人和社会人合在一起才是真正的人。有两个地方可以投资，一个 A，一个 B。A 是利润高成本低，B 是成本高利润低，经济人一定投 A，偏偏有人投 B，为什么投 B？大多数人会想这是我的故乡，我赚钱以后，同乡还那么穷，我要在这里办一个企业，我在这里搞建设，捐建一个学校，这就是社会人。还有另外一种，我曾经在这里工作过生活过，我年轻的时候没有人瞧得起我，现在我有钱了，我发达了，在这里投资，你们当初瞧不起我的要改变。还有一种情况，我当初在这里工作过学习过生活过，我曾经犯过错误，私下里欠了人家钱没有还，现在隔了这么多年，

是我内疚，因此，尽管这里是穷地方，但是我要在这里建一个图书馆，建一个学校，甚至建一个工厂，增加当地的就业。所以，人是经济人和社会人的统一。我们不要把泉州的工商业者都看成是经济人，很多是社会人，把他们给调动起来，这样我们的经济就可以搞得更好，城乡收入差距也就在这个过程中逐步减小。

人力资本让农民存量不断增多，进入市场多了，熟人就越多，关键是信誉，不能骗人。西方有一句谚语，他骗了所有人最后他才发现原来这么多年，他被所有人骗了。因为你讲假话，别人知道你讲假话，跟你讲的都是假话。

## 十三　民营企业抱团

从三个和尚的故事谈起，一个庙离河边比较远，每个和尚挑水喝，又重又累路又远。有三个庙相继在河流的不同方位，第一个庙的小和尚说天天挑水这么远好累，我们三个人想办法分三段挑，我挑第一段，你挑第二段，第三个人挑最后一段，三个人轮流换，这样一来缸里的水就经常满，这叫协作。第二个庙老和尚把三个徒弟叫去，你们三个人跟我去挑水，我在边上看着，谁今天最早能够把自己的缸挑满，吃完饭就加一道菜，谁排后一位，菜就少一半，三个和尚赶快挑，一会儿三个缸都是满的。这是体制上作了改革，分配制度上作了改革，调动每个人的积极性。第三个庙，三个和尚一起商量，后山的竹子很多，把竹子砍下来做成疏水管道直通庙里，三个人凑一点钱买个篓子，第一个人在河里用桶装水，挂在篓子上，第二个人摇篓子，第三个人把水倒进水槽里，三个人轮流换，这叫技术创新。我们要从这里得出一个重要的体会，这个体会就是：第一个庙重在协作，第二个庙重在体制改革，第三个庙重在技术创新，三个路子都行，可以一起使用。这个故事是要告诉我们，民营企业要抱团取暖抱团互动，单枪匹马去干当然行，如果跟别人协作，如果跟别人共同研究一个新产品，如果跟别人一样在体制上作一些改革，只要民营企业抱团协作，再大的困难也会慢慢克服。

## 十四　道德的力量

市场调节是第一种调节，市场供求规律起作用，无形的手在支配着资源的配置；政府调节是第二种调节，通过法律法规政策起作用，是有形的调整；还有第三种调节。市场是几千年前出现的，几千年前原始公社瓦解，部落之间有了商品交换；政府调节就更晚，国家形成以后才有政府，政府有各种规章制度出来，而人类社会存在了几万年，在漫长的历史中没有市场就没有市场调整，没有政府就没有政府调节，人类社会存续下来，繁衍了后代，那个时候靠什么力量调节？是靠道德力量的调节，市场调节之后，如果人不讲信用，市场怎么都不行，一定要有道德力量的调节。政府调节如果没有道德力量的参与，政府调节也是低效率的。道德力量调节是无形的。每个人都要自律，自律就是道德力量的调节，文化建设也是道德调节，如校园文化建设、社区文化建设、企业文化建设都是文化建设。自律是无形的，文化调节是有形的，企业文化调节关键不是单纯发扬企业风格、树立企业品牌，最要紧的是培育认同感，培育凝聚力，企业最要紧的是要有认同感。中国有一句古话：同甘共苦，这个话要分开看，"同甘"是靠制度，企业赚钱了，我们分钱必须有规章制度，不然企业就乱了，企业遇到困难了，制度不管用了，效率没有那么好了。企业遇到困难的时候靠精神力量，"同甘"是靠制度，"共苦"是精神力量，就是道德力量，这样才能共渡难关。

我们都谈效率，效率有两个基础：一个是物质技术基础，厂房、设备、生产、原材料、劳动力，这都是构成物质技术的基础；但是效率还有另一个基础，就是道德基础。重要的支点在于：仅仅有效率的物质文化基础只能产生常规效率，超常规效率来自效率的道德基础。举三个例子，第一个例子是抗日战争年代，为什么中国人有这么大的积极性和战斗热情？是爱国主义起作用、道德力量起作用。第二个例子，自然灾害来临的时候，2008年四川汶川大地震的时候，全国上下互助，帮助那些受难灾区的人民，抢险救灾，这种超常规效率来自道德基础。第三个例子，移民社会有很大的道德力量作用，我到龙岩去看几个县，客家人是河南人，在来到福建、广东以前不叫客家人，叫中原人，中原人过了长江以后分散在鄱阳湖东面——江西上饶市的鄱阳县，他们就定了规矩，到南方以后，一定要和当地人和睦相处，一定要守规矩，而且不准欺骗、以强凌弱等等。然后就分了，这一支向福建，这一支向广东，这一支向湖南，这一支留在江西。在龙岩，土楼战胜了恶劣的气候，保留了自己的客家文化，从这里走向全世界，全世界客家人有1亿人，他们是过去的河南人。今天的河南省有1亿人，今天的1亿人加上到国外的1亿人，是2亿人，全世界70亿人口，约1/30是河南人。我在那里考察完快走的时候，在土楼前面放了一张宣纸，请我题几个字，我说我抽根烟再题，我题的是"人情道德一楼中"，这个土楼反映了人情道德关系。今天振兴中华不要忘记了效率的道德基础，我们固然要加强效率的物质技术基础，但效率的道德基础是很重要的。道德力量调节归根到底是文化调节。

文化产业是重要的产业，文化产业和别的产业不一样的地方，在于它所生产的产品不仅是有形的产品，而且是无形的产品，灌输一种思想，灌输一种精神，这样我们对文化产业的意义就了解清楚了。泉州要成为一个民营企业的中心、小微企业的中心，还要成为一个文化产业的中心，这样我们的影响就更大。

## 十五　自由贸易试验区的经营

上海自贸区在全国正式建立后，天津、福建、广东都成立了自贸区。自贸区最大的特点不是政策的优惠，而是制度的创新，政策的优惠不能长久，自贸区不能开特例，开特例最后没有效果，主要是制度上的创新。我们应该了解自贸区的模式是可以复制的，不能复制就不是成功的经验，模式的推广实际上就是新制度的推广，也是责任的推广，在成功经验中就有负面清单管理模式。"民营企业要合法经营"这句话对吗？这个不全面，应该说"民营企业不违法经营"，合法经营和不违法经营的区别在于，当民营企业合法经营的时候，自己举证，举不胜举，不违法经营是对方举证，你违法是违反哪一条，可以有答辩的机会，民营企业要适用负面清单管理模式，不违法经营。

## 十六　"一带一路"建设

"一带一路"建设，泉州是起点，泉州是有条件的。"一带一路"建设应该做到贸易与投资的并重，和沿线国家采取各种形式的合作，合作是多样化的，"一带一路"建设将为我们开辟一个新的合作领域。

因为和沿线发展中国家比,我们有长处,但是我们要帮助它们,沿线国家一直到中亚、西亚和东南亚,在这方面要综合考虑效益,短期内可能没有什么经济效益,但是长远做下来,政治上、社会上、文化上和经济上都会使中国有收获。对于金融的重要性要引起重视,这里作为海上丝绸之路的新起点一定要加强金融工作,因为金融的概念和过去的概念不一样,新金融一定要懂得资金也是可以挖掘出来的,金融也是一样,在这方面我们一定要做一个重要的试点。

## 结束语

讲一个故事,有一个小孩子在路上走路,碰到了一个老爷爷,小孩就问老爷爷,我老听人家说什么叫地狱什么叫天堂,我始终没弄清楚,你能告诉我什么是地狱什么是天堂吗?老爷爷说跟我走去看看,就走到一个房子去看,台上摆了各种菜,鸡鸭鱼肉,把门打开进来一群饥饿的人,这些饥饿的人进门就拿筷子,筷子有三尺长,都能夹到菜,但没有人能把菜送到嘴里去,就坐在地上哭,老爷爷说这就是地狱。再到另外一个房子里,一样摆着鸡鸭鱼肉,进来一群饥饿的人,筷子都是三尺长,结果吃得很好,你夹给我吃,我夹给你吃,老爷爷说这就是天堂。天堂是合作的世界,地狱是自己只顾自己的世界。

今天的课就讲到这里,谢谢大家!

# 周熙明简介

**周熙明** 哲学博士，中共中央党校教授，原文史教研部主任，《现代决策者文丛》主编，《每周经济评论》最终审阅人。长期从事哲学和文化研究，主要著作有《思想的本性》《在历史中》《中国共产党人的文化使命》和《中共中央党校学员关心的文化问题》《文化回归与价值重建》（主编）等等。曾参与中央高度重视、十余个部级单位协作完成的国家重大课题"和平崛起的新道路"的研究工作，为课题核心小组成员之一。

所主讲的许多课程，如"科学发展观中的文化视野与文化思维""把握文化的本质性力量""核心价值体系建设与意识形态创新""文化十问""阻碍文化发展的观念因素及其成因"等，得到学员的普遍好评和有关领导的关注，是中共中央党校2010~2011年度优秀教师奖6位获得者之一和2012~2013年度优秀教师奖9位获得者之一。

# 核心价值观与文化思维

周熙明　　　　　2015年6月8日

　　各位尊敬的领导、各位来宾、各位老师、各位同行、各位泉州的老乡，下午好！之所以称老乡，是因为我最美好的青春年华在福建度过，我曾经是驻扎在漳州的部队的一名战士。今天来到世界著名的文化古城，有国际名望的华侨大学这么一个地方来谈文化，一方面是感到很兴奋，另一方面也很惶恐。因为跑到这里来讲文化，基本上属于到孔子庙里去舞文弄墨。我来到泉州，看到泉州人，就感受到一种文化的魅力。我向大家汇报的是平时的一些思考，作为一个读书人，作为一个党的理论工作者，作为一名教员的一些思考。希望得到大家的批评指正。

我们知道，近年来，党中央对核心价值观的培育和践行极为重视，重视到什么程度？我们可以用一句古话来形容："悠悠万事，唯此为大。"我们古人说，"君子务本，本立而道生"。党中央把这个视为关乎党和国家民族未来的一条根本大道。但是，坦诚地说，我们是否所有人都跟上了中央的步伐，或者说在实际的行动中，在培育价值观过程中，我们是否符合中央的期待？不可一概乐观。比如说，我想请大家正心诚意地问自己，各位路过各种公众场所的时候，看到关于核心价值观的标语，您是否会停留片刻、心有所动？如果我们相当多的人回答说，我没有多少感觉，那么就要问，我们写这些要费很高成本的标语，我们写它干什么？写给谁看？假定我们在座的政治精英、知识精英，可能还有财富精英，我们都不看的话，看了都心无所动的话，你写给谁看呢？这里就要问一个问题，我们很长时间以来，说长一点，中国近百年以来，好几代人经常满嘴都在谈文化，满心想的却是政治利害、经济功利。从某种意义上来说，我们通过窄化、矮化、功利化、碎片化，把审美、道德、价值、信仰等这些关乎人的心灵生活的事情还原为政治和经济。所以，我们经常大谈文化建设，实际上却未能看到真正的文化、未能进入真正的文化领域。

核心价值观是文化的灵魂，正如习总书记所说：切实反映全国各族人民共同认同的价值观，关乎国家前途命运，关乎人民幸福安康。我们若是局限于政治利害、经济功利的考量，就无法真正理解核心价值观的性质、功能和极端重要性，无法理解党中央近些年来如此重视核心价值观的真正原因，更无法有效地培育它。我个人以为，人文、社

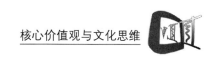

会科学问题的解答往往不能离开历史，人文社会科学离开历史，就像自然科学的各个学科离开数学，就寸步难行，往往只剩下一些空疏的逻辑推论和没有最后定论的热闹争吵、论辩。

# 引言：价值信仰问题是近代中国的头号问题

我们常常称颂习总书记高度重视核心价值观的培育和践行，展现了广阔的文明视野、高远的文化理想和高瞻远瞩的政治智慧。这样赞扬当然是对的，是发乎我们内心的一种真实情感。但是，我们要知道，政治家和学问家不同的地方在哪里，学问家必须提供独特的原创性，而政治家必须说出天下百姓心中的所思所想所虑所求。所以，我们道德经里有一句话叫作"圣人无常心，以百姓心为心"。总书记讲出来的价值观的重要性的话，为什么让我们心动？是由于原本一部中国近代史175年，好几代中国人心中的困惑、焦虑、关注、期待都和这个问题相关联。不是总书记突然发现价值观问题如此重要，是175年的中国近代史中，这个问题一直困扰我们。为什么这个问题存在？大家当然比我清楚。1840年，一种陌生而又强势的文明以一种野蛮的方式到来，猛烈地撞击我们，使我们陷入昏迷。什么是昏迷？灵魂出窍。什么是我们的灵魂？价值信仰。所以从某种意义上来说，我们一直到今天，中国人心里的关注、期待、焦虑和困惑都和这个问题相关联。真的要理解我们自己作为精神自我的状态吗？真的要理解我们的工作环境吗？理解我们的社会吗？真的要去完成旨在数千年未遇之最大变局的最后定局的改革吗？这就必须回到关乎根本大道的问题，和我们所有的困惑、期待、焦虑相关联的问题：价值信仰问题。

梁漱溟先生，这位被称作中国历史上最后一位原儒的人认为，1840年以来，我们中国人遇到各种各样错综复杂的问题，但是归纳起来可以表达为这两个问题：何以成中国人？何以成中国？他是极为认真地想问题，所以他提出的问题值得我们进一步去追问和思考。各位只要打开你们的文化视野就会看到，这两个问题背后都是价值信仰问题。当然，无须讳言的是，我们几代人以来，由于前面说的原因，往往不能从文化上去理解梁先生的问题。比如说什么是中国人，我们很多人以生物学的特征来辨析是否是中国人，往往以为高唱"黑头发飘起来，黑眼睛亮起来"就能表达中国人共有的情怀、自豪、骄傲。你要知道，这些说法是没有文化的。中国古人不会以生物学的特征，什么肤色、发色来辨析是中国人还是蛮夷。大家都知道，那场著名的华夷之辩，以中国之礼待人接物做事则中国之，被视为中国人，相反以夷狄之礼待人接物做事，则夷狄之。管你祖上是什么人物，管你是正宗的黄皮肤，还是黑头发、黑眼睛，一旦你以夷狄之礼待人接物做事，你依然被视之野蛮人。所以，这就要从文化的视角和标准，来理解和判断什么是中国人：中国人就是装上了一套叫中国文化的"生命软件"的人。这套生命软件的遗传密码系统是什么？是"天地君亲师"这样的价值排序、"仁义礼智信"这样的价值标准。它既是我们整个中国文明、中国文化的遗传密码，又是我们一代一代中国人精神生命的遗传密码。从这个角度，你才能理解什么叫作中华文化五千年薪火相传香火不断。"香火不断"指的是什么？指的是遗传密码从来没有丢失，没有被彻底改写。

当然，"何以成中国"也是类似的问题。何以成中国？五千年我们不去说它，就说被我们几代人称作封建社会的两千多年，有一种文明秩序，从秦汉开始到1840年没有根本改变。这就是毛主席说的"百代皆行秦政制"。什么意思？秦孝公开始的改革，是文明的大改革，改革什么文明？改革周代的封建文明。我们后来是失误了，把改革以后的秦汉体制叫作封建社会。这一点，从学术上是不成立的，但是今天我们对这一点不去辨析。秦孝公开始文明的大变革，到汉武帝时代完成，经历200多年的时间，建立了一种世界文明史上独有的一切围绕政治这个中心展开的文明秩序。两千多年间，这么多次的农民起义和外族入侵，总是要对它进行破坏，但是，一旦恢复正常秩序，这套文明依然能得到修复。我们知道，两千多年间一直在改朝换代，换皇帝更加频繁，但是一种文明秩序何以一以贯之，秘密何在？一种文明体系如此长寿的秘密何在？这就涉及对我们祖国真正的了解和理解。我们这几代人想象的历史是一部什么历史？就是漫画化、简单化的历史。实际上，一种文明秩序能两千多年维持下来，如此的长寿必有一种健康长寿的因素，什么因素？就是道统与政统之间的相互制衡，代表天理良知的权力与代表世俗功利权利两者之间的相互制衡。我们知道，执掌世俗权力的皇帝不停地换，但是有一位执掌文化权力的"皇帝"一直没有换，那就是我们的孔圣人这位"千年素王"。两千多年来，孔圣人的话语构成中国文明秩序的源泉。可是近代以来的大多数中国人有一个想象，每一位古代的皇帝都是金口玉言，无所不能。其实，这是完全错误的理解。你看看，哪个皇帝能留下话语作为我们两千多年文明秩序的基本自然法式的准则？能够作为这个准则的，全是孔孟的话语。从根本上说，每位世俗皇帝都得听孔圣人这位精神皇帝的，都得照孔圣人定下的规则办事。如果有哪一位皇帝被普遍认为违背了孔孟的家法、国法、自然法、天下法，那他离毁灭就不远了。

　　为什么要说这个？说这个是为了了解到底什么叫中国，到底什么是我们两千多年来一以贯之的东西？因为1840年遇到外来力量的撞击，我们道器崩裂。这是所有近代中国问题的总问题。因为，原来（1840年之前）是一代一代管世俗权力的皇帝被推翻被取代，而1840年从某种意义上来说是管天下秩序的精神"皇帝"孔圣人被推翻了。可是，孔圣人只是被推翻而没有被取代，孔圣人可不是那么好更换取代的。所以我们经历了175年的折腾，依然没有重新找到一套可以顶替孔圣人话语系统，作为人们内在精神道德源泉、外在社会秩序源泉的话语系统。在精神文化领域，我们近代以来一直处在"旧的世界已经失去，新的世界尚未建立"的困境。这是一个真正的谜。背后是什么？是价值信仰系统的问题。

　　再比如，我们这个社会很长时间以来，为什么会有这么多轻易突破文化道德底线的现象出现？难道我们不努力吗？我们一直在努力重建我们的文化道德底线。但是我个人认为，原来重建用的材料值得我们思考。原来用什么？用关于未来社会的最美丽的蓝图，那些最高的道德标准和最良善的愿望，还有最严密的理论。要知道，意识形态理论是西方基督教文明进入近代以来的产物。基督教文明这位妈妈近代生下来一大群意识形态的孩子，我们都是用这个东西企图重建我们的文化道德底线。你发现有用吗？偶尔有用，长期基本无用，甚至有时候越努力，这个底线愈成崩溃之势。我们知道，2013年以来中央反腐的力度空前加大，为什么要有这个力度？从某种意义上，是因为一些人的道德底线已呈崩溃之势。原来道德底线不是由我们刚才说的那些用以重建的材料构建的。是什么构建的？是世世代代的中国老百姓所具有的"头顶三尺有青天""上有祖宗下有儿孙"这类最质朴的信仰，是人人心中都有的天理良知这类不需要你做太多理论论证的东西。这些东西才是中国人世世代代文化道德底线这座桥梁的基本材料。原来是这样的! 你看看习总书记到阳明书院谈传统, 到孔子研究院谈传统, 我们要寻找有效的重建文化道德底线的材料就要如此重视价值观的培育。

再比如, 我们为什么没有精神上的高峰? 这是习总书记去年 11 月 15 日在全国文艺工作座谈会讲话中谈到的一个话题, 在文化、文学艺术领域我们有一个问题, 就是有高原、缺高峰。这样的问题, 也不是总书记第一个提出来。大家知道, 那位科学泰斗钱学森晚年著名的"钱学森之问"和习总书记的关注有异曲同工之妙。我们的大学校园规模越来越大, 招生规模越来越大, 投资规模越来越大, 但是和这个肉眼可以看到的物象之大相匹配的精神之大、学问之大、气象之大, 似乎没有同时出现。所以, 他问, 杰出人才呢? 当然, 这样的问题还和更早的中国社会在各种不同的场合大家谈论的一个话题, 是同一个话题有关。什么话题? 比如说, 我记得在 2000 年左右, 北京各种场合人们谈论同一个话题, 说我们回望刚刚过去的 20 世纪 100 年, 如果把它分成上下两半, 我们看到前一半, 我们的国家社会战乱不断, 积贫积弱, 但是在文学艺术领域、文化领域大师云集, 群星璀璨; 后一半, 处于和平时期, 物质生活条件不断得到改善, 但是, 大师退隐, 寥若晨星。原因在哪里? 其实, 总书记关注的也是同类的问题。这样的问题, 您也能和价值信仰问题联系起来吗? 我说是的。我们即便是在文学艺术领域, 一个民族也不可以只问技不问道。你去观察一下, 我们的曹雪芹, 英国的莎士比亚, 还有大多数获得诺贝尔奖的大师级的人物, 有哪一个没有明晰的价值观和坚定的、近乎偏执的人生信仰? 人是信仰的生物。

我们谈谈文学艺术，因为我同时也在鲁迅文学院兼课，我们很多作家，他们总是想获诺贝尔文学奖，但是往往问技不问道。其实，一群没有价值信仰的人，一定不会追求以信仰为核心的超越，从而不能达于卓越。其实这样的问题背后也是价值信仰问题。还有，我们用一个反面的例子来看，因为有人提出，评价一个民族精神上的品位和品格如何，有两个重要的指标，一是它的诗歌如何，二是它的哲学如何。哲学不在这里说，我们看看诗歌。请各位欣赏品鉴一首诗：

《写诗》

写诗

很简单

把结巴

的话

记

记

记

记下来

就

就

就可以了

这，居然是一首诗！我们相信有些在座的年轻同志对这个比较熟悉，这是梨花体的创始人、代表人物的一首诗，是其代表作之一。

这有代表性的诗，追求的是什么？表达的是什么？美在哪里？如果真的有信仰的人，你要知道，会写这样的东西吗？我敢肯定的是，我们的屈原、李白，如果现在活过来，看到他们的后代写这样的玩意儿，也和他们一样戴着诗人的桂冠，他们一定会口吐鲜血，昏厥于地。要知道在诗歌领域，没有哪一个国家民族可以和我们比，《诗经》、汉赋、唐诗、宋词、元曲，谁能比？但是到了我们这个时代，不停地现代化，不停地创新，以为在审美的领域，也要抛弃祖宗，离祖宗越远越好，结果创造出来的是这些什么都不是的东西。诗歌堕落成这样，它提醒我们，我们文化精神领域存在的问题有可能比我们想象得还要严重。

当然，哲学的状况也好不到哪里去。大家知道，伟大的马克思在人类哲学史上发动了一场哲学革命，给人类贡献了巨大的原创性。可是，我们去检索一下，我们用来供学生考试的各种冠之以"马克思主义哲学原理"的教科书，真的涉及这位伟人给人类提供的原创性吗？我表示怀疑。马克思在西方哲学史上，他的贡献我用两句话来表达。第一，他完成了一次伟大的综合。什么综合？古希腊哲学我们把它概括为一个命题，叫"物在故我在"。我们生存的物质环境是稳定的，所以，被抛到这个宇宙岛上的人，你们不要焦急，不要焦虑。中世纪哲学我们把它概括为一个命题，叫"神在故我在"；中世纪之后的哲学，是"理在故我在"；非理性主义哲学，是"欲在故我在"。我们知道，物、神、理、欲是我们生活中、生命中不可或缺的四个方面。但是，不能单独拿出来说，单独拿出来说是说一个片面的真理，马克思完成了对它们的综合，叫作"我行故我在"。我们认为革命导师列宁，他是真懂哲学，懂马克思的。所以有一句话，大家都知道念，但是未必知道列宁说到真正最要害的地方，他说，生活的实践的观点是马克思主义首要的观点。

第二句话，马克思是世界文明史上第一位自觉地把自己的"主义"——理论学说、逻辑系统植入芸芸众生、黎民百姓的世俗生活中，使之成为生活的一套装置和工具，从而与生活一起变形、与生活一起成长，他也成为与时俱进的一位哲学家，从而使自己的哲学和自己避免了过去所有的哲学和哲学家悲剧性的结局。什么结局？歌德的《浮士德》里面的那句话表达的，理论是灰色的，而生活或者生命之树长青。我们知道，马克思主义出现以前的那些哲学家、理论家，总是居高临下地去教导生活中的芸芸众生，以为自己发现了关于生活最后的真理，结果自己离开了生活的滋养，慢慢变得脸无血色，没有生活的滋养，当然变得没有生命的血色。马克思使自己的理论获得一种前所未有的品质叫作与时俱进，这是一个不得了的好词，但是我们有时候用得多了以后，反而不知道它的奥妙之所在。

我们的哲学，我们的诗歌，如果都没有高雅之气、高贵之相的话，其他领域越发令人担忧。

再比如，我们为什么有那么多的言不及义和言不由衷？我们不是说了太多不正确的话，而是说了太多永远正确但永远不能进入人的心灵的话。一开篇的话，我说我们看到那些标语为什么心无所动？我们仔细想想这个问题，不是标语那些话本身不正确，正确得很，问题是，就像从我们人体血肉之躯当中被剥离出来的神经系统，它再没有生命功能的显现。您知道，为什么我们有这么多没用的标语和口号，我们老百姓把它叫作"假大空"。背后也是一个价值信仰问题。为什么？我们的孔夫子说"名不正则言不顺，言不顺则事不成"。现代的学术家论证说，我们任何一种内在的精神秩序、外在的社会秩序，第一个源泉是一套合适的语言。凡是这样有效的语言，它的词根系统是价值信仰。不相信你可以做一个思想实验，让一个什么都不信的群体组成一个社会，用不了多久，这个社会就一定会变得谎话盛行、尔虞我诈盛行。原来，我们所遇到的语言问题、文风问题，实际上背后也是信仰问题。不是那么简单，不是我们调整一下词句就能改变。我不再举例了，举例多的话，就太长了，下面我讲八句话。

### 1. 找准核心价值观的性质定位和功能定位

我们知道，2006 年底，《中共中央关于构建社会主义和谐社会若干重大问题的决定》首次明确提出建设社会主义核心价值体系，今年进入第 10 个年头，包括各位在内，我们全国从事文化思想宣传理论教育工作的人，围绕这个话题，不知写了多少论文，出版了多少书籍，可能几座图书馆都堆不下，但是我们也应该坦诚地说，有相当多的作者自己也不知道自己在说什么。重要的原因在于，我们没有找到价值观的准确定位，它是什么？它干什么？第一次准确的定位是习总书记去年 2 月 17 日上午在中央党校礼堂，面对参加改革理论研讨班的所有省部级党政一把手所作的长篇讲话中完成的。总书记那天讲的主题是未来改革的总体目标。总体目标是什么？是实现党和国家治理体系和治理能力的现代化。他认为，完成未来改革的总体目标、实现治理体系和治理能力的现代化，一个不可或缺的前提就是必须建设作为中国社会最大公约数的社会主义核心价值观。我认为，这个定位无比的重要。但是，我们现在的理论宣传似乎还没有完全到位。我们讲了这么多年的社会主义核心价值观，原来就是中国社会的那个最大公约数。什么是最大公约数？我们说，它应该具备两个特质：第一个是人人都通用；第二个，时时处处都通用。什么是人人通用？就是对 13.5 亿中国人来说，不分民族种族，不分贫富贵贱，不分政党派别，不分宗教信仰，每一个人都可以平等使用和享用的那个东西，这个才叫最大公约数，它是一项文化精神的公共产品。如果我们把话说极端一点，甚至犯过错、犯过罪的中国人都应该用它，它不是少数人的一个什么价值标准，是所有人的。

各位，如果你们不信，我们来看，古今中外凡是有效的核心价值观，有些什么样的共同特征？我梳理了一下。

其一，简洁明了。没有哪一个国家、哪一个时代的核心价值观是用长句子、用很复杂的理论来表达，从来没有，这一点很重要。我相信大家心里会想到，十八大报告是中国共产党第一次以非政治意识形态理论的话语，来表达我们国家、民族、公民追求的共同价值观。这个具有里程碑式的意义。有人心里还有一些疑问：十八大报告提到的12个价值理念是否太多了？第一个词"富强"是不是核心价值观？"和谐"和"法治"是否放错了位置？"诚信"难道不应该也是国家和社会的核心价值观吗？这些质疑也许不无道理，但都无关宏旨。最重要的是，我们一定要知道，十八大报告是我们中国共产党第一次以非政治意识形态的理论话语来表达我们这个国家、社会、民族、公民追求的共有的核心价值观，这一点具有里程碑式的意义。我把话说白一点就是，十八大报告第一次简洁明了地表达这个价值观，第一次符合古今中外价值观的共有特征。我们回想一下，以前都是长句子，大段的理论。

其二，人人都能懂，没有人全懂。什么是人人都能懂？它是生命的本能之懂。不是现代学科体制下某一门专业学问要经过漫长的专业训练，你才能懂。如果价值观弄成这个样子，那一定不行。你想想看，孔圣人命名的人之五常，仁义礼智信，它要求一个人读多少书、掌握什么专业，才能懂吗？一个人可以不会识字，但是你不要怀疑人家能否懂得何为仁、何为义，这是生命的本能之懂。核心价值观是与我们的生命、生存、生活血肉相连的存在，不能单独剥离出来，成为二维空间的理论运算，那样的存在是无效的。你可以非常正确，可以符合各种理论规范，但是是无效的。

什么叫没有人全懂？我们先做现象观察。比如说，从古希腊开始西方人就讨论自由，至今讨论了两千多年，但是关于自由是什么，谁敢说他最后说清楚了。为什么？您知道吗？有机生命中的每一个有机部分，都是面对未来生长的，面对未来无限多的可能性开放地存在，作为认知的对象都是一个无限。我不知道各位记不记得，罗素曾经说过一句话，很有意思的话，他说，我们一刹那看见一个感觉表象，我们即便用人类积累起来的所有理性工具也不可能把它说得清清楚楚，这就是事实大于逻辑、历史大于理论的秘密之所在。当我们把价值观变成一套纯粹理论的时候，它一定不能被嵌入生活、生命、生存的血肉之躯，一定不会在人的行动领域产生效果。

其三，人人心中有，人人心向往，没人全做到。先说人人心向往，比如在法国，即便监狱的犯人也不会跑出来说，我要反自由、反平等、反博爱。中国古代社会，大家可以想象，很多那些犯罪的人，可能在现实生活中做了不仁不义之事，但是，你去问他，他会说我天生就会不仁不义吗？不会！为什么我们古人老说，"头顶三尺有青天"，这个是天理和良知。天理是理，这个不能完全等同于现代科学理性之理。良知是知，但是不能等同于现代科学体系下的各种知识——逻辑化的知识、公理化的知识。人人心向往，原因是什么？人人心中有。这个话题是我们的亚圣孟子提出来的。我们现在这几代中国人，学了西方学科体系下的各种专业，就拿现代理论来反驳孟子说的"四端说"，觉得孟子"四端说"不能成立。其实是我们错了，孟子的视野更广阔，想的问题更深入。孟子当初看到仁义礼智这种道德价值之花遍地开放，他就在追问一个问题，开花的精神植物的种子是从哪里来的？他最后的结论是与生俱来，"恻隐之心、羞恶之心、恭敬之心、是非之心，人皆有之"。仁义礼智的种子，不是别人播撒进去的，不是像我们现代数学知识、物理知识、经济金融学知识一样后天学来的；种子已然存在，至于后天到底能否开出仁义礼智的道德价值之花来，那要看后天的空气、阳光、水分、养料是否合适，但种子不能是别人播撒进去的，这一点太重要了。这对我们理解价值观问题太重要了。列宁说过：工人阶级队伍中不可能自发地产生马克思主义，马克思主义必须灌输。仔细对比一下孟子与列宁的说法，你就会发现，他们说得都对，但他们是在讲两种迥然不同的东西。

我们这下就理解了总书记的定位，这个社会的最大公约数是什么？我们不要用一种很先进很科学很严密的理论直接作为平常人日常生活中的行为价值准则。很长时间以来，有相当多的同志坚持认为，马克思主义指导思想可以直接拿过来作为我们的核心价值观的第一条。你知道为什么行不通吗？我打一个比方，我们本来全国有千千万万的老头老太太到菜市场买菜，根本不需要懂经济学、金融学、高等数学，懂一些小学的算术就可以了，每天买得好端端的，现在我们突然要求他们，必须懂现代最尖端的金融学才可以去买白菜、萝卜、芹菜。您知道后果是什么？耽误大家。马克思主义指导思想对我们党、对我们民族、对我们国家不得了的重要，我们必须坚定地认为，它是我们党指导思想的理论基础，这是毫无疑问的。但是，另一方面我们要知道，马克思主义是人类文明最高成果的结晶，是伟大的认知工具，不是你想懂就懂、你想用就用的。不然，为什么毛主席在延安时期说我们全党还不到一百人懂？你不能直接拿那么重要的东西——全人类文明最高成果的结晶让一个不认识字的老太太直接去用，这显然不行。我们用的是人人心中原本就有、与生俱来就有的种子，后天加以培育，加以浇水施肥，让它长成价值信仰之花。我们今天上午去参观了我们中国可能唯一的一座解放军庙。它为什么那么有生命力？因为它就是自发生长在群众生活的土壤中的某一种精神之花、信仰之花。我们党和政府，尤其是党的宣传部门只是给它浇点水、施点肥，它的种子是民间的，是中国历史中原本就有的，而不是我们播撒进去的。我们强行推进的东西，什么时候有过效果。

这是第一条，我们要完成这种双重定位，一是性质定位，二是功能定位。功能定位比较简单，作为文化存在，我们的任何创造物都具备文化的特性。人类创造的国家、形成的社会，我们的企业、我们的任何一个单位都必须有魂。这个魂它是干什么的？凝神聚气，固本强基。这是对总书记很多讲话的一个概括。我们也可以具体说一下它的功能定位，在中国走向未来的过程中，我们要培育的价值观它是干什么的。

**2. 深刻认识核心价值观与中国文化不可分离的血肉联系**

我们真要有效培育我们的价值观吗？这是一个前提性的条件：重建我们中国人与我们自己的文化——中国文化之间的生命联系。离开了我们自己的文化去谈什么核心价值观的建设、价值观的培育，这完全是说玄，一定会踏空。我们要认识到一点，中国文化对中国人来说和对外国人来说，是两种判然有别的存在。同样表达为一个概念，叫中国文化，美国人看起来，它是纯粹客观的外在。就像我的情绪、我内心的想法，于我而言是种种主观的内在，而对于在座的任何一个人来说，却是纯粹客观的外在，我的主观就是你的客观。中国文化对中国人来说既是外在的，又是内在的。它作为我们中国人长袖善舞的舞台、生命的依托平台，作为我们的一套不可或缺的保护装置，作为我们生长的外在环境和氛围，是一种既定的客观的外在，它影响我们、塑造我们、熏陶我们、保护我们。另外，中国文化还要进入每一个中国人的心灵当中，成为每个中国人的生命软件。我们作为精神自我，最根本的东西是什么？是生命软件，每个中国人的这个生命软件叫中国文化，它影响我们的认知方式、情感方式、做人做事的方式。所以我们要清楚地知道，中国文化对于中国人来说，既是一种客观的外在，又是一种主观的内在，它是一种内外俱在、主客同在的生命体。

真正的核心价值观的建设问题，是在谈跟我们息息相关的文化灵魂的唤醒和修复的问题。一个中国人要真正理解自己、理解同胞、理解社会，必须有历史的视野，必须搞清楚近代史上发生了什么、遇到了什么，有什么样的心理积淀。所以我们真去谈核心价值观培育和文化建设的时候，谈我们自己的文化建设和核心价值观培育的时候，我们一定要注意，我们是在谈人的生命世界的事情，必须顾及生命所有的特征。面对有血有肉有情有义的人的生命世界，要是你像爱因斯坦面对冷冰冰的物理世界那样，尽力排除掉自己的情感意志因素，只运用冷冰冰的精确数学计算、硬邦邦的严密逻辑推理，推出一个质能公式，将之视为放之四海而皆准的真理，那你就只能说一些计算精确、推理严谨却无法进入人心的正确的废话。为什么？因为人的生命世界与物理世界是两个不同的世界。人的生命世界固然也要遵循物理世界的因果必然规律，也要面对真假对错的问题，但是，人的生命世界充满着自由意志、自由选择，还要面对爱恨情愁、喜怒哀乐的问题。不能把人的世界还原为物理世界，在人的精神领域文化空间，固然要问真假对错，更要问的是爱恨情愁、喜怒哀乐。我们往往像爱因斯坦对物理世界讲话那样对人讲话，所以尽管常常讲得正确，但是无效。所以，从现在开始，我们要有一种文化上的自觉，谈价值观培育问题，是在谈既外在又内在的我们自己的文化，谈的是中国文化遗传密码的唤醒和修复的问题。所以，我们是在对人讲话，讲关于人文领域的话，所以你的话要有生命所有的特质：生命气息、温度、情怀、趣味、行动意志、条理秩序，一个都不能少，少一个你谈的就是残缺的文化。坦诚地说，我们搞理论的很多同志，工作很努力，但是往往被群众命名为"马列主义老太太"。"马列主义老太太"准确地指像爱因斯坦面对物理世界讲话那样对人讲话的人，就是那些永远以一种表情、一种腔调去重复永远正确、永远不能进入人心灵的话语的人。所以，我们贴了多少正确的标语，喊了多少正确的口号，提了多少愿望，往往没有用。为什么？因为离开人的整个血肉之躯去谈所谓身体中神经的功能，你会有用吗？

**3. 深刻认识核心价值观与本民族历史传统、精神遗产之间不可分离的血肉联系**

我们知道，中华民族有一个特点，如费孝通老先生所说的，是56个民族组成的多元一体的民族大家庭。我们的祖先一代一代在生活中创造出来，在漫长的历史中积累下来，营养后来一代代活着的中国人的那些东西叫中国文化传统，是精神遗产。这些东西必须和我们谈的核心价值观联系起来。如果你没有看到这两者之间真实的联系，离开我们的民族积累的传统和遗产，去谈什么价值观之花的培育，那你一定是在说玄，毫无用处。

　　我们来看看总书记的一段话：培育和弘扬社会主义核心价值观必须立足中华优秀传统文化；牢固的核心价值观，都有其固有的根本，抛弃传统、丢掉根本，就等于割断了自己的精神命脉。如果我们真的读懂了这段话，我们应该可以感受到一种振聋发聩的精神的力量。我个人以为，总书记这一段话可以说是开启了一场精神上的拨乱反正。我们知道，"文化大革命"结束以后，我们有一场思想上的拨乱反正，但是，为了我们党长期执政，为了改革事业顺利进行，为了中华民族的伟大复兴，我们必须完成一场范围更大的文化上、精神上的拨乱反正。我们来看看，前面一句我们略过，从第三行开始，"牢固的核心价值观，都有其固有的根本"。各位，我们真的懂了这句话吗？什么是固有的？固有的就不是你想有就有、你想没有就没有的东西。"抛弃传统、丢掉根本，就等于割断了自己的精神命脉。"

　　我们回顾一下一百多年来，好几代中国人，这里面很遗憾包括相当多的大家——大学问家、大政治家，都怎样看待祖先留下的传统和遗产？基本上是把传统和遗产视为眼前之物，摆在每一个中国人眼前，边界清晰，静态存在，已然完成，任我们每个人去观察、分析、评判，最后作出取舍的抉择。包括一些写得非常复杂的学术论文，实际上也不脱离这样一个基本的立场，就是把传统看成眼前之物，有用的、好的留下，没用的坏的扔掉。我坦诚地说，在座的各位可能很多人心里会反驳，好的有用的留下，坏的没用的扔下，难道有什么错吗？在人的世界，有一种比错误害处还要大的表面正确，你相信吗？在哈佛大学长期研究中国传统的杜维明先生，他三十多年以前发表过一篇长篇学术论文，提出一个疑问：为什么中国这么长时间以来，主观上总想留下好的，扔下坏的，但实际上留下的好的后来相当多都变坏了，扔下的坏的后来相当多又回来了。精神领域、文化世界的东西，我们尽管往往只有借用眼前之物、粗鄙之物去形容去描述，但我们不可以把那个渗透在粗鄙物中精美的精神还原等同为眼前的粗鄙之物。我们谈文化道德审美价值信仰的时候，本质上是在谈肉眼看不见、只有心之慧眼能洞见的东西。一进入历史领域、文化世界、精神空间，事情就往往比我们多数人想象得要复杂得多。对祖先创造、历史遗留、命运赐予的民族传统精神遗产，我们一代两代三代人往往没法获取有效的足够的信息去评判其好坏、有用没用，即便对那些我们有十足把握判定为坏为无用的传统遗产，我们也没法像扔垃圾一样将其一扔了之。

举一个北京的古城墙例子。到 20 世纪 50 年代初，经历了数百年风风雨雨的北京的古城墙，还近乎完整地存在。她 39 公里长，墙体最上面最窄的地方十几米宽，最宽的地方有三五十米，如果今天还在，建成北京城市空中花园，必是人类独一无二的壮丽景观，别说它的历史精神文化价值，就是招揽天下游客所能创造的旅游经济价值，也不是今天很多假古董假古迹可比。遗憾的是，当时我们大多数人认为，她不仅无用，而且有害，阻碍了交通，妨碍了城市的发展。于是，从50 年代中期开始，我们不惜花费大量人力物力财力把它拆除，到 70 年代初，她被拆得干干净净。不要现在站着说话不腰疼，把当时的决策者看得很傻，不是那么简单，当时主张拆的人不仅是出于好心，而且并非全无道理，如果从一时的有用没用来说，这堵城墙的确阻碍了北京的交通发展，妨碍了北京新城的扩展，的确无用。当时也有像梁思成和林徽因那样的少数人坚决反对拆城墙，因为他们认为，这是人类的财富、国家的宝贝、北京的夜光珠，他们说，你们今天把古城墙当成垃圾扔了，以后一定会后悔，但到时再后悔也悔不回来了。今天我们都承认，他们果然说中了说对了。我们今天不要当事后诸葛亮，带着一种嘲弄的口吻去评论当时的决策者，这样做毫无用处，但是我们又得反省，祖先留下的文化传统和精神遗产，你不要认为就像眼前的这个杯子，它漏了，我把它扔了，绝不会后悔，不是那么简单。历史留下的东西，文化领域的东西，不是那么简单就可以判断好坏有用没用。

什么是民族传统、文化遗产？她是人类精神的原始森林中精神的腐殖质。我们的祖先，一代又一代人，生命之花开了又凋谢，生命之叶发了又凋零，逐渐自发地无声无息地在历史的地表上积累下来，成为这座精神原始森林的精神的腐殖质，它改善历史地表土壤的肥力，营养生活在历史地表上的所有生命个体。我们作为精神存在、精神自我，我们的生命之根必须扎到历史积累的土壤当中。现在追求时尚的年轻人很喜欢张扬个性，却不知道真正的个性是什么。个性是文艺复兴时期四个核心价值理念的第一个，但是那个时候的个性是说你个体的生命——百年之身，把生命之根扎到历史的土壤中吸取的营养越多，你的个性就越丰富越厚重越强韧，不是把头发染成七色一类的搞怪就是个性。我们个体的生命是怎么丰厚起来、丰沛起来的，主要是看生命之根扎到祖先留下的精神腐殖质当中扎得多深，我们千万不要认为腐殖质有毛病、有虫子、有病毒、有细菌，我们就要扫荡它或用人造化肥去取代它。近代以来，中国相当多的人就是这样想的，祖先留下的精神腐殖质有病毒、有细菌，我们给它弄掉，弄一些纯净的东西来取而代之。从某种意义上，我们在一定程度上某些方面的确像总书记说的，割断了自己的精神命脉。所以我们会发现，今天一个个的中国人，经常眼神游离，一幅失魂落魄的样子，就像易中天先生说今天中国人常常是"钱包鼓鼓，六神无主"。这不是个人的问题，是几代中国人自 1840 年以来我们的文明道器崩裂、灵魂出窍的悲剧性命运。

建立和传统内在精神生命的联系是我们培育核心价值观的又一个重要前提，这里面还有一个方法问题。我们今天依然要提古为今用，但和过去不一样的地方在于，我们从总书记那里知道，你想真的做到古为今用，就必须先懂得古为今本、古为今脉、古为今魂。人类的东西，祖先留下的东西，不要只是有一个有用没用的评价。我们泉州是世界文化名城，历史悠久，肯定有很多人的祖先生活在钟鸣鼎食之家。祖先给你留下来一些物件，若是拿到文物市场上出售，能让你获得一大笔的现金，从而让你的经济生活条件状况大为改善。但是，真正的孝子贤孙不会轻易出手，因为那些物件除了市场价值评价之外，还有一种专属于人的情感、道德、信仰、审美的价值，它不能在市场上作出评价。如果全都是市场作评价，这个物件有什么理由会传到你的手里，你的祖先也可以到市场上卖掉。

人之为人，我们作为文化存在，个体作为精神自我，我们还有一种不能简单地用有用没用评价的东西。但是，近代以来，我们许多人把所有的关乎心灵生活的东西给予功利化的评价，这是好几代人积累下来的严重问题，从现在开始要逐渐改过来。讲历史讲文化讲价值讲信仰，必须要有命运的维度。总书记为什么说牢固的核心价值观都有其固有的根本？这个固有的根本究竟指的是什么？这类问题值得我们反复追问。我们的祖先给我们一个遗传基因，在个体身上打开，显现为一个和西方人比起来，不怎么挺拔不怎么饱满的鼻梁，我们怎么办？勇敢而坦然地接纳面对，能做的是利用现代科技医学成果，有钱的话去韩国把鼻子垫一垫，能做的就是这个，并且垫完以后还要知道，既然是固有的，你是脱离不开的，你的孩子生下来以后跟你垫以前是一样的，不会跟你垫完以后是一样的，这是固有的，不是你想有就有、想没有就没有。如果谈历史、人文、传统，没有生命的维度，我们还是在谈冷冰冰硬邦邦的物，不是暖融融的心。

从方法上来说，还有一些新的工具需要运用。现在世界上大多数发达国家和地区基本上不再用现代化理论给我们提供关于传统与现代关系的简单观点。原来现代化理论认为传统必然阻碍现代，现代必然破坏传统，这是一种极为浅薄的理解。就像小孩子看电影，他只会问大人这是好人还是坏人，他得到结论就完了，其实真实的生活生命领域，完全不存在这样绝对的二元对峙。现在英国的一群学者通过研究基督教文明与世界现代性扩展之间的关系，重新得到了一种理论：传统是现代得以成长的营养液和土壤，现代是所有的传统得以继续下去的空气和阳光，它们不构成对立的关系。我们原来一谈传统和现代的关系先谈对立，然后谈某种条件下的相互转换，所谓对立统一的辩证法，其实这根本不是真正的辩证法，而是伪命题。秘密在于，一旦我们真正谈论传统和现代的关系，就是在谈论一种活着的文化的生命之树的两端。一棵活着的文化之树，都有传统和现代两端，传统是根须，现代是枝叶，根须从土壤中吸取养料，枝叶通过光合作用获得能量，共同维系这棵生命之树的存在，它们并不对立。对于泉州这么一座有深厚文化历史底蕴的古城，我相信对传统和现代关系的重新理解极为重要。我们如果停留在原来现代化理论给我们的简单思维，传统和现代关系问题总是无解。其实一切背对现代、拒绝现代的空气阳光的传统，不管你曾经多么丰厚多么强大，那也只能是死去的文物，而一切离了传统的现代，不管展现出多么美好的未来，也只能是无根的浮萍。

这 175 年来搞了多少意念在先、概念在先的文化建设，有成效、有积累吗？有文化的参天大树吗？我们的精神生命之根没有扎到历史传统的土壤里，怎么可能长成参天大树呢？

**4. 深刻认识核心价值观与芸芸众生世俗生活不可分离的血肉联系**

习总书记有一句很质朴但关乎大道的话，他说要切实把社会主义核心价值观贯穿于社会生活的方方面面。这一说法符合我们中国文明、中国文化及古代圣贤的思维方式。孔圣人说："人情者，圣王之田也。"孔圣人历来把生命世界的所有东西看成正面的能量，包括我们的七情六欲，它不是和现代概念化的道德对立起来，好好琢磨一下这段话就知道，他的意思是，圣王们，你想收获价值、道德、精神庄稼的硕果吗？那我告诉你，你唯一可以耕种的田和地是人情和人欲，充满种种缺陷的人情和人欲。宋代以后，往往把真实的孔子思想的丰富性有趣性歪曲了，我们刚刚说生命具备的种种特质孔子思想无不具备。

习总书记的说法同样符合马克思主义的原典精神。马克思在哲学史上最大的原创性贡献，是他改变了原来高不可攀的公理化理论与世俗生活之间的关系，自觉把理论看成是黎民百姓世俗生活的装置和工具。我们是以马克思主义作为指导思想和理论基础的政党，如果我们的说法观念理论脱离生活、脱离群众、脱离实际，那就是对马克思主义最严重的背叛。文化、道德、情感、价值、信仰是与人的生命、生活生存血肉相连的，前者一旦与后者剥离，成为一套纯粹的理论、一种纯粹的逻辑演绎，就已蜕变为一种标本式的存在。

**5. 深刻认识核心价值观与政策、制度之间的密切关系**

有两个维度。

第一个维度是任何真正有效的制度和政策（能够有成长性、弹性，从而可以应对未来生活的不可预测性、随机性的制度政策），都是以价值观作为核心、作为灵魂的。制度和政策是有生命的，所以它能面对未来生活的不可预测性，它具有弹性，我们未来的改革要建立怎样的制度、要有怎样的制度政策体系，都与我们确立怎样的价值观紧密相关。

第二个维度，你想在一个地方、一个单位有效地培育核心价值观，就必须利用制度和政策的奖惩功能，制度和政策的奖惩功能能够在核心价值观的培育中起到抑恶扬善的作用。其实政策制度是人类手上最有效的工具，它是驯化了的人类意志和欲望、条理化了的经验和认知、对象化了的人类理性，我们如果不利用它，在核心价值观培育方面往往是事倍功半的。

### 6. 完成一场特殊的文化启蒙

要解决文化建设中灵魂式的问题、核心价值观的培育问题，就必须完成一场特殊的文化启蒙。所谓特殊的文化启蒙，是相对于一般的文化启蒙而言的。以法国为中心地带的欧洲文化启蒙，它的主旨，正如康德老先生所言，是让每一个人大胆独立地使用自己的理性。这是精神现代化的一条标准。我国的五四运动基本上也是在干这件事，到现在还没有干完，但又有新的任务摆在我们面前。很长时间以来，由于救亡的任务成为我们国家的头号任务，生存的需求成为我们民族压倒一切的优先需求，我们的高端精神需求被遮蔽和掩盖，所以我们往往看不到真正的文化，往往在文化的墙外谈文化建设，往往用功利思维、工程思维、战场思维去思考文化问题。在这个意义上，中国需要一场特殊的文化启蒙，我把它表达为四句话。一是突破对文化的狭隘的碎片化理解的局限，放宽视野来看文化。二是突破对文化功能的表象化、极端功利化的理解的局限，把握文化的本质性力量。我们不仅要看到文化可以作为政治意识形态的手段，作为发展经济的支柱性产业和新的经济增长点，不仅看到它是娱乐唱歌跳舞，而且要看到中国古人说的"无用之用谓之大用"的那一面，那叫作本质性力量。三是突破古典时代和经济时代的思维局限，未雨绸缪，为文化时代的来临做好充分的准备。古典时代最高的价值是江山，经济时代最高的价值是功利，个人成功与否，国家在世界上的排序都取决于你在功利市场上的成就。这两个时代都行将结束，未来人类是一个文化引领一切的时代；文化终于从幕后走向了前台，由配角变成了主角，尽管在世界性的现代化运动中我们是追赶者，但是也要为未来的文化时代做好准备。所谓文化思维也是从这一方面提出来。四是改变对本民族历史文化传统的简单肯定或者粗暴否定的态度，在理性反省历史、坦然接纳传统中获取走向未来的智慧。我们这种简单思维还是相当严重，在对待传统的问题上，赞成的人把它说得完美无缺，反对的人把它说成一钱不值，一百多年基本上是这样两种对峙的观点，现在应该有一种新的态度。

### 7. 恢复我们的文化视野

一百多年以来，我们中国人不停地在说文化，可是越说越窄，越说越被物化，越说越功利化，越说越冷漠化，越说越非人化，以至于今天我们不得不把打开我们的心之慧眼、恢复我们的文化视野当作文化建设的第一项任务。雅斯贝尔斯指出，公元前800年到公元前300年，人类在世界四大不同地区没有经过商量，同时完成了哲学的突破和道德的觉醒，所以这500年可被称作人类的文化轴心时代。为什么叫文化轴心时代？就是人作为文化存在，取得了突破性的进展，我们的心灵更丰富、更广阔、更柔软了，我们的行为更有德性的追求，我们离开动物更远了。今天讨论文化依然有必要向那个时代的先贤求教。文化和科技不一样。科技要创新，创新源头在哪里？标准在哪里？榜样在哪里？主要在基督教文明世界。但是文化要创新就必须返本，返本方可开新。所谓返本，就是追根溯源，就是饮水思源，就是追终慎远，就是返璞归真，就是不忘初心。这个本，只能是自己的、内在的，不能是别人的、外在的。文化不能离开祖先一味地创新，首先要返本，要回到我们生存的根据地去拓展，一点一滴慢慢前行，千万不要以为文化和科技一样越新越好，那样就走向了死亡之路。

我们的孔圣人曾经感叹："文王既没，文不在兹乎？"关键是我们这位圣人认为"文"是我们生存最重要的东西，这个"文"到底是指什么？是指一个高于个体生命的一种生命存在，是一种有机整体的存在，是有血有肉有表情有温度的存在。"文"是大于道、高于器的存在，"文"乃道器之合体。从这样的命题可以看出，早在文化轴心时代，中国文明和西方文明就已经发生了分权。西方文明的最显著特点是天人相分、天人相争、道器分离。柏拉图说，我们看到的器物世界皆为虚假，唯有没有任何粗鄙物质原子介入的纯粹理念世界才是真实的，正是这样的纯粹理念世界，为上帝准备好了住所。后来古希腊文明和希伯来文明相汇相融，它们自自然然地接纳了一位没有血肉之躯的上帝作为整个社会道德的源泉。中国文明的最显著特点是天人合一、道器不二、知行合一、体用不二。我们中国人做人做事的最高原则是，上本天道、中用王法、下理人情，情、理、法三者不能区分割裂，因为生命、文化都是浑然一体的存在。所以，我们中国人很难接纳一位没有血肉之躯无所不能代表至善至美至真的上帝成为道德的源泉。

文化是高于个体生命的存在，这样我们回过头就能理解我们嘴上天天念的中国文明五千年薪火相传香火不断，是指五千年来这个中国文化、这个生命体的遗传密码没有丢失过。近代以来，为了救亡图存，为了以夷制夷，我们开启了向西方文明学习的程序，我们学会了大量操作性、工具性、技术性的知识，与此同时，我们逐渐养成了对自己的文化操作性、工具性、技术性处理的习惯。于是，由当代中国权威专家编撰的《辞海》中有了一个最没有文化气味的文化的定义：文化是人类创造的物质财富和精神财富的总和。倒是说全了，但你能感觉到这种文化的表情、温度、趣味吗？都没有了。这说明，近代的中国人已不懂得古代的中国人，已失去了我们古人的文化视野文化情怀。人类文化是与宇宙演化、生物进化并列的概念。宇宙演化是一个无所不在无所不包的历史进程，这个进程此刻正在我们每个人的身体内部展开。到了一定时候，宇宙演化的进程中出现了另一种历史进程，叫作生物进化。生物进化到了一定的时候，就在它的内部出现了一个既属于它又与它判然有别的历史进程，叫作人类文化。我们知道，宇宙演化由因果必然性规律主导，生物进化由欲望本能主导，人类文化由自由意识、自由意志、自由选择主导。人类文化是人类在自然必然性的舞台上追求自由的悲喜剧。这是人类的宿命！文化，就是人类独有的存在于世间的方式。不能离开演化和进化去谈文化，如果离开等于请人去看一场没有表演场地的演出。因为人类的文化必须以宇宙演化和生物进化作为背景、舞台、前提，把舞台拆了，去哪里看表演？离开因果必然性规律，离开自然科学的种种规律揭示的现代科学思维，离开生物进化关于生命的种种知识体系，我们去谈文化是空谈，是没有舞台的演出。但是，更重要的是，我们不能还原，不能把人类的文化还原为生物进化和宇宙演化，一旦做了这样的还原，文化

就会消失，再谈文化，就等于请人去看没有任何表演的舞台。文化，就是人类独有的存在于世间的方式。这是最大的文化概念，一旦定下来，一通百通，什么是中国文化？中国文化就是区别于所有非中国人的生存方式的生存方式。什么是城市文化？就是区别于乡村生存方式的生存方式。我们这样就能读懂 1935 年十位教授写的《中国文化宣言》，理解他们为什么把文化问题视为关乎中华民族的生存命脉、未来命运的问题。它是中华民族延续了几千年的生存方式，由于新的西方文明的到来，我们不能以这种方式再继续生存下去了，所以遇到了危机。

在这种情况下，有一位受到西方最严格最完整的现代学术训练而丝毫未染食洋不化恶习，依然以中国之心、中国之情、中国之眼去看待文化的文化学者，马林诺夫斯基的学生——费孝通先生，他语重心长地劝告那些完全模仿西方像对待物理世界一样对待人文世界的人，不要离开人去谈文化，文化说到底是人化和化人。我必须坦诚地说，我很长时间以来并不真正理解费先生的这句话，近年来我才体会到，费先生是在优雅而委婉地劝告我们大多数人，文化建设不能光是向外诉诸物，而应该重新启动近代以来被关闭的一项程序——向内的程序：让我们的心灵变得更加开阔、丰富、高贵、优雅。中国文化自古以来的首要功能，是造人。我们作为生物学意义上的存在，是我们的父母造出来的，我们每个人经过十月怀胎一朝分娩，作为生物学意义上的存在已然基本完成，但是作为文化意义上的存在，作为精神自我，我们每个人来到世界之初，还是一台裸机，里面什么软件都没装上，此后，人生一百年左右的时间，也就是整整一生，我们每个人都要给这台裸机装上完整的生命软件。每个生命个体不断被装上和自我装上各类生命软件的过程、方式和结果，就是费先生所说的人化、化人意义上的文化。我们装什么软件？装世世代代我们的祖先与环境打交道积累下来的自然规律，装积淀在社会中的规则和规矩，装祖先留下来没有太多道理好讲的道德规范。近代几代中国人往往认为道德规范是某种逻辑推导出来、被证明的正确理论，其实真正的道德规范是祖先留下来的，没有太多的理论。福建诏安某些地方就不吃跳鱼，认为跳鱼和渔民的出海安全是有关系的，这没什么道理好讲。我们和世界有知和不知的关系、信和不信的关系。可是近代以来我们往往把这套生命软件中的信仰部分视为过时落后的垃圾扔掉，所以我们中国人近代以来人格完满的人很少，这不是个别人的缺陷，因为我们把很多祖先留下的代表历史惯性、在个体生命当中要得到传递的东西，作为封建糟粕抛弃掉了。原来人是这么一个存在，是这样被文化所化的，我们装上这些生命软件的过程、方式和结果叫人化和化人，所以我们以后价值观的培育、文化的建设千万不要一味地向外建文化广场、文化标识，我们一定要努力打开向内的那套程序，让我们的心灵生活更加丰富，让我们的心灵空间更加阔大，让我们的精神品质更加高贵、优雅，这套程序要重新启动。

在这样一种思维方式下，文化是有血有肉有七情六欲的生命个体的生活态度。这一说法的原创者不是我，是离我们泉州很近的宝岛台湾那位才女作家龙应台。她20世纪90年代当文化局负责人时需要对文化发言，她就认为，西方过来的一个个把文化割裂剪碎再去分析讨论的文化定义不可靠，它请不来活生生的文化，所以她自己悟道，真正活着有表情、有温度、有趣味、有意志的文化是一个一个的生命个体的一种生活的态度。这个看法的现实启示是，我们现在文化建设很注

重载体建设，但往往把最不可或缺的载体忽略了：我们每个人拥有的这颗搏动的带血的心，这个宇宙中最为奇妙的存在——人心，才可以承载我们所想拥有的真善美的价值观。此心若无文，天下之文皆为虚文、假文；此心若有文，天下之文皆被唤醒激活。今天的文化建设、价值观培育，最重要的问题是没有把我们想拥有的东西，首先让人心作为载体。木心先生散文当中那句话是充满禅机的：每一颗搏动的心都是带血的。不能用理解数学的方式去理解这样的生命感悟，不能用看待物理世界的眼光去看待文化世界，不能用建设桥梁的方式去进行核心价值观的建设。

从宏观上看，我们最后引一段饱览古今各种人间景色的历史学家汤因比的话：近代以来现代学科体制约定俗成地把统一有生命的文明视为三大板块——经济、政治、文化，但我们的问题是这个文明是怎么活着的，这三大板块在生命整体中谁是那个序参量，谁是那个魂，谁是那个统摄的东西，谁是赋予整体生命的东西。近代以来中国人基本上要么重政治，要么重经济，可是我们听听汤因比怎么说的："在一个文明中，文化成分是它的灵魂、血液、精髓、核心、本质和缩影，而相比之下，政治成分更进一步地说是经济成分，是文明状态表面的、非本质的、微不足道的现象和它活动的媒介。"有一个问题，我们越是朝眼前看，越是看当下，越是计量一时一事的成败得失，我们就越会看重政治的力量、经济的力量、军事的力量，但是我们把眼光放长远一些，看一百年两百年，我们就会发现，真正无坚不摧的，是那个不怎么显身的文化的力量。

## 8. 培育一种有机的文化思维

这两年以来学习习总书记一系列关于传统、历史、价值观的讲话，我觉得总书记是在恢复中国古人最擅长的生命整体思维，或者是在运用一种超现代的有机文化思维。这种思维方式对个体、整体、群体、团体都是至关重要的。以一人之力创办了两家世界 500 强企业的东方经营之圣稻盛和夫，总结自己的实践经验，提出了一道成功方程式：成就 = 思维方式 × 热情 × 能力。思维方式的表达数值是从 –100 到 100，热情是 0 到 100，能力也是 0 到 100。这一方程式表明，如果我们的思维方式小于 0，是负数，那么我们做事的热情越高，能力越强，越完蛋。为什么总书记把我国改革的总体目标定位为实现党和国家治理体系和治理能力的现代化？我觉得，总书记是从一部中国文明史尤其是 175 年的近代史看待中国的现代化和中国的改革。在相当长的时期里，我们所谈的现代化全是肉眼看得见的现代化：工业、农业、军事、科技。现在总书记告诉我们，为了四个现代化的真正实现，我们必须配之以一个软件方面的现代化，叫治理体系和治理能力现代化。要真正实现现代化，真正完成中国文化的现代转换，真正完成数千年未遇之最大变局的最后定局，真正实现中华民族的伟大复兴，我们就不能仅仅看见那些肉眼能看见的东西，还要启动心之慧眼去看，看见那些中国古人叫作"无用之用谓之大用"的东西。

科学巨匠、方法论大师爱因斯坦有一句话，我觉得可以把它看成是给面对巨大改革难题的中国共产党的一句忠告，"解决问题的不可能是那些导致问题的思维模式"。1840 年，我们被人打得鼻青脸肿，需要进行生存方式转换意义上的文明转型。这样的文明转型遇到的是系统性、结构性问题，但是很诡异的是，中华民族到了最危险的时候，我们首先要取得捍卫生存的工具，所以我们痛定思痛，决心向打我们的文明学习。一百多年几代人学来了大量操作性、技术性、工具性的

知识，我们一代中国人比一代中国人更重视以操作性、技术性、工具性知识去解决文明转型遇到的系统性、结构性问题。于是一时有效局部有效乃至高效、长期无效整体无效乃至负效，日积月累为我们今天中国人中国共产党人要面对的大量由思维方式不当长期积累下来的问题，如果我们依然用同样的思维方式去解决这些问题，结果只能使问题日益严重。所以，今天摆在我们面前的首要任务，是转变我们的思维方式，是培育一种有机的文化思维。

（1）正视人性：改变对人性的简单化理解的局限，勇敢坦然地面对真实的人性。幸福的生活，健全的社会，饱满的人格，健康的文明，建设这一切的第一块基石是认识和面对真实的人性。近代以来的中国人，往往是绕开或者掩盖真实的人性去谈道德文化建设。我认为对人性揭示最深刻最无可辩驳的是尼采，这位德国的天才哲学家，短短一句话，包含丰富的内涵：人是由兽而神的空中索道。

（2）回归常态：改变把人群敌我两分，把世界善恶两分的战场思维、造反思维，在全社会形成和谐思维。有历史学家指出，一种大的文明转变需要两个世纪方可完成，一个通过革命和造反建立的政权，70年的时候是一个关键的槛。我们知道，正是刘邦打下天下70周年的那一年，著名的董仲舒向汉武帝献著名的天人三策。董仲舒说，70年以来，我们年年都在求善治，但是到现在还没有达于善治，一个重要原因是，我们光是临渊羡鱼，换成今天的说法是谈愿望刷标语喊口号，而没有退而结网，结什么网？结平常之人，过日常生活，文明秩序之网。他的结论是：欲求善治，必先更化。我认为这是一个千古不易的问题，凡革命和造反建立的政权，欲求善治必先更化，在原则上都通用。董仲舒说的变更变革，变革什么？第一，秦朝留给汉朝的思维方式、精神遗产，简单来说，秦国历来把国家视为一部战争机器，把生活在国家中的人视为机器上没有个人情感偏好的零部件，战场上非常高效，碾平了六国，但是一旦统一天下自己真正坐镇江山的时候，依然这样看待的时候，老百姓不干了。这份遗产给了汉朝，这是第一更化。第二更化，更化老祖宗刘邦在战场上形成的那一套临时观念，措施、政策、想法要变更，现在是正常人过日常生活，不能还像非正常时期战场上一样处理问题。等于是社会文明得病了，战争是一次外科手术，非常有效，但如果打下天下以后效法这个非常有效的外科手术，一天来一刀，上瘾了，结果只能使文明伤痕累累。今年新中国成立66周年了，真正精神文化上要解决的是回归常态的问题，我相信经济新常态背后是一种更广阔的常态回归的问题。

（3）道法自然：要改变自觉理性建构无所不能的观念，尊重社会生活的自发性、多样性、复杂性、随机性、不可预测性。社会像自然植被这么丰富多样，一个组织像园林这么简单，我们不能用管理组织的方式去管理整个社会，正如我们不能用管理一座园林的方式来对待广阔的自然原野。

（4）敬天法祖：改变以历史归零的方法、虚无主义的态度对待民族历史传统的做法，培养对祖先的温情和敬意。生命哲学的代表人物怀特海先生说，"生命有要求原创的冲动，但社会与文化必须稳定到能够使追求原创的冒险得到滋养；如此，这种冒险才能开花结果而不至于变成没有导向的混乱"。《世界文明史》的作者杜兰认为："每100个新的观念，可能有99个以上，还不如他们原建设取代的传统。一个人，不论他多么有才华，或者多么见多识广，在他有生之年，也不能无所不知，能对其社会的习惯与礼俗作正确的判断与取舍，因为这些习惯

与礼俗，是经无数代人的智慧并在历史的实验室中经过无数代实验后的产物"。这些话说得相当深刻，值得我们仔细推敲。

（5）舞台扩容：我们真的要为万事开太平吗？那就要让我们今天的思想理论、观念、理念实现三大兼容：与古人兼容，与洋人兼容，与百姓兼容。我们既不可能完全照搬古人，也不可能完全照搬洋人，同样不可能全用村言俚语，但是我们必须实现和这三者的兼容，这样才能让我们的舞台扩容。

我今天向大家就汇报这些想法，欢迎大家批评指正！谢谢大家！

# 互动环节

**问题1：为什么说《辞海》中文化的定义是精神和物质的总和是最没有文化的文化定义？**

**听众A：**因为我是学物理的，可能没有什么文化，在我的印象里，文化的定义是精神和物质的总和，我觉得这是很高度的概括，这和刚才先人的道气之合体是一脉相承的，我不知道你为什么会说这是最没有文化的文化定义。

**周熙明：**谢谢！学物理的大多数人特别有文化，我读到杨振宁先生的《物理学与美》的时候，就跟作家班的人说，你们谁能写出这样的散文？散文不仅仅是技巧，是一个视野和境界的问题。我是主要强调我们争取谈论自己文化的时候，不能将之仅仅作为理论研究、数学计算、逻辑推理的纯客观对象。她是我们的根，我们的魂，我们的身份，我们的生存方式，我们的遗传密码，我们的生命软件。我们不能像谈论别人的文化那样谈论自己的文化。比如我们研究美国人的文化时，我们会把他们的主观情感、情绪意志，统统视为客观的存在，但是在谈自己文化的时候就不能这样做，因为这个文化对于中国人来说是一种内外俱在、主客同在的生命体，它必然要有表情，必然有温度，必然有行动意志在，是活的，我们不能把它完全对象化、固化、物化、客观化。据说当年有人问马克思：什么是资本？资本的定义是什么？马克思的回答是：你去看整部《资本论》。马克思的回答是有深意的，他是说，资本是弥散性渗透在整个资本主义社会肌体中无所不在的，是资本主义社会这个生命体中的有机构成部分，不能把它从有机整体中剥离出来进行观察。我觉得，马克思在人类学术史上的伟大贡献之一，就是创立了一种能够对有机整体进行有效分析研究的思维工具——人类学思维方式。当我们运用马克思创立的这种思维方式去研究文化时，我们就会清楚地认识到，文化是弥散性渗透在我们生活的每个细胞中无所不在的，当我们把它从社会生活的有机整体中剥离出来，成为和我们肉眼所见的所有存在物并列的一个具体存在物的时候，文化就已经被杀死，你再重视它，你也只是在重视它的尸体。我主要是强调一旦谈价值观，不是去谈美国的价值观，是谈我们自己作为个体生命文化存在精神自我的那一套遗传密码系统唤醒复苏的问题，谈整个中华文化遗传密码复苏唤醒的问题，我们一定要知道我们是在谈生命存在，对人讲话，而不是在对物讲话。在一定程度上我也承认，如果我们不是从真正严格的意义上去谈文化，不是谈有表情有意志的文化，我们把文化作对象化处理，有时候也是有必要的。而在《辞海》里这么轻巧的一句定义，它起的引导作用不好。这样定义的文化，是一座无所不包的仓库，里面装着人类创造的物质财富和精神财富的总和这些已然存在没有生命的东西。总之，我想强调的是，文化是有生命的有机整体。

问题 2：在新常态特别是新媒体广泛应用的背景下，我想请教一下作为学校应该如何做，才能够更好地使社会主义核心价值观深入大学生内心，并且真正内化为他们的实际行动？

听众 B：我是华大辅导员，主要做学生工作，我想请教的问题和学生工作相关。社会主义核心价值观作为一种意识形态上的引导，它应该是内化的过程，无声无息，在新常态特别是新媒体广泛应用的背景下，我想请教一下作为学校应该如何做，才能够更好地使社会主义核心价值观深入大学生内心，并且真正内化为他们的实际行动？而且这种实际行动能够表现为对国家对民族的伟大抱负。

周熙明：这位年轻的老师，我首先向你表达我的敬意，在现在这个时代，在大学里做学生思想工作是一个极为艰难而光荣的任务。我建议要换一种思维方式，不要用一种工程思维面对活生生的人、生龙活虎的青年人、思维活跃海阔天空的知识人。既然知道文化因素是无声无息发挥作用的，你做思想政治工作时也就不要太有意、太刻意，与人精神交流，常常随意胜刻意，最重要的是真心诚意。首先去做作为工作对象的同学的朋友，或者你把他们视为自己精神成长的老师，你也是老师，他们也是老师，互为良师益友。我甚至认为中国的家长必须向幼儿小孩学习，他们精神上许多东西比我们健全健康。好几代中国人由于精神食粮缺乏，在精神发育的关键阶段吃得太少，营养不良，要补；其次是急忙中吃了很多有毒的东西，要自我排毒。先不要考虑怎么让自己的工作对象学生把核心价值观内化于心、外化于行，首先问自己你内化了吗，你外化了吗，你内化和外化的生命实践过程是最好的宣示宣传。中国人自古以来有一种特殊的良善道德："老吾老以及人之老"。你知道漫长的历史中，这种良善道德是怎样复制、传递、传播的吗？不是靠语言，而是靠行动。一代一代成年的中国人带着自己的小孩，在各种场合遇到白发苍苍的老者，表现出恭敬的姿态、庄严的表情，一次一次，给他的小孩难以忘怀的深刻印象。所以当小孩长成大人，又带着自己小孩的时候，又会重演同样的生活情境。于是，"老吾老以及人之老"这种良善道德，便一代一代得以复制传递。核心价值观的传播传递，同样要靠人的行动，不能只是诉诸理论宣传。

思想政治工作真的很难，前一段时间，全国各个大学的校长、党委书记分批到中央党校学习，不少书记校长就谈到这一问题。有校长问，我派全校公认的最博学的教授去给本科生上思想品德课，依然好多人听不进去，为什么？我的回答是，首先要搞清楚我们是对一群人讲话，每一个人是一个独立的世界，我们不要把各式各样的人化约为一个物理世界，对他们讲某种通则、某种类似于自然规律一样的道理。你的道理要让人听得下去听得进去，第一，要让人觉得你讲的正确道理不仅正确，而且是你在和我交换生命的软件，学生都有第六感，你讲的这个道理，是你自己作为生命软件在用，或者专门贩卖，叫我们去用，学生都知道。第二，你讲的这套正确的道理，在你这个讲出来的人那里是否带有某种宗教信仰般虔诚的态度，信，而不是知。学生也有判断，这个老师自己都不信，你讲得再正确条理再清楚也没用。第三，他有一个判断，当这一番道理为社会普遍反对的时候，你是第一个逃之夭夭还是用自己的一切来捍卫？像文天祥一样在监狱里，新的皇帝来劝降，他伺候的皇帝没了，服务的朝廷也没了，依然说孔曰孟曰，用这个来证明他原来一辈子宣称的信仰是真的。刚才说了半天就是这一颗搏动的带血的心践行，首先自己心里有，再去对人说，才有效。我们以前总结雷锋的经验，我的总结很简单，毛主席是一个发光体，他说，雷锋，你有光，于是雷锋就有光了，雷锋是反射毛泽东的光源，不是说他自己一个 20 岁的战士能有多大的光，若是一个自身无光的人说，雷锋，你有光，雷锋是不会因此而有光的。你自己都没有光，你怎能让他人有光。不要去讨论假问题，要思考真实的问题。

**问题 3：我们可不可以把绿色化理解成生态文明建设中融入五位一体建设全过程的文化思维方式的一种载体？或者是一种指导方式。**

**听众 C：** 在中央最近的新四化中提到了绿色化，我的问题是，我们可不可以把绿色化理解成生态文明建设中融入五位一体建设全过程的文化思维方式的一种载体，或者是一种指导方式？

**周熙明：** 我同意你的看法，你已经回答了你的问题，这是你的一种见解，我完全赞同这种见解。什么时候都要关注作为生命整体的民族国家的现代化事业，就是要把国家社会作为有机的生命整体来对待。我们说全方位改革，什么是最全的？功利世界不可能全，功利世界都分成不同的利益阶层，我们有不同的表达，唯有被马克思说成天生就很倒霉，必须附着在粗鄙物上的精神文化，才是无所不在、无时不在、无处不在。所以任何改革改到最后，都会去追问文化方面的问题。全方位改革之"全"，深层次改革之"深"，都与文化紧密相关。英国政治理论家、社会学家伯纳德·鲍桑葵认为：所谓制度就是观念，制度就是一种构成文化精神的要素；组成一个社会的原则既是观念也是事实，既是事实也是目的；制度是共有理念或信念的自我维系系统，是人的精神的汇合点（也就是社会精神）。真正的制度改革是先改文化，然后所有改革才能稳固下来，没有改文化，前面所有改革是表面的改革。正如原来精简机构，机构精简了，但是关于政府的理念没有改，过一段时间又膨胀，比你精简以前更大，从长远来说是做无用功。所以深层次改革最后改的也是你说的文化，无论是从现代化来说，还是从整个文明的转型、从数千年最大变局的最后定局、从中华民族复兴来说，或者从建立一种可持续的健康的协同均衡文明发育成长的机制来说，我觉得都得有一种普照的文化之光。

# 周文彰简介

**周文彰** 1953年8月生，江苏宝应县人，哲学博士，研究员。国家行政学院原副院长、博士生导师，全国政协委员，中国行政体制改革研究会副会长兼行政文化委员会会长，兼任中国人民大学、中国地质大学博士生导师，中国书法家协会理事，中央国家机关书法家协会副主席。享受政府特殊津贴。

创立了自成体系的"主体认识图式"理论和经济特区理论，1992年获"海南省有突出贡献的优秀专家"称号。专著有《狡黠的心灵》（中国人民大学出版社，1991）、《从历史走向现实》（南海出版公司，1995）、《绿岛傻想》（海南出版社，1997）、《特区导论》（海南出版社，1995）、《跨世纪的抉择：经济特区二次创业》（南海出版公司，1998）、《并非傻想》（海南出版社，2002）；译著有《康德》（中国社会科学出版社，1990）、《理由与求知》（上海译文出版社，1990）、《当代认识论导论》（中国人民大学出版社，1990）；主编图书有《国际惯例书库》（海南出版社，1993）、"当代国际惯例丛书"（海南出版社，1999）、《琼台农业合作研究》（海南出版社，1999）、"海南历史文化大系"（共10卷104册）等。另有《宣传文化工作演讲报告集》（2002~2008，共7卷）。多次获得省级优秀科研成果奖、省部级"五个一"工程奖、中国图书奖。

# 做"三严三实"和忠诚干净担当的好干部

周文彰　　　　2015年7月20日

今天非常高兴有机会跟大家就"三严三实和忠诚干净担当"这个话题，谈谈我的一些学习体会和研究思考。

2014年3月9日，习近平同志在参加十二届全国人大二次会议安徽代表团审议时发表重要讲话，就加强作风建设提出"严以修身、严以用权、严以律己；谋事要实、创业要实、做人要实"的要求。2014年10月16日，云南省委书记李纪恒传达了习近平总书记对云南工作的指示，其中包括领导干部要对党忠诚、个人干净、敢于担当。今年3月1日，刘云山同志在中央党校春季开学典礼上作重要讲话，专门谈对党忠诚、个人干净、敢于担当。这三句话已经不是对云南干部的要求了，而是对全国领导干部的要求。今年，中央决定在县处级以上领导干部中开展"三严三实"专题教育，是党的群众路线教育实践活动的延展深化，是深入推进党的思想政治建设和作风建设的重要举措，是使领导干部队伍适应全面建成小康社会需要的重要保障。今天围绕"三严三实和忠诚干净担当"我准备讲八个问题。

# 一　重要意义

"三严三实"的提出对领导干部、对党的事业具有非常重要的意义，我归纳为三条。

### 1.修身做人的重要指导

领导干部要做好领导，首先要做好人，要做好人就要修身。"修身"是由儒家提出的，被历朝历代所推崇，当然也被我们今天所继承。它最著名的思想就是"修身、齐家、治国、平天下"。这段话出自《礼记·大学》。所以"三严三实"为我们领导干部修身做人提供了重要的指导。

### 2.用权律己的基本遵循

领导干部的工作是用权，责任是用好权。要用好权，就要"严以用权"，不能忘乎所以，不能随心所欲。要严以用权，就要严以律己，做到心有所畏、言有所戒、行有所止，不让不良心态影响用权。所以

"三严三实"是用权律己的基本遵循。

### 3. 干事创业的行为准则

做领导干部一定要创业谋事。怎么创业？怎么谋事？"三严三实"就是领导干部的行为准则，所以具有非常重要的意义。

# 二　严以修身

从本质上说，官是责任。一个人从一般社会成员变成官员，就意味着多了一份责任，他不光要把自己的事情做好，还要把大家的事情做好，不光要管好自身，还要管好别人。官有多大，地位有多高，就意味着责任范围有多大，肩上的任务有多重。

有一年，南方某地方发大水，大家找镇长，怎么找也找不着，原来他岳母家被水淹了，他去帮助搬家。毫无疑问，他是一个称职、合格的女婿。后来他受到严肃处理，被撤销了党内外一切职务。他作为镇长，在关键时刻没有履行一个镇长带领群众抗洪救灾的责任，所以被处理了。因此，领导干部要牢记的一句话就是，官是责任。

要履行责任就要做事，只有做事才能履行责任。做事是履行责任的过程，做事是履行责任的表现，做事更是履行责任的结果。做官不做事等于白做官，等于枉做官。饱食终日、无所用心，之所以引人愤怒，就是因为他不做事。

要做事就得有工具，领导干部做事的手段工具就是权力。所以领导干部做事的过程，就是掌权用权的过程。要做好官、用好权、做好事，就要做好人。好人不是英雄模范人物，就是一般人。做人不过关，做官、做事也做不好。在做官、做事、做人三者关系中，做官是手段，做事是目的，做人是基础。安徽小岗村原党支部书记沈浩在日记当中说，做官是为了做事，做事不能为了做官。

人之为人，在于人有道德，在于人有善心。人应当具备哪些道德心才能称为人呢？孟子说："恻隐之心，人皆有之；羞恶之心，人皆有之；恭敬之心，人皆有之；是非之心，人皆有之。恻隐之心，仁也；羞恶之心，义也；恭敬之心，礼也。"恻隐之心，也就是我们现在讲的同情心，这叫仁；羞恶之心，我们现在称之为荣辱观，这叫义；恭敬之心，是非之心，是礼和智。作为领导干部首先要把人做好，要有这四种道德心。

那么，具备了这四种道德心是不是就成了一个好干部呢？肯定不行。好人不一定是好官，但好官必须是好人。假如一个领导干部没有同情心，怎么可能把老百姓的疾苦看在眼里、记在心里；没有是非之心，一个单位正气能抬头？邪气能下得去吗？所以要做好官首先要做好人，要做好人就要严以修身。修身就是修身养性，或者叫修养身心、修养身性都可以。

习近平总书记对党员领导干部提出"严以修身"的要求，就是要加强党性修养，坚定理想信念，提升道德境界，追求高尚情操，自觉远离低级趣味，自觉抵制歪风邪气。因为这是对党员领导干部的要求，所以党性修养摆在第一位。党性修养，就是中国共产党作为中国工人阶级先锋队，作为中国人民和中华民族先锋队本质属性在党员身上的内化。加强党性修养，就是加强政治修养、理论修养、思想修养、作风修养、知识修养等等。很多时候我们入了党，但在修养的提高方面往往没有跟上去，所以习近平总书记特别提醒我们要加强党性修养。

坚定理想信念。理想可以叫梦想，也可以叫愿景，是成为一个什么样的人的目标或志向。理想对一个人很重要，有了理想就有了追求，有了理想就有了动力，有了理想就有了支柱。尽管共产主义还很遥远，但是共产党人始终把实现共产主义作为自己的理想。

信念是坚定不移地相信某种观念。人一定要有信念，不然往往被一时的困难和挫折压倒。比如，刘少奇同志在困难时期就相信历史是由人民书写的，这就是信念。理想信念有时候连在一起，理想就是信念，信念就是理想。今天中国共产党人的信念就是中国特色社会主义。

提升道德境界。道德境界就是道德水平高低的一种状态，比如，自私自利是一种道德境界，毫不利己又是另一种道德境界。习近平总书记要求我们提升道德境界，追求高尚情操。按照这个要求我们可以远离低级趣味，也能够抵制歪风邪气。这是严以修身。

# 三 严以用权

## （一）用心解决好"用权"问题

领导干部的工作就是掌权用权。掌权用权有一点像开车。开车至少要学会两个东西，一个是驾驶技术，一个是交通规则，两者缺一不可。我们要想把"权"这部车开好，也要学会两个东西，一要有一定的掌权用权能力，二要懂得用权的规矩，两者缺一不可。现在让我们高兴的是，在开车问题上的"冒失鬼"越来越少，但是在用权问题上的"冒失鬼"不见得少。以前没当过官，没在高一级的岗位上干过，任命一到就开始掌权用权了，能力没提高，规矩又不懂，结果把权力这辆车开到沟里去了。

今天主要讲用权的规则。用权的规则有非常具体的层面。比如我们有很多"应当"，这是党章等文件的要求，还有很多"不准"，这是党的纪律等文件的要求。领导干部要时刻关注这些规矩的变化。

在这些具体的规矩之上，有一个管总的、任何时候都适用的规则，这就是权力观要解决的问题。它涉及：一是为谁用权；二是如何用权，是全心全意还是半信半疑，这是用权态度，不是用权能力；三是怎样安全用权，发展要可持续，当官掌权同样要考虑可持续。这三个问题是联系在一起的，有时候就是一个问题。比如，为谁用权没有解决好，用权就很不安全。

## （二）为谁用权是用权的根本性问题

我今天想提醒大家的第二句话，就是为谁用权。凡是用权之前，都得考虑权在为谁而用。如果我们动不动就为刘汉们用权，就很不安全；如果我们没有原则没有规矩地为亲属、子女、身边人用权，也不安全。所以为谁用权是用权的根本问题。对领导干部来说，这是一个大是大非问题、用权方向问题，一时一刻糊涂不得。领导干部在签字、盖章、分配资源之前，首先要搞清楚在为谁服务。

我们应当为谁用权呢？当然是为民用权。自从毛泽东主席在延安窑洞为一名战士送葬发表了著名的演讲《为人民服务》之后，为民就成为我们党的宗旨。从那时到现在，我们不停地开展宗旨教育，但就是有些领导干部听不进去，老以为这是官话、套话、大话。我一直在琢磨怎么能够把这个事情讲得让人心服口服，最终总结出：为民是职业，不是境界；为民是平凡，不是崇高。

要求每位领导干部具有很高的境界，一定要给一段时间，因为境界不是一下子提高的，但要求领导干部一上任就把为民这个工作做好，却是完全应该的。比如，只干活不拿工资；有房子就分给大家，自己永远住小房子；看到灾区地震就如热锅上的蚂蚁，把钱全部捐出去；看到有人要换肾，就马上报名，这叫崇高、无私。小平同志讲过，这样少数人可以，多数人不行，一时可以，长期不行。对英雄模范人物也要讲物质利益原则，要保证他们能够终身体面的生活，保证他们的妻子和儿女有生活保障，否则谁去见义勇为？所以领导为民是平凡，不是崇高。

要求领导干部做一个崇高的人困难很大，但是要求每天在为民的岗位上做好，却一点也不过分。教师不上课行吗？医生不看病行吗？司机不开车行吗？当官不为民行吗？一个道理，领导干部也是一个职业化的为民岗位。从进入公务员队伍那一天开始，特别是从接受任命成为领导干部那一刻开始，就意味着愿意以"为民"作为自己的职业。既然这是个职业，就要有职业的精神、有职业的态度。

个别机关干部上班就是打开水、看报纸、吃早点、看股市、打游戏，门一关，同学来了或者家乡领导来了，陪着去了，今天政治学习或者大合唱不办公。我们有些机关干部就是这样在岗位上工作的。很多权掌在你手上，你不签字、不盖章，我就走不了。有的群众好不容易下决心出国旅游，留个联系人，那就写我妈的名字吧。办事的人说："你能证明你妈是你妈吗？"就这样刁难人，忘记了自己是干什么的，是吃什么饭的。所以不搞"三严三实"的教育行吗？

我提出"为民"是职业不是境界，"为民"是平凡不是崇高，有两个目的：一是让我们的领导干部都明白端的是什么饭碗，要有起码的职业精神、职业态度；二是让人民群众都知道，全国有几百万领导干部、有几千万公务员不干别的，专门为他们谋利益。让人民群众知道拥护谁、支持谁。领导干部手中的权力应该用得让老百姓舒舒服服、心情舒畅、方便实惠。我们没有任何理由摆架子，刁难老百姓。

### （三）"权为民所用"是最核心、最根本的要求

李克强总理讲，谁审批谁监管。我认为审批和监管有三种情况。第一，只审批不监管。民政部门发结婚证后，就不再监管了，只有两个人过不下去了，再发一个离婚证书，这是只审批不监管。第二，谁审批谁监管。比如，盖工厂要经过环评、水评等，审批之后还要监管，一管到底。第三，不审批也监管。将来落实企业自主权，很多都不用审批了，只要不违规，它们想干什么就干什么，违规了我们就来管它们，所以不审批也监管。

在履行管理职责上，政府具有无限责任。无论在何时何地，谁污染环境，环保部门要管，谁违反交通法，交通警察要管。我们的政府在供给方面、提供服务方面是有限政府，在监管方面是无限政府，所以我们不审批是为了有更多的时间腾出来严管。如果明白这个道理，我们的权会用得更好，老百姓会更加欢迎我们。

抓管理与其树立先进典型不如去抓问题。我们现在花大量的时间树典型给大家引路，有必要，但是不能用树典型代替解决问题。习近平总书记讲的"要有强烈的问题意识，以重大问题为导向"，应当成为我们管理工作的根本指导思想。我们就是要抓问题，没有问题不要去抓。哪里有问题，你就出现在哪里，哪里有问题，你就在哪里开会。

### （四）用权谋私，不道德、不合法、不安全

为民用权就是公用，为自己用权就是私用，所以用权谋私，不道

德、不合法、不安全。

第一，不道德。我们干的是为群众的活，用的是群众给的权，吃的是群众给的饭，用权谋私就是吃里爬外。吃里爬外老百姓公认是不道德的行为。比如，一个民营企业家用优厚的待遇聘请了一个副总或者办公室主任，结果这位副总或者办公室主任用老板提供的条件为自己自立门户拉关系、走路子。老板知道后一定会找他谈，你不能这样，人要有良心，如果他继续我行我素，老板肯定要跟他再见的。一个民营企业尚且如此，更不要说党政机关、人民政府了。所以不允许我们领导干部吃里爬外，也就是说不允许以权谋私，理由很正当，这是个通则，没有什么特殊化。

第二，不合法。《刑法》对贪污、受贿等违法行为都有明确规定，量刑基本上都是一万元一年。现在执行不下去了，为什么？3000万不可能判3000年，于是大家说标准松了。但以前我身边的一些同事犯了事，的的确确十几万就是十年。

第三，不安全。领导干部以权谋私，哪怕只有一次也很危险。30多年前，我刚刚大学毕业，在广播中听到一个案件，让我终生难忘。福建某厅的一个总工程师，父亲刚被平反，补发了14万元工资，全家一合计，让他替父亲交了党费，但是就在同时，他利用职权又收了人家8万块钱。事情暴露之后，办案人员没有说，你交出去14万，收8万，再收6万也没关系，抵掉了。他最后被判了8年。这两件事情他本来都可以不做，结果都做了，把自己给毁了。以权谋私是最伤害自己的行为，我们要永远保持个人干净。

严以用权不仅仅是不能以权谋私。习近平总书记讲，严以用权，就是要坚持用权为民，按规则、按制度行使权力，把权力关进制度的笼子，任何时候都不搞特权、不以权谋私。党的十八届四中全会又明确了一些世界上通行的法治原则。比如，法无授权不可为。不能自己给自己设定权力，说罚款就罚款，说关人就关人；法无禁止即可为，只要法律上没有规定，没有禁止，老百姓做什么都不犯法。一个"法无授权不可为"，一个"法无禁止即可为"，这是两条极其重要的法治原则。长期以来我们随意自我设权，随意用"非法"两个字来处罚老百姓，这是没有法治精神的结果。

# 四　严以律己

习近平总书记提出"严以律己，就是要心存敬畏、手握戒尺，慎独慎微、勤于自省，遵守党纪国法，做到为政清廉"。根据习近平总书记严以律己的要求，我提炼出敬畏、慎独、慎微、自省。

## （一）敬畏

我们以前讲的"天不怕，地不怕"是指面对困难不胆怯，面对坏人无所畏惧的一种英雄气概。作为一名领导干部，在日常工作中天不怕地不怕是不行的，不管对什么人都要心存敬畏。

第一，要敬畏群众。群众的力量很大，中国历史上的改朝换代大都是农民起义造成的，皇帝都害怕，我们共产党怎么能不敬畏老百姓呢？牢记"水能载舟，亦能覆舟"。有时候群众想的点子、解决困难的办法，我们关在办公室里是想不出来的。老百姓历来认可"逮住老鼠就是好猫"，不会看书上有没有、文件上有没有。一个领导干部如果心里对群众不存敬畏，想怎么处置就怎么处置，想怎么摆架子就怎么摆架子，想怎么对付就怎么对付，总有一天群众会找到机会"报答"你。大家要牢记，群众是真正的英雄，要始终信赖群众、依靠群众，拜群众为师。

第二，要敬畏法纪。奉公守法、公正廉明、洁身自好，绝不触犯党纪国法的"高压线"。"国家规定就是狗屁，我就不执行。""我是搞法律出身的，我知道法律是干啥的，我就不讲法"……以上"惊人语录"出自山西太原古交市交通运输部门干部任长春。连日来，这段语录视频在网上热传，任长春被网友戏称为"任我行"。

第三，要敬畏权力。权力这把"双刃剑"，用之于民善莫大焉，用之于己贻害无穷。始终对权力心存敬畏，秉公用权、为民用权。王立军多么不可一世，想抓谁就抓谁，结果呢？把自己给毁了。这样的例子太多了，领导干部一定不能把权力当儿戏，用权不能任性。

第四，要敬畏历史。三年困难时期，饿死了很多人。这期间，我只有十七八岁，但我记住了我们江苏省扬州市宝应县县委书记徐向东，老百姓普遍骂他，为什么呢？他大搞浮夸之风，夸大粮食亩产。上级部门就按照浮夸后产量的相应比例上调，结果把粮食全部调完了，老百姓身边没有粮食，集体也没有粮食了，怎么办呢？一人一天5两6钱粮食，最后5两6钱也不能保证，老百姓就啃树皮草根，最后很多人得了浮肿。老百姓骂这个县委书记，徐向东永远刻在宝应人民心里，我到现在还记着他。领导干部的所作所为可能不会被整个国家的历史写到，但是在一个地方的历史中、在老百姓心里一定会被写到，所以要敬畏历史。

第五，要敬畏自然。自然规律不可抗拒。过去，我们让高山低头，让河水让路，何等气概，却让我们今天尝到了环境恶化的苦果。恩格斯一百多年前就指出，不要过分陶醉于人类对自然界的胜利，对于每一次这样的胜利，自然界都对我们进行报复。所以不能随意地围海、围湖、截流，不能随意地去把山头铲平。

## （二）慎独

慎独，简言之，就是谨慎独处。一般来说，当处在有人监督的情况下，绝大多数人都能注意自己的行为。如果在没有眼睛盯着的情况下也能谨慎不苟，不做不道德的行为，这就是慎独。

什么是独呢？独通常是指一种特殊的空间环境。例如，一个人在树林里是独，在商场里也可能是独，在家是独，在办公室里也可能是独，八小时之外是独，上班时也可能是独。独，还是一个数字概念，即指一个人在一种特殊的空间环境里，除了自己，没有别人。独，今天还应当包括一种特殊的权力地位，这种权力地位，可以使自己自主决定、自由裁量，而无须同别人商量，或无须让别人知道，或无须报告行为结果。党政一把手往往可以获得这种权力地位。企业领导人，特别是企业一把手，有更多的机会和可能获得这种权力地位。比如，一定额度内的资金自主支配权，一定范围的人员自主"组阁"权，一定时期内的项目自主管理权，等等。

无论什么身份，人一旦处在特殊的权力地位，就容易随心所欲，容易自我膨胀，容易产生不正确的做法。例如，一言堂、独断专行、专横跋扈。因此，此时此刻特别需要谨慎。要慎独的道理还在于，独者不独。所谓独处，其实只是一种自我感觉，很多时候，独者不独。证明这个道理的一个著名事例，是《杨震暮夜却金》，此文记述：杨震屡次升迁，升到荆州刺史、东莱太守。往东莱郡上任时，路过昌邑县，原先他所推荐的秀才王密，做了昌邑县令，王密夜里怀中揣着十斤金子来赠送给杨震，说："这么晚了，没有人知道这事。"杨震说："天知道，神知道，我知道，你知道，怎么能说没人知道！"王密惭愧地出门走了。这个故事主要说明的道理是，独者不独。我国还有很多其他俗语都是说明这个道理。例如，"隔墙有耳""手莫伸，伸手必被捉""要想人不知，除非己莫为"。现代技术把人的私密空间挤压得越来越小，使独处更加不独了。很多时候，尽管我们看似在独处，但我们一定要把自己设想成处在监控者的眼皮底下，从而做到慎独。

### （三）慎微

我从小就听大人说"小洞不补，大洞吃苦"。"文化大革命"期间听传达文件，学到一句话叫"千里之堤，溃于蚁穴"，它与"小洞不补，大洞吃苦"可算是异曲同工，当然要更加深刻。后来，书读多了，此类名言警句也越看越多。比如："道自微而生，祸自微而成"；"毋以恶小而为之，毋以善小而不为"；"不虑于微，始成大患；不防于小，终亏大德"；等等。所有这些，均在提醒人们两个字："慎微"。

慎微是说，对看似微不足道的小事、小节、小处，要谨慎，要慎重，要高度重视，要妥帖处置，否则，小事会酿成大麻烦，小节会变成大问题，小过会化为大错误，后果十分严重。这是古人总结无数人生经验得出的至理，也是被今人一再验证了的天则。慎微本身所固有的颠扑不破的真理性，使它很快被引申用于处理人际关系和日常事务的原则。它提醒人们：不拘小节，可能影响大局；不把问题处理在苗头时，可能酿成大乱。例如：我们不止一次地听说，外商来洽谈旅游合作，因当地合作伙伴以野生动物招待而兴趣全无；外国同行来考察药品生产项目，由于当地陪同官员往地上吐了一口痰而打道回府；一位官员随口一句话，引来媒体围攻。这些事实告诉我们，无论是待人接物还是做工作，都不要忽视不起眼的小事或细节。小事可以坏大事，细节可能毁全盘。

领导干部是公众人物，是领导人物。不慎微，如不拘小节、胡吃海喝等，影响自身形象，进而影响领导干部形象，甚至还会影响党和政府形象。同时，对社会公众不仅起不到表率作用，甚至还可能起负面导向作用。

领导干部是实权人物，手中掌握资源。要想谋私，比较便利；不慎微，就有可能从谋小私、贪小利开始，变成谋大私、贪大利。实权人物更是糖衣炮弹狂轰滥炸的靶子，不慎微，很有可能被糖衣炮弹轻而易举地命中目标，成为牺牲品。

遇到朋友戒烟，我都提醒，无论戒了多久，哪怕已戒十年，一支也不要抽，抽了一支，就有可能死灰复燃。并不是这支烟有什么魔力，它不过是一支普通的香烟，不会有什么特殊的成分，让戒烟者一吸就失控。要害在于，对于戒烟者来说，此时他抽的不是一支香烟，而是破了一道防线。腐败，有可能从收一个"红包"开始，因为一收"红包"，就破了防线。一些领导干部最后沦为贪官，就是从这个"第一次"开始的。慎微，就是要永远严防这可怕的"第一次"。

慎独和慎微，第一要作为一种自我道德修养方法来使用。要成为一个有德行的人，慎独、慎微吧！在没有人知道的情况下，也能独善其身，小事情也能把控住自己，道德修炼就到家了。第二要作为一个道德原则来遵循，时时处处提醒自己。于是，慎独和慎微就具有自警和自励的双重意义。第三要作为一个道德目标去追求。这是道德修养所要达到的一种境界。获得这种境界，就能自觉做到有监督和没监督时一个样，小节和大节一样重视，在任何时候都能严于律己、洁身自好！

## （四）自省

自省，就是自我反省，自行省察。目的是看看自己的言和行如何，特别是有什么闪失或过错没有，以便适时调整或纠正。这里的"自"，既可以指个人自身，也可以指一个组织、一个民族自身，但主要是讲个人。

自省，是中国古代伟大的思想家孔子提出的进行自我道德修养的一种方法，他说："见贤思齐焉，见不贤而内省也。"孔子的学生曾子说他自己"吾日三省吾身"，可算是运用自省方法最早的名人了。从此之后，自省为许多思想家、政治家、科学家等所推崇，并予以应用，其中，唐太宗李世民自省的故事最为著名。他说："朕每闲居静坐，则自内省，恒恐上不称天心，下为百姓所怨。"意思是说，我每当无事静坐，就自我反省。常常害怕对上不能使上天称心如意，对下为百姓所怨恨。

从认识过程来看，自省至少包括三个环节：自我回顾、自我评价、自我检查。

自我回顾。我们要自省什么？在我看来，一是回顾所说，二是回顾所为，三是回顾所思，有人称之为"过电影"。事事回顾，是一事一反省，天天回顾，是一天一反省。这两种回顾是最基本也是最大量的自省。月月回顾、年年回顾，是一种阶段性的回顾。"日计有余，岁计不足"，是年终回顾的发现，积少可以成多。

自我评价。自我评价就是回顾之后，自己对所说、所为、所想作出自我判断，即明辨是对还是错，是妥还是不妥，是该还是不该，是有价值还是没价值，尽责了没有，效果如何，各方满意与否，等等。

自我评价是自省的重要环节，只自我回顾，不作自我评价，达不到自省的目的。自我评价是自己评价自己，但不是以自我为标准，而是以言行效果为标准，效果标准是不以我们的意志为转移的客观标准。例如，评价对还是错，以言行是否符合客观事实和客观规律为标准；评价妥还是不妥，以言行是否适合当时的时间场合为标准；评价该还是不该，以言行是否合乎一定的行为规范为标准；评价有价值还是无价值是以言行是否产生实际意义为标准。评价上项目的决策、发布政策的决策、修改规划的决策，处理群体性事件的决策等，以是否有利于科学发展、城乡一体化、和谐社会构建为标准；执政用权，以人民群众是否满意为标准。在自我评价环节，最怕把问题评价为成绩，把缺点评价为优点。对此要特别注意。

自我检查。这是自省的最后环节，其目的是把自我评价中感觉或认识到的自己不对、不妥、不该的言行查出来，酝酿补救、调整、改正的思路。自我检查是自省中最需要有勇气也是最反映一个人修养高低的环节。前两个环节自我回顾、自我评价绝大多数人都没有什么障碍，自我检查却不是每个人都能做到的。有的遮遮掩掩，不敢正视自己的问题；有的对自己过于宽容，对问题满不在乎；有的揽功诿过，把问题推到外部，推到他人身上。如果是这样，就根本没有自省。领导干部应当把自省运用于道德修养、政治修养、工作反思。

## 五　做人要实

习近平总书记讲，做人要实，就是要对党、对组织、对人民、对同志忠诚老实，做老实人、说老实话、干老实事，襟怀坦白，公道正派。

## （一）忠诚老实

所谓忠诚老实，就是心怀坦白、光明磊落，忠于党、忠于祖国、忠于人民，在政治上、思想上、行动上同党中央保持高度一致。第一个要求就是忠于党，共产党员要把党放在心中最高位置，牢记自己的第一身份是共产党员，第一职责是为党工作。有人以前曾经这样认为，八小时之内要始终牢记自己的身份，八小时之外就不能再有身份概念。现在看来这个话有毛病。领导干部在什么场合都要牢记自己是领导干部、共产党员。

所谓老实人是什么呢？习近平总书记讲，这里所说的"老实人"，就是思想务实、生活朴实、作风扎实的人，就是尊重科学、尊重实践、尊重规律的人，就是诚实守信、言行一致、表里如一的人，就是勤勤恳恳工作、努力进取创造、任劳任怨奉献的人。做老实人，老实做人，这是第一个要求。言行一致，这也是做老实人、做人要实的一个表现。

## （二）言行一致

言行要一致，指的是说的和做的要一样，其含义和要求十分丰富，起码有这么几条。一是说到就要做到，这叫"说话算数"。比如，宣布的就要执行，承诺的就要兑现，布置的就要落实。这个承诺不光是你的承诺，你的前任对老百姓的承诺，如果能做得到也要尽量兑现。二是要别人做的自己也要做到，这叫"正人正己"。比如，要求社会遵纪守法，自己首先要遵纪守法；教育部下要说实话、办实事、讲实效，自己首先要这样做。三是言谈和做派要吻合，这

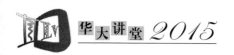

叫"表里如一"。例如，言谈给人感觉是"君子"，实际行动就不能是"小人"。

### （三）公道正派

公道、公正、正义，是一个系列的概念。正义比较庄严，用于大场合，公道用于具体事情，公正是介于二者之间。什么叫公正、公道呢？通俗地说就叫等价交换，它包含两个方面的等价交换。一个叫等利交换。比如，多劳多得，如果多劳不多得，就叫不公道、不公正。另外一个叫等害交换。比如，杀人偿命，如果杀人不偿命，让人感到不公道。

如果我们多劳不多得，贡献大的，反而拿得少，表现好的反而得不到提拔，做了坏事得不到惩罚，这个社会就没有公正可言，没有正气可言。谁来主持公道？首先是政府，行政公正；其次是舆论公道，提供舆论公正；再次是仲裁机构要公正；最后，法院要公正。法院公正是国家公正体系中最权威的公正，也是最高公正。习近平总书记恰恰是看到了当前司法体系中存在的问题，司法不公正，老百姓怨声很大，通过一系列改革让法院独立、让法官独立，同时也赋予其责任，法官对案件终身承担责任，让人民群众在每一个司法案件中都感受到公平正义。

公道正派是中华传统文化所推崇的处事之道和为官哲学："政者，正也"；"公生明，廉生威"；"其身正，不令而行；其身不正，虽令不从"。所谓公道正派，无非是要我们：一出于公心；二处事公正；三坚持原则，按政策办事，不欺负弱势群体；四襟怀坦白，光明磊落。

习近平总书记说，组织部门改进作风，最核心的是坚持公道正派。要着眼于党的事业发展需要选人用人，公道对待干部，公平评价干部，公正使用干部，敢于坚持原则，让好干部真正受尊重、受重用，让那些阿谀逢迎、弄虚作假、不干实事、会跑会要的干部真正没市场、受惩戒。

如果能够做到忠诚老实、言行一致、公道正派基本上就是一个老实人，做人就实了。

# 六　谋事要实

谋事要实，就是要从实际出发谋划事业和工作，使点子、政策、方案符合实际情况、符合客观规律、符合科学精神，不好高骛远，不脱离实际。谋事，是指谋求发展、谋划改革、制定方针政策等。比如，编制发展规划、制定蓝图、策划具体项目、出点子等等，都是谋事。古人说：谋事在人，成事在天，说出了谋事的重要性。领导干部的职责之一就是谋事。谋事要实，是说"实"是谋事的原则要求。

## （一）要从实际出发

不能从主观愿望出发，不能从书本出发，不能从过去的或别人的经验出发。中国共产党最早的一批领导人，从书本出发，从别人的经验出发，照搬苏联革命的经验，搞城市暴动，结果是失败，而毛泽东这个土生土长、没喝过洋墨水的"土包子"了解中国实际，走农村包围城市、武装夺取政权的道路，带领中国革命走向胜利。

30多年来，全国有200多个城市提出要建设国际化大都市，请问有几个实现了？很多城市提出要搞国际金融中心，现在上海都称不上是国际金融中心，深圳也算不上，我们离国际金融中心很远很远，更

不要说其他城市了。谋事要实，就是谋事一定要靠谱，一定要从实际出发。

### （二）要尊重客观规律

不按照客观规律谋事，只能事与愿违。不顺应客观规律任何事情也办不成。

### （三）要符合科学精神

实事求是，不好高骛远，不脱离实际。怎么做到呢？以责任感谋事，端正做事的动机和目的。做事不是为了沽名钓誉，不是为了谋求一己利益，不是为了迎合献媚，甚至也不是为了政绩，做事是为了履行责任。为沽名钓誉谋事，必然会有花架子、表面文章、形式主义；为了迎合献媚谋事，必然会只琢磨上情，不研究下情，只考虑上级喜好，不考虑群众意愿；为了政绩谋事，必然会什么能显示政绩就做什么，什么能快出政绩就做什么，忽视许多有关群众切身利益和长远利益的事。当然，从责任感出发不一定谋事就实，因为还涉及水平、知识等很多因素，但以责任感谋事方向是对的，会避免很多不实。

## 七　创业要实

习近平总书记讲，创业要实，就是要脚踏实地、真抓实干，敢于担当责任，勇于直面矛盾，善于解决问题，努力创造经得起实践、人民、历史检验的实绩。

## （一）真抓实干

为什么要脚踏实地、真抓实干呢？这是因为：业绩都是干出来的，不是天上掉下来的，不是头脑里想出来的，也不是等出来的。我们的职责是为民造福，不真抓实干怎么造福？我们天天讲为民造福，不出实绩怎么取信于民？我们党是以人民群众为根基的，不干实事怎么得到人民群众的拥护？可见，真抓实干对于领导干部具有极其重要的意义，"不干，半点马列主义也没有"。

这些年，老百姓很容易感受到，国家强大了，民生改善了，但让人不满意的东西却似乎有增无减：吃的，让人不敢放心；用的，假冒伪劣防不胜防；住的，越来越买不起；上学、看病，特别是上大学、看大病不堪重负；污染环境、破坏资源的行为不时出现，违背常理、冒犯道德、违法乱纪的事也是层出不穷。解决这些问题，需要领导干部同心同德，真抓实干，否则，问题只能越来越多，越来越严重。物质文明、精神文明、生态文明，都取决于领导干部真抓实干。

干事创业，第一要克服不干事的毛病。第二要克服干虚事，搞形式主义，做表面文章。第三要克服空谈，空谈误国，要去抓实事。

我做了那么多年领导干部有一个体会，无论做副职还是正职，尽量不给下属增加写稿的任务。一是工作汇报能口头汇报的尽量口头汇报，不要写文字材料。二是我的讲话稿不要下属写，自己准备。三是写给上级部门的总结，能过得去就过得去。各个处室都是有自身职能的，如果每天都在写稿子，工作谁去抓？职责如何落实？因此，要把他们从写稿子中解放出来，让他们去制定规划、检查落实、解决问题。当然，有些大的报告，如每年一次政府工作报告，是要组织一个班子来写，个人写不周全。让部下写稿子还会存在这样几个问题：一是他要猜你想讲什么；二是他要考虑你的身份，考虑你的政治安全，结果一路下来，官话套话一堆；三是他写的东西都会有依据，怕你问，句句话都有文件依据。有些领导干部的讲话句句话有依据，这种讲话就变成个形式。

习近平总书记在"关键在于落实"的重要讲话中，曾经引用过一副对联，上联是"你开会我开会大家都开会"，下联是"你发文我发文大家都发文"，横批是"谁来落实"。所以我们要把更多的功夫下在抓落实上。开会讲话要想有好的效果，一定要自己动手，让部下给你准备材料，把部下从繁文缛节中解放出来，让他们去抓实事。

干事创业，第四要克服弄虚作假。习近平总书记指出，求真务实、真抓实干的对立面，就是弄虚作假，搞形式主义。第五要一干到底。我们不能年年提不同口号，岁岁转移工作重点，频繁更换频道，一项工作刚启动，还未见成效，又不提了。其结果，什么点子都是浅尝辄止，什么创意都是半途而废。自己辛辛苦苦，下级更是苦不堪言。

干事创业还要创造有利于干事创业的环境。李瑞环同志讲，有些人自己不干实事，还不让别人干实事。他们习惯于说这也不对那也不对，就是不说怎么样才对；他们总喜欢说这人不行那人不行，就是不说自己行不行；他们不当运动员，只当裁判员，只吹哨不上场，谁"进球"吹谁"犯规"；你在前边干，他在旁边看，干好了他说"早该如此"，干错了他说"意料之中"。他们涣散了别人的斗志，污染了周围的空气，误事、误国、误人、误己，此患不除，四化难矣。

我们要真心实意创造让人干事创业的环境，以实干为荣、空谈为耻；使"只吹哨不上场"没有市场；挑选、提拔领导干部，要瞄准德行好、能力强、干实事的。只有这样，才能使干事创业蔚然成风。

## （二）敢于担当

敢于担当，是习近平总书记提出的好干部的标准之一。敢于担当有三方面的要求：一是敢挑重担，知难而进；二是敢于负责，勇于担责、果断；三是挺身而出，关键时刻站得出来，危急关头豁得出来。

官与其说是一种地位，不如说是一种责任，有了责任感和使命感就能敢于担当。领导干部有没有担当精神完全是两个样子。有了担当精神，做事不再是消极、被动或应付，而是积极主动，充满激情；做事不再是华而不实，更不会弄虚作假，而是脚踏实地、求真务实；做事不再凭心血来潮，更不会凭主观臆想，而是会从实际出发，想群众之所想，急群众之所急，谋求科学发展、和谐发展。

邹碧华，上海高级人民法院副院长，49 岁倒在工作岗位上。习近平总书记批示，邹碧华同志是新时期公正为民的好法官、敢于担当的好干部。他崇法尚德，践行党的宗旨、捍卫公平正义，特别是在司法改革中，敢啃硬骨头，甘当"燃灯者"，生动诠释了一名共产党员对党和人民事业的忠诚。广大党员干部特别是政法干部要以邹碧华同志为榜样，在全面深化改革、全面依法治国的征程中，坚定理想信念，坚守法治精神，忠诚敬业、锐意进取、勇于创新、乐于奉献，努力做出无愧于时代、无愧于人民、无愧于历史的业绩。

## （三）创造实绩

要创造实绩就要有实招。实招就是措施，就是办法，就是载体。

没有实招，等于没抓。

比如，农村精神文明建设。很长时间内，我们的农村精神文明建设都只是停留在打扫卫生、整治环境，等检查一过农村还是农村，农民还是农民。海南想了一招，就是抓文明生态村。所谓文明生态村，就是以自然村为单位建设生态环境、发展生态经济、培育生态文化。怎么做呢？先规划，后修路，再种树。这三件事情做完后，有条件再搞个路灯，建个文化室，建个沼气池，搞个垃圾箱，配个灯光球场，慢慢来。结果农民特别高兴，没有搞的参观后纷纷申请参加。华侨把建生态文明村作为爱乡情，部队把建设生态文明村作为拥政爱民的抓手，共青团把建设生态文明村作为清廉文明号，本村出去的干部、企业家也要为家乡建设生态文明村出钱出力，结果万众一心，海南的文明生态村搞起来了。

为什么这么吸引人呢？就是抓手好，有实招。要想有实招，就要群策群力，开拓创新。没有开拓创新精神，满足于老道道、老套套，就出不了什么实招。实绩就是实实在在的政绩、实实在在的效果。我们抓工作效果是硬道理。邓小平同志说，发展是硬道理。我们借用这个说法，效果是硬道理。无论怎样真抓，无论出了什么高招，最终要看效果。没有实效，等于没抓，等于白抓。没有实效，比没抓还糟。抓，成了瞎折腾，成了劳民伤财。因此，实效是干事创业的出发点和落脚点。出发点，就是一开始就要从效果出发，倒推工作过程、环节、措施等等，最后所有努力都要指向效果、落脚在效果上。不求效果，不见效果，是最大的工作过失。

我们创造的实绩一定要经得起时间的检验、人民的检验、历史的检验。大家千万不要满足于人家对你的口头表扬。你做报告的时候，明明他在看微信，头都没抬，一下课他跑过来讲，领导你今天这个报告真精彩啊！我们很多领导干部被夸得飘飘然。你在任上人家说你好不是真说你好、不是真好，你离开了，如调了、提了、退了，人家还在念叨你，你才是真好。所以我们做的什么事情都要禁得住时间的检验、人民的检验、历史的检验。

### （四）提高办事效率

办事效率低下，是存在多年的老问题了。上到省部级高层机关，下到街道办事处、乡镇政府，大到工程项目审批，小到养老保险关系转移，都存在一些办事效率低下的问题。低下得让人发疯，让人愤懑，让人不可思议。多年来，我一直关注办事效率，发现影响政府办事效率的主要因素有：一是不需要审批的要审批；二是办事程序复杂，办事环节过多；三是办事人员缺乏责任心和敬业精神；四是"吃拿卡要""雁过拔毛"。各种因素导致的办事效率低下，总结果是"办事难"，造成了一言难尽的危害。所以，办事效率是干事创业的要素。处理事务、解决问题、抓一切工作，首先要快捷、即时、不误时，方便群众。办事效率低下，会大大影响政府绩效，甚至导致零绩效、负绩效。

近些年，针对办事效率低下的顽症，在党中央、国务院领导和部署下，许多地方和部门采取多种措施，实施种种改革，转变政府职能，创新政府工作，建设"法治政府""服务型政府""效能政府"。比如，削减审批事项，建立行政审批中心、一站式服务大厅，推行限时办理制、首问负责制、问责制，使用到时提醒警告的办公软件，实行绩效考核、万人评机关、末位淘汰制等等，使一些地方、一些部门的办事效率有了很大提高，但办事效率低下的问题仍然存在。所以干事创业，一定从办事效率抓起，一定要真正提高办事效率。

创业要实的大敌是形式主义。因为形式主义第一误事，第二伤财，第三毁容。所以我们要学会痛恨形式主义，绝对不能让形式主义的东西过关，也不要用搞形式主义的人。

创业要实，也要落实在绿化上。这些年我们各地都很重视绿色，但是有绿无荫成为普遍现象。很多城市有绿色，但是没有阴凉，未来也不会有；很多小区有绿色，但是夏天没法走路；很多公园、街头、大院都有绿色景观带，但全都暴露在烈日之下。有一个地方把一块宝地留给老百姓，打造成一个生态公园，很可贵，但是我们参观的人都晒的汗流浃背。一些旅游景点让人流连忘返，但是没法久留，地面温度达到 50 度一点不费劲。这种绿化也开始向农村蔓延。

为什么会这样呢？我感到我们陷入了一系列的绿化误区。一是绿化目的误区。为什么绿化啊？造景观，而不是造阴凉。二是绿化审美误区。把美化当成画画，种什么，不种什么，都遵从画面的需要，根本不考虑生活走路的需要。三是绿化动机误区。绿化就是工程。三个误区导致一个结果，绿化不实，注重形式，忽视内容；只求好看，不求中用；只管花钱，不顾效益。

我觉得再也不能这样继续下去了，怎么办呢？要树立新的绿化观：植树造荫，实用第一；美化环境造景第二。第一第二不能颠倒，就像做官做事目的与手段的关系一样不能颠倒。美化环境还要树立新的绿化审美观：树多就是美景；树老就是历史，就是文化。那么怎么绿化呢？就是打造林荫大道，路到哪里，树到哪里。林荫大道要表达的是三个效益的统一，社会效益为人，生态效益为人，景观效益还是为人，一句话：绿化也要以人为本。

江苏省华西村吴仁宝老书记带领群众拼命种树，10年间种了87万棵，人均600棵，全国这个时期人均种20棵。为什么这么干呢？他说，"10年树木、百年树人"，人和树自古有着密不可分的关系，树影响着人，人决定着树。我的看法，一个地方稳不稳定、和不和谐，从这个地方有多少树木、有多大树木就完全可以看出来。有道理吗？一个地方如果不稳定，树早就砍完了，特别是大树给人砍光了。这给我们一个深刻的启示：要维稳多种树。

　　有学员听了我的话，下课后就向我表示，要回去种大树。我说，你还没出门就把我的意思理解歪了。我不提倡种大树，也不太提倡种野树，如到外地去买、到村里去买、到山里去挖。有一个作家写了一篇散文，他说，每当我看到一棵新移来的大树，我的心就在流血，我在想不知道哪个村庄的历史又被拐卖到城里。我们领导干部大概不会去拐卖妇女儿童，做人贩子，也不会去贩卖白粉、冰毒做毒贩子，但是弄不好会做历史贩子。

　　我主张选择现在大小适中、未来枝繁叶茂、本地树种为好，跟发展经济结合起来。绿化形式主义喜欢种草，我喜欢种树，我们作个比较，何去何从，一目了然：种树福荫百姓，种草中看不中用；种树生态效益好，种草生态效益不好。网上一个资料显示，种树跟种草的投资比例为1∶10，但是产生的生态效益是30∶1。

　　当我读到习近平总书记讲的"我们要认识到山水林田湖是一个生命共同体，人的命脉在田，田的命脉在水，水的命脉在山，山的命脉在土，土的命脉在树"这段话真是如获至宝，寥寥数语把树的意义、作用讲得清清楚楚。这段话很重要，我建议当场把它背下来。

# 八 衷心希望

## （一）按三严三实要求修身做人

坚定理想信念，加强党性锻炼，提高道德修养，切实做到以知促行、知行合一。

## （二）按三严三实要求用权律己

始终坚持为民用权，始终坚持秉公用权，始终坚持依法用权，始终坚持廉洁用权，确保权力行使不偏向、不变质、不越轨、不出格。

## （三）按三严三实要求创业干事

牢固树立正确的事业观和政绩观，大力弘扬敢于负责、勇于担当的精神，积极倡导求真务实、真抓实干的作风，努力创造经得起实践、人民和历史检验的实绩。

谢谢大家！

**孙立平**　　男，辽宁省人，1955 年 5 月 7 日出生。1978 年进入北京大学中文系新闻专业学习，1981 年进入南开大学社会学专业班学习。1982 年留北京大学社会学系任教，历任助教、讲师、副教授。2000 年 1 月调入清华大学社会学系任教授，博士生导师。2006 年被《南风窗》评为"公共利益年度人物奖"。

在 20 世纪 80 年代，其主要研究方向为社会现代化。曾出版《社会现代化》《走向现代之路》《发展的反省与探索》等著作，并发表论文多篇。其间，提出现代化的时序模式、后发外生型现代化等理论。进入 90 年代后，研究兴趣逐步转向中国社会结构变迁，提出了"总体性社会""总体性资本""自由流动资源"与"自由活动空间"等概念和理论。目前的研究方向主要是转型社会学。出版了《断裂》《失衡》《转型与断裂》《博弈：断裂社会中的利益冲突与和谐》《守卫底线——转型社会生活的基础秩序》等著作。

# 当前中国的经济困境与社会转型

孙立平                2015年9月14日

　　这是第二次到讲堂，非常高兴，也感谢校领导和市委市政府给我这样一个机会。今天我就把最近的想法向各位作一个汇报，题目是"当前中国的经济困境与社会转型"。实际上是想谈两个非常大的问题：一个是改革，一个是发展。大家都知道这两个问题都是大得不能再大了。

# 一 关于改革和发展的困惑

为什么要谈这两个问题？我想这两个问题可能是现在大家最关心的问题，也是充满困惑的两个问题。今年在长江商学院给 EMBA 班的同学讲课，当时我就问一个问题，我说用一个词来概括你对刚刚过去的 2014 年是什么样的感觉、什么样的印象，你会用什么样的词？我提这个问题的时候，实际上我脑子里是有一个词，但是我想听听这些学员的想法，因为这些学员都是一些企业家。这些学员的回答当然是各不相同了，但是有好几位回答的跟我脑子里想的是同一个词，就是"困惑"。

我觉得可以说从 2014 年（实际上不仅仅是 2014 年）一直到现在，很多人的感觉就是困惑。这个困惑是双重的，一个是对改革，一个是对发展，而且困惑还都有点不一样。

## 1. 改革的困惑

关于改革，过去 30 多年的改革有时候也有困惑，但是那时候往往是困惑在改还是不改。每一届新的班子上来之后我们就猜改还是不改，假如说这一届有明显的改革意识，我们大家都知道是这么回事。假如说这一届对改革好像不怎么感兴趣，我们大家也都知道是怎么回事。这意味着什么？这意味着我们脑子里"改革"这个词还是确定的，无论是改还是不改，我们大家都能知道是这么回事。

但是这一次跟原来不一样，这一次不但是明确说要"改"，而且是通过了《中共中央关于全面深化改革若干重大问题的决定》。但是我想经过这两年的时间，对这个"改革"大家可能跟我一样，脑子里的困惑和问号比原来更多了，这个"改革"跟我们原来脑子里想的"改革"

有点不一样。而且从最近这一年的时间来看，有一些不成问题的问题，在老百姓的心目当中、在社会的表现形态当中，现在都似乎成为问题，所以改革仍然有很多困惑。

### 2. 发展的困惑

至于发展，我想也是同样的情况。今天在座的虽然没有企业界的朋友们，但是不管在企业也好，在政府机关也好，在学校也好，包括学生，可能对现在的经济状况大家都有很多感受。从去年这一年一直到今年上半年，应该说是很艰难的一段时间。

我有很多企业界的朋友，在全国几大商学院我给 EMBA 班讲过很多课，在企业的感觉可能要更为明显、更为强烈。去年底我去了浙江，大家知道浙江经济一直走在中国前面，我也见到浙江最有名的企业家，他们的感觉也差不多，也是这种感觉。这是过去从来没有过的。

但是我想可能还有比企业的感觉更明显、更强烈的地方，是哪儿？可能就是银行。去年我们跑了很多家银行，银行的感觉可能要更强烈。因为市场中企业的很多问题最后都反映到银行里，所以银行的感觉要更明显。也是去年底，有一次我在一家银行（北京的总部）讲课，讲到一半，我说要休息一下，我说你们喝口水吧，因为银行的职工都比较年轻，结果他们过来就说，我得抽根烟，我说年轻人怎么抽烟呢，他们说银行压力大，有好几个职员原来不抽烟，最近都抽了。银行的感觉更强烈。

看一个地方的经济发展，看什么？不仅要看 GDP 数据，还要看三个东西，一个是用电量的增长，一个是物流的情况，还有一个就是资金的使用情况、贷款的情况。这三个东西不好做假，得看这三个东西。但是如果要根据这个来看的话，去年的经济情况究竟是什么样的？可能就说不清楚。

最近我也看了一些最悲观的判断，去年的数字：国内降到了最低，降到了百分之三点几。国际上是降到百分之二点几，甚至还有百分之一点几的。也就是说去年这一年，整个经济状况究竟是什么样的，都有点说不清楚。这是从宏观的角度来说。

如果要说具体一点，我们刚刚经历的这场股市的行情巨变，说得清楚吗？好像也说不清楚。在经济增长速度连续下滑的情况下，来了这场轰轰烈烈的大股市，那要怎么解释？然后接着就是这场股灾，股灾发生了之后，我们是前后左右找"敌人"，但是到今天，究竟是谁？都没有弄清楚。

我的意思是说，现在在发展的问题上也面临着一系列的困惑。过去这 30 多年，在发展的问题上，在经济上我们也面临过一些问题和困惑。但那个时候的问题和困惑应该是在明确的一条路上，中间遇到了困难和障碍，但尽管如此，我们心里是明白的，只要我们排除这些困惑，排除这些障碍，前面的路是明确的。但是这一次好像有点不一样，这次有点像我们在戈壁、在沙漠里开车，前面的路都不是很明确，车辙很深，但是走着走着这路没有了。前面有十几条路，然后车子沿着不同的方向走，究竟哪条路最后能走得通，就试一条路，然后可能走不通。所以最近我就一直在说，我说现在可能是在发展的问题上、在经济问题上，可能是我们过去 30 多年来第一次真正遇到转折点，过去 30 多年一直说这是转折点，但是我个人觉得那算不上，这一次是真正遇到了转折点。

刚才说的这些意思是什么？无论在改革的问题上，还是在发展的问题上，现在我们都面临着一系列的困惑。这两个问题究竟怎么来看？

今天可以谈谈我个人的一些看法，同时也和大家一起交流和讨论。

我刚才说了，这两个问题都是大得不得了的问题，哪个问题讲一两天都讲不清楚，而我们今天只有两个多小时的时间。我不想谈一些具体的问题，最主要的是能不能提供一些框架、一些思路，怎么来看这两个问题。所以把讲座内容分成两个部分，前一部分谈改革的问题，后一部分谈发展的问题。

# 二 关于改革问题

首先谈一下改革的问题。刚才说现在对改革人们有很多的困惑，而且还有人说，最近一年的时间，就是本来一些不成问题的问题都成了问题，在老百姓的心目当中、在社会中都开始成为问题。

## （一）改革开放历史方位的分析

### 1. 重要转折点——新的 30 年的开端

去年的春节，我写了一篇文章，这篇文章中主要讲的就是，现在是一个重要的转折点，现在是新的 30 年的开端。为什么要讲这个问题？就是我们看这场改革，可能要用一种新的眼光看待，现在是一个重要的转折点，现在是新的 30 年的开端。其实也可以琢磨一下，30 年在中国历史上可以说是一个很有意思的现象。我们过去老的习惯都说60 年，60 年是一个轮回，我们农历就按照这个排的。但是你可以仔细琢磨一下，可不是 60 年，往往是 30 年一段、30 年一段，包括我们老话说的"三十年河东，三十年河西"，说的也是 30 年。这个也挺有意思，为什么没有说 40 年和 20 年，就说 30 年？我们再回想一下近代以来这

100多年的历史是怎么走过来的，还真的差不多就是30年一段、30年一段走过来的。1911年辛亥革命到1949年中华人民共和国建立，38年的时间。中华人民共和国建立之后，"文革"前17年，"文革"十年加起来27年，又将近30年。从改革开放到十八大又30多年的时间过去了。我个人的看法，这一段也差不多，这一页也要掀过来，现在是一个新的30年的开端。无论将来对这个30年人们会作出什么样的评价，但是有一点，这30年将会和过去的30年非常不一样。所以要理解这场改革，要把它放到历史当中。

### 2. 改革开放30年回顾

这意味着什么？我们要理解改革，首先要看过去的30年怎么走过来的。过去这30多年，我们叫作改革开放时期。但是现在回过头来看，在改革开放之初我们对事情想得有点简单化，有一些很重大的事当时没有想到。为什么这么说？各位可以想一想，你脑子里想到"改革"这个词是什么意思？就是我们在重复一个起点，要走向某一个终点。所谓改革的过程就是不断从起点走向终点的过程。我们脑子里想的改革是这个意思。那么这样一个过程后，结果会怎么样？按照当时的逻辑来想，我们可能只想到两种结果，一个就是成功，一个就是失败。

假如说最后走到终点，把新的体制建立起来了，我们说这个改革成功了，但是如果它又回到原来的起点，又回到原来的旧体制，我们就说改革失败了。在改革之初，按照逻辑，也可能只想到这两种可能性，但是刚才我说了，这个想法可能有点简单化了。其实还有第三种可能，这第三种可能是我们当初没有想到的，但是后来发生的可能恰恰就是这种情况。第三种可能是什么？就是走到半道，走到中间的时候就不走了，就停在那里，既没有走到终点，也没有回到起点，不但停在中间这个地方不动,还把中间这种状况(过去称为过渡状态)定型为相对稳定的体制,可以说这是改革开放之初没有想到的,但是后来发生的可能恰恰是这种情况。

如果这么来说的话,过去这30年改革开放的历史我觉得可能要分成两段,那中间的转折点是什么时候?大概就是中国加入WTO,"企改委"取消并入国家发展改革委。前面这十几年的时间可以说是真正改革开放的时期,中国最重要的一些改革大部分是在这个时期。后来改革的一些基本思路,有相当一部分也是在这个阶段形成的。所以这一段可以说是真正改革开放的时期。

过了这个转折点之后,虽然"改革"这个词经常在讲,但是实质性的改革措施其实越来越少了。不但是实质性的改革措施越来越少了,甚至"改革"这个词也都变味了。20世纪80年代的时候,你一提"改革"这个词有点令人振奋,有点兴奋的感觉,但是你现在再提"改革"这个词,就没有这样的感觉了,一点感觉都没有了。为什么呢?我觉得实际上在过去30年的时间里,"改革"这个词的灵魂也就没有了,它的"魂"已经失去了,这个"灵魂"是一个现代化的价值目标。

大家可以想想,在80年代的时候,一提"改革"这个词为什么就兴奋和振奋?当时我们刚刚结束了"文化大革命",我们再也不想回到过去,我们要把这个国家建设好,而且也打开了国门,和发达国家一比,我们比别人落后一大截,无论如何要追上去,要实现现代化。虽然当时对现代化的理解很浮浅,就是"四个现代化",但是不管怎么说,仍有很大的新鲜劲,要朝着现代化的方向走。那"改革"是什么?改革无非是说为了实现现代化这样一个目标,在体制上需要进行变革。当时的"改革"是和这样的价值目标联系在一起的。

但是，我为什么说这些年改革的"魂"已经没有了？我问你，现在什么叫改革？还有这样的目标吗？没有了。什么叫改革？跟原来不一样就叫改革，甚至折腾都成了改革。我们过去一天是吃三顿饭，后来觉得不行，觉得时间都浪费了，就改成两顿。后来又觉得中间有点饿，又改回了三顿，到最后是三顿饭没变，三顿饭还是那三顿饭，改了两次革。所以现在的改革"魂"已经没有了，"改革"在人们的心目当中已经开始变味了。不但是改革变味了，把中间这样一种状况定性为相对稳定的体制，就是叫作过渡状态，把它定性成一种小而稳定的体制。这个体制最突出的特征是什么？就是权力和市场结合在一起，我们通常讲"权钱结合"就是这个，什么时候我们开始讲"权钱结合"？就是这段时间。

在这样一种体制背景下形成了一种强而稳定的利益格局，甚至形成了强有力的利益集团。从这个时候开始，人们觉得中国这个社会跟原来有点不一样。我们今天在座的也有年龄大的同志，年龄大的人有时候回想 80 年代，很多人有这样的感觉，觉得那个时候的天是蓝的、太阳是亮的，每个人的内心里充满了希望，整个社会充满了生机和活力。80 年代的一些歌到现在我们都记得，说当时的天也美地也美，起码当时的心里是这么想的，心里这么想就说明内心有希望。希望这个东西很重要，各位可以想过去快速发展了 30 年，但是我觉得最基本的东西其实是 80 年代那一种生机和活力，没有 80 年代那种生机勃勃的局面，不会有中国后来 30 多年快速的发展。

在座的各位可以感受到这些年社会矛盾和社会问题越来越多，那我问你，你什么时候开始有这样的感觉？也是这个时候，我们就一直走了几年。为什么要简单回顾一下过去 30 多年我们是怎么走过来的？

我觉得这有利于看清楚我们现在处在一个什么样的位置，这种改革是在什么样的背景下开始的。这场改革意味着什么？我觉得我们可以更清楚一些。我们现在是在什么样的位置？就是这个地方。这边是过去的 30 年，这边是未来的 30 年，我们就处在这两个 30 年的中间。这种改革可以说就是在这样一个背景下发生的。

### 3. 改革意味着打破过去形成的僵局

那这种改革意味着什么？就是在这样一个重要时刻，两个 30 年之交的重要时刻，打破过去这十几年（虚线这一段）形成的僵局（见图 1），把社会变革继续向前推进。虽然不知道怎么打破这个僵局，未来的路怎么走，但是打破不打破这个僵局是完全不一样的。过去这些年有点僵，往前走不了，往后也走不了。但是通过这一阵子两年多的时间，打老虎，反腐败，我们至少可以看到这个僵局已经开始打破了。但是刚才我说了，这个僵局打破之后，将来的路会怎么走？我也不知道。但我现在要强调的是打不打破这个僵局是非常重要的。打个比方来说，有点像车坏在那里，往前走也走不了，往后倒也倒不了。

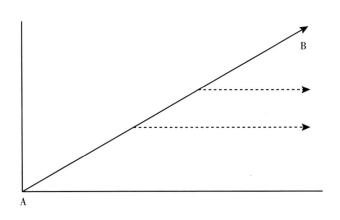

**图 1　改革与转型的过程及其假设**

这两年意味着什么？至少有人从这个车上下来了，开始鼓捣这车了，不但鼓捣这车了，钥匙插进去一拧会打着火，但是打着火以后，这车怎么走？是往前走，还是往后倒？我刚才说我也不知道，现在我想说的是把这个钥匙插进去一拧打着火了和钥匙插进去一点反应都没有不一样。所以我要说的是，现在走到了哪一步？就是这个僵局要打破的时候。但是，下面的路怎么走？我只能说我也看不出来，我也不知道。这个就是我们从图1看这场改革可以看出的第一点。

这里我想说一句，这张图看起来很简单，但非常重要，也是我想了一年多的时间想出来的。中国社会当中很多的事件，包括这场改革当中很多的事情就在这张图里。所以今天我想提出一个框架，对理解这场改革提出一个框架，这个框架就是这张图。从这张图可以看出这场改革体现的第一点。

我觉得还可以接着看。从这张图看改革的第二点，就是这一场改革和上一场改革究竟是什么关系，大家都知道现在人们都把这种"改革"叫作第二种改革。这样人们自然会提出一个问题，就是第二种改革和第一种改革究竟是什么关系，从这张图中也可以看得出来。概括一点来说，这张图的改革有一定的继承性，但在更大的程度上，这是一种新的改革。

### 4. 新一场改革的两大对象

从这张图可以看出，这两场改革要面对一个问题，就是改革的对象是不完全一样的，要解决的问题也是不完全一样的。上一场改革是从这里开始的，它要改的是什么？要改在这之前那段时间里形成的旧体制，这个旧体制可以从最粗浅的意义上来理解，就是计划经济体制，上一场改革要改的就是这个旧体制。但是，这场改革要面临的问题不一样，这一次要面对两个东西，或者说改革的对象是两个。

第一个还是原来的旧体制。这本来是上一场改革要解决的问题，但是上一轮没有彻底解决。因为这个旧体制从粗浅的意义上来理解是计划经济体制，但实质是无所不在的权力。上一场改革本来要改的就是这个东西（有时间可以翻看邓小平在 20 世纪 70 年代末 80 年代初的一些讲话），上一轮改革就是对着这个权力来的，要改的就是权力，但是它改了 30 年，各位可以想一想，是把权力改得越来越小了，还是越来越大？是越来越大。上一轮改革要改的就是权力，但是这个改革实质上不但没有把权力改小，还把它改大了。这个权力原来就像一个小孩一样，小胳膊小腿、细胳膊细腿，但是现在不一样了，它掌握的资源比原来要多了。所以改了 30 年，你可以看一下，权力不是改得越来越小，实际上是越来越大了，这一次还得接着改点东西。

第二个是形成的新弊端。这个改革和上一场改革不一样，除了要面对原来的旧体制，还得面对一个新的东西，这个东西叫"新弊端"。这个"新弊端"是上一轮改革最后那段时间形成的，就是在上一场改革之后形成的权力和市场结合在一起的体制，以及在这样的体制背景下形成的一种相当稳定的利益格局，甚至是强有力的既得利益集团。它是这一场改革要面对的一个重要问题，甚至可以说是首要的问题。

这样我们就可以理解这场改革为什么要从反腐败打老虎开始，为什么在改革之初不断讲利益格局和利益集团的问题，就是因为这是改革要面对的一个新的东西。

## （二）改革面临的阻力

我觉得从图 1 中可以看出改革的第三点，就是这场改革面临着巨大的阻力，要下大的决心。其实十八届三中全会刚刚结束的时候，我在很多地方讲课都讲过一句话，我说这一次千万不要低估它的决心。然后有那么一两个月的时间就没有"老虎"出来了，这时候有人又说是不是"打老虎"现在遇到了阻力，是不是打不下去，是不是到此为止，当时很多人也在问这个。还是刚才这句话，这一次千万别低估了它的决心。我开始讲"决心"的时候，我强调这一点的时候，很多人没有听懂。为什么？干什么事都不是需要有决心，所以我说千万别低估了这次的决心，但是我想跟原来有点不一样，为什么？这一次它面临着巨大的阻力，要做就要有很大的决心。为什么这次面临这么大的阻力？

### 1. 维持现状的力量

这种力量要的就是维持这个现状，因为维持现状对它最有好处。刚才我说了这个现状是权贵和市场结合在一起，用市场干不了用权力去干，用权力干不了用市场去干，两个都干不了就结合来干。对它来说没有比这个更好的，它要的就是维持现状。我打个比方来说，假如说你是一个房地产商，你觉得什么样的情况对你最有好处？假如说能用权力的方式廉价买地，又能够用市场的方式高价卖房，还有比这个更好的吗？然后往前走，走到彻底的市场化，可以用市场的方式高价卖房，你也可以用市场的方式高价买进。谁也不想往前走了，你说它不想往前走，是想往后退吗？往后退对它有什么好处？往后退那是计划经济体制，计划经济体制下是不用钱就可以买地，但是房子盖完了也不能卖，没有钱分了。所以它是既不想往前走，也不想往后退，要的就是维持现状。因为唯有维持现状才对它是最好的。

所以有时候听它发自肺腑地说现在是五千年历史上最好的时期，既可以用权力的方式来选择，又可以用市场的方式变现，还可以用权益化的通道把权力转移出去。历史上哪有这么好的时候！大家都知道和绅，和绅是中国最有名的贪官了，但是你可以想想他的生活方式，把整个国库相当于一半都捣鼓到他家里去了，但是皇上一点儿都不着急，东西都在他家里，不就是替我保管着。但是现在不同了，财富可以转移出去，老婆孩子可以转移出去，所以对他来说要的就是维持现状。所以这一次千万不要低估了这个决心。

我今天想通过这张图来提供一个框架，怎么来认识这个改革（见图2）。通过这张图我们至少可以看到这么几点，如果把这几点加到平时对改革的认识当中去，我觉得有一些问题我们可以看得更清楚一些。事实上，我们从这张图上可以看到几个这样的可能性走向，可以意识到，我们现在其实面临的是一个非常复杂、非常难办的局面。如何处理好这种复杂局面，需要很大的智慧。

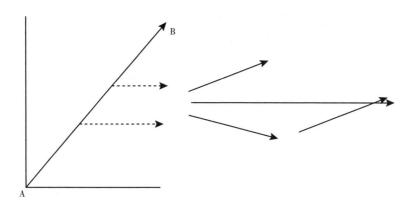

**图2　改革与转型的可能路径假设**

### 2. 改革造成的问题和弊端

但是现在也要看到，在上一场改革中，最后那段时间也确实了造成了一系列问题，造成了一系列的弊端。第一，人们对于改革的心态已经不一样了。2008 年是中国改革开放 30 周年，我记得当时举办了很多活动纪念改革开放 30 周年。有一次在一个金碧辉煌的大厅里举办活动，轮到我发言的时候，我上来就讲：今天我们在这么一个金碧辉煌的场所来谈改革，你对改革是什么概念？但是你出了这个大门，你跟一般的老百姓说这个改革，他们感觉可能不一样。改革开放初期，全社会形成了一种改革的精神和理念，都在希望改革。对于改革其实现在人们的心态也是非常不一样，为什么？因为和利益联系在一起。但是有一个东西是可能的，什么？就是寻找"最大的公约数"，虽然人们的利益不一样，但其中有一些共同的东西，在这样的基础上寻求大部分希望变革的方向，其实是可能的。第二，就是刚才说的，就是整个社会发展的动力越来越弱。20 世纪 80 年代初的时候，如珠三角、长三角，靠近福建这一带、温州那一带在中国是一种现状，就是靠一种民间的动力都能发展得不错，但是这个动力现在越来越弱。第三，社会贫富差距不断拉大，也使得社会面临经济转型时形成内需的条件非常难。还有一个贫富差距问题，使得社会问题不断加剧。我的意思是说，上一场改革取得了很大成绩，同时给我们留下很大的问题。

### 3. 社会处在转型期

除了面对这些问题之外，大家都知道现在处在一个重要的转型期，一个国家走向现代化最基本的一些问题我们到现在还没有解决。我们有时候和俄罗斯比，和东欧比，但是你也知道，人家一些最基本的问题已经解决了，我们最基本的问题现在还没有解决。所以富人、有钱人往外跑，我觉得不见得是他们已经意识到什么具体的事情会发生，但是他们会感觉未来面临很大的不确定性。这样一些具体问题再加上转型期这样一种不确定性，我觉得对新一轮改革其实提出了更高的要求。在这种情况下，能不能形成一个更有超越性的理念把中国的人心重新凝聚起来至关重要。刚才我说了，寻找"最大的公约数"有可能，在"最大的公约数"基础上，形成一种什么样的理念，我前面一直在讲，关键是建设一个公平正义的社会。虽然现在人们对很多问题的看法有分歧、有对立，但我想对于建成一个公平正义的社会，尤其在民主法治的基础上建设一个公平正义的社会，我觉得这是绝大多数人都能同意的基本方向。假如我们明确了这样一个目标，然后按照十八届三中全会的精神推进市场化改革，按照四中全会的精神推进法治建设，高举公平正义的旗帜，中国可能还真的可以走出一条路来，但我们要知道这非常不容易。

## 三　关于发展

第二方面，关于发展，现在我们有很多困惑，而且这些困惑和原来不一样，我们面临转型期和转折点的问题，怎么来看这个困惑？我提供一个最基本的思路和框架，这个框架和思路就是中等收入陷阱。在座的各位对中等收入陷阱都不陌生，最近这几年频繁讲中等收入陷阱，学者、官员、企业都在讲，最高领导人也多次讲这个问题，即中国怎么成功地跨越中等收入陷阱。每隔一段时间会来一个小高潮，最近一个高潮是今年的四月底，四月底是清华大学的校庆，我到清华大学已经16年了，但我是第一次弄明白清华大学的校庆是哪一天，它老是变，是四月最后一个星期的星期天。今年四月最后一个星期天清华大学校庆的时候，楼继伟到清华大学作了一个演讲，这场演讲引起了轩然大波，在国际国内都引起了非常大的反响。他这个演讲讲的是关于中国中等收入陷阱的问题，为什么会引起这么大的反响？他在演讲中讲，中国陷入中等收入陷阱的可能性有50%，这个被人们作为中国高层官员关于中等收入陷阱最悲观的判断，原来我们虽然也讲中等收入陷阱，但在很大程度上还是把它当作一个模模糊糊有可能碰上也有可能碰不上的东西，但按照楼继伟的说法，这已经是非常现实的问题。因为一个高官说一个不太好的事有50%的可能，可想而知他心里想的可能性会比这个数字更大。所以国外一些媒体用系列文章来评论楼继伟的演讲。国内学者的类似判断其实原来就有，但更重要的不是这句话本身的含义，是看这句话是从谁嘴里说出来的，如果这50%的可能是从我嘴里说出来的，跟从楼继伟嘴里说出来的，那分量就不一样。

最近我们也在做中等收入陷阱的研究，这是国家开发银行委托给我们的项目，国家开发银行的领导非常重视，大家都在讲中等收入陷阱的问题，究竟是怎么回事？中国如果今后进入中等收入陷阱，究竟会发生什么事情？我们怎么解决这个问题？我们研究了一年左右的时间，也得出了一些初步的结论。我今天想用中等收入陷阱的概念为现在面临的经济困境提供一个基本的框架。

中等收入陷阱是世界银行在2007年提出的概念。2007年发表了一个关于东亚复兴的报告，研究东亚国家发展的历程，同时也把东亚国家的发展和世界其他国家的发展进行了比较，然后提出了中等收入陷阱概念，是想用这样一个概念来讲一些发展中国家的经济发展规律。按照世界银行的说法，它发现一个国家从贫困落后状态进入经济起飞阶段是一个非常艰难的过程，有一点像我们 20 世纪 70 年代末 80 年代初，那时候要技术没技术，要资金没资金，要人才没人才，要经验没经验，要什么没什么，一个国家从这样一个贫困落后的状态进入一个经济起飞的过程，这是一个很艰难的过程。世界银行又发现，一个国家只要进入了这个起飞的过程就比较顺利了，有一点像我们坐飞机，一下把飞机这个庞然大物拉起来不容易，但只要一拉起来问题就不大了，就能直接奔到人均国民收入四五千美元（见图 3）。但世界银行又发现，很多国家到了人均四五千美元的时候又不行了，好像遇到了一个槛，这时候经济发展速度放缓，社会矛盾增加，腐败问题越来越严重，一些国家就陷在这里面了；也有一些国家最后解决了这些问题，又上了一个台阶，这个台阶就是发达国家和地区。按照世界银行的研究，能够真正解决这些问题进入发达国家和地区的不多，从 20 世纪 60 年代到现在，就十二三个国家/地区真正解决了这些问题，进入了下一阶段，像日本、韩国、新加坡、中国台湾、中国香港、西班牙、葡萄牙、以色列等等，在半个世纪的时间里只有十二三个国家和地区解决

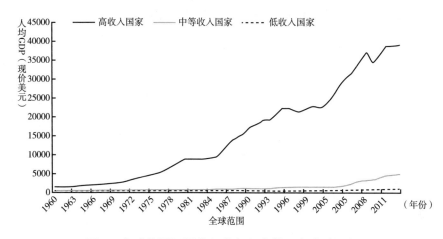

**图 3　全球范围不同收入等级国家的历年人均 GDP**

了这些问题，剩下的都没解决，像拉丁美洲国家以及马来西亚、菲律宾、泰国等都是这样，拉丁美洲唯一的例外是智利。

世界银行怎么解释中等收入陷阱的？主要是从比较优势的角度来解释。一个国家起飞的时候之所以容易，是因为很多国家都是从人均国民收入两三百美元的水平起飞的，劳动力低廉，其他国家比不上，所以就发展很快。中国过去这些年也靠人口优势成为世界工厂。当人均国民收入达到四五千美元的时候就不行了，劳动力价格上来了，但还有没有起飞的国家，它们的劳动力比我们便宜很多，这个优势就没有了；和更发达的国家相比，发达国家靠创新，两边都够不上。所以按照世界银行的话来说，处于中等收入陷阱的国家会受到比它更先进和更落后的国家的双重挤压，这是世界银行讲中等收入陷阱的基本含义。

最近这几年国内讲这个问题的越来越多。我们的发展已经到了这个阶段，人均国民收入7000多美元，中等收入陷阱最典型的问题，像发展速度放缓、社会矛盾增加、腐败问题严重等等，在我们国家也都出现了，所以人们就担心中国是不是也要陷入中等收入陷阱了。

国家开发银行给我们这个项目之后，我们进行了一年左右的研究，发现中等收入陷阱的问题跟世界银行说的不同。因为世界银行原来说发展中国家将会有这个问题，但我们也梳理了世界上其他国家的发展进程，发现不仅仅是发展中国家，发达国家的人均国民收入达到3000美元到10000美元阶段都会遇到很多危机和挑战。从整个人类发展的历史来看，3000美元到10000美元这个阶段都不容易，都要经历很多艰难曲折（见图4）。

按照世界银行的说法，中等收入陷阱是比较优势问题，廉价劳动

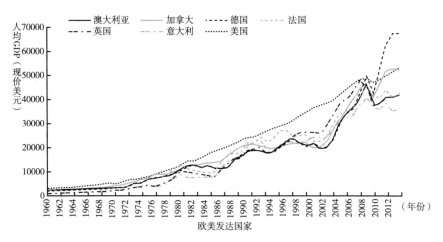

图 4　欧美发达国家历年人均 GDP

力的优势失去，最主要的是经济转型和技术创新问题。但我们的研究发现没有这么简单，实际上在经济转型的同时伴随着一次重要的社会转型，这就是我今天为什么要用这样一个题目"当前中国的经济困境与社会转型"。为什么会这样？从发达国家的情况来看，以美国为例，我们现在经常强调中国特色，但人类社会很多东西都是共通的，人家走在你前面，它当初经历的问题就是你将来要经历的问题。美国大概是在第一次世界大战和第二次世界大战之间进入中等收入水平，这段时间发生了很多事情，尤其是发生了一件非常重要的事情，但这个重要的事情一直没有人讲，只有我一个人讲，就是整个经济形态发生了重大变化，这个变化就是从生活必需品时代向耐用消费品时代的转型。从中国目前的情况来看，一直到 20 世纪 80 年代中期之前，中国的社会处于柴米油盐的时代。那时候夫妻两个人上班，一个人工资四五十块钱，两个人加起来百八十块钱，把柴米油盐生活必需品买完了，起码六七十块钱进去了，一直到 80 年代之前，这个社会就是围绕柴米油盐

来转，无论是生产还是消费。这个情况在 80 年代中期发生了变化，先是冰箱、彩电、洗衣机，后来是空调这些家用电器进入了我们的生活，生活就开始有变化了。到 90 年代中后期，随着住房体制改革，住房消费成为我们消费的重要内容。进入 21 世纪，汽车进入了市民家庭，汽车进入市民家庭有一个标志——2003 年"非典"，"非典"前有一些家庭就开始说谁谁家自己买车了，当时这还是比较模糊的想法，"非典"一来，还是赶快买车吧！北京这一年增加机动车 40 万辆，绝大多数是私家车，就是这样买的，这一年是井喷式的发展。《北京晚报》、北京电视台当时都在谈京 F 限行，那一年新买的车上的车牌都是京 F 打头的，意思是说现在马路上有很多京 F 打头的车，一下 40 多万辆，那可都是新车新手，你不撞它，它会撞你，马路上小心点，离它远一点。回想一下，从 80 年代中期到 21 世纪初，中国社会发生了翻天覆地的变化，就是从一个柴米油盐的时代进入了房子汽车的时代，从生活必需品时代进入耐用消费品时代，我们现在也在发生这样重要的变化。这次我们的经济困境的背景就是这样。中国只有我一个人在讲，人们把这个东西看简单了，从过去柴米油盐到现在的房子汽车，这有什么可说的呢？但是我要说不要把这个事不当回事，别把这个事看轻了。

前一段时间在微信上有一个帖子，就是索罗斯在一次聚会的演讲中说，中国的经济减速问题如果不解决，经济转型不成功，将会引发第三次世界大战。这个话有一点危言耸听，但是一个有经验的投资家讲这个话，我觉得他肯定感觉到了一点什么，但他这样讲话最主要是想促成中美合作各让一步，渡过这个危机。这个帖子在流传的时候，我一个在美国的学生就给我发了一个微信，他说前几天在美国一份报纸上看了一篇文章，这个文章太扯淡了，说第三次世界大战将会在 16

个月之内爆发。我说这个话不是让大家相信这些耸人听闻的说法，我的意思是这个转型如果不成功，这个并不是小事。美国转不过去，最后就是30年代的大萧条——30年代的大萧条是人类历史上最大的一次危机，原因就在这里，而我们今天正在经历着。

股灾的背后有一个深层的经济逻辑，这个逻辑是什么呢？和20世纪30年代大萧条时美国经济的逻辑一样，30年代的大萧条或者这一场股灾，一个最基本的背景就是实体经济制造业的力量产能过剩，生产什么东西什么东西卖不出去，资本不愿意往那儿流，因为流往那儿的回报率太低，很可能连本都收不回来。不往这里流总得有一个去的地方，这个地方就是资本市场股市，进入资本市场，进入股市的目的是挣钱，怎么才能快速挣钱？就得加个杠，美国30年代大萧条的发生就是这样一个背景，中国这次股灾真正的背景也是这样。

为什么在这个时候发生了这样一个逻辑？和从生活必需品时代进入耐用消费品时代有直接关系，现在制造业过剩、内需不足的问题，不是一般的过剩和不足，而是一个社会进入房子汽车的时代，把大量东西生产出来，人们消费不了这些东西，因为它和生活必需品不同，生活必需品是刚性的，粮食不吃就会饿，肉不吃就会馋，一个社会要进入一个耐用消费品的时代就不一样。

20世纪30年代大萧条到现在86年的时间，但没有人把它说清楚，这当中有一个很重要的问题，一直没有人去问，你说过剩，什么东西过剩？你说东西卖不出去，什么东西卖不出去？我们念书的时候，老师怎么讲的？教科书怎么写的？我们现在一提30年代大萧条，东西卖不出去，我们脑子里有一个很形象的东西——牛奶。30年代大萧条时，牛奶卖不出去，但牛奶不重要，真正卖不出去的不是牛奶，而是房子、

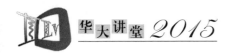

汽车、摩托车、冰箱、洗衣机、电话机、收音机，是耐用消费品，一个国家到了耐用消费品时代，解决不了销路的问题。这是两个过程，一个是生产过程，一个是消费过程，但这两个不同步，一个国家要把大量耐用消费品生产出来和卖出去，只要自己不折腾，不对外打仗，不对内搞阶级斗争，二三十年的时间足以解决问题。中国过去 30 年就是解决了这个问题，但是要解决社会消费的问题并不容易，需要一系列制度的支撑，需要社会的转变。

当年美国是这个问题，我们现在也是这个问题，原因差不多。现在东西大量生产出来卖不出去，最基本的原因就是买不起，买不起就卖不出去。举个例子，美国当时的情况是：一台收音机 100~120 美元，一个工人的工资是每月 50~60 美元，一个工人买一个收音机要两个月工资，农民更惨，最便宜的时候一头猪才 2 美元，要买一个收音机需要五六十头猪。美国最后怎么解决问题的？一系列社会变革，罗斯福新政，大家不要以为罗斯福新政是政府干预，是一场真正的社会变革，社会变革最主要解决两个问题，一是社会保障，要消除人们的后顾之忧，消费耐用消费品得有制度支撑，对未来没有后顾之忧得有一个确定性保障。

这次股灾之前，我写过一篇长微博，题目就是《像驴子一样不停地奔跑》。我有一次去天津见了一个国有控股的上市公司老总，他中午请我吃饭，他说我们公司的中高层都有一种很强的不安全感。后来我就想到这个比方，像驴子一样奔跑，中国的老百姓就像驴一样，打两鞭子跑一圈，跑了一圈不算，又两鞭子再跑一圈，这一圈也不算。假如 15 年前一个老太太手里有 20 万块钱，她可以很有信心地跟别人说我这一辈子没有问题了，那时候厦门的房子估计也就是两三千元一平方米，话音刚落，房价涨起来了，北京就更不用说了，这20万元也就半个厕所的钱，半个厕所怎么养老？所以这20万元就不算了。那人说我现在有两套房子，住一套，租一套，租金补贴退休金，假如有大病，把房子一卖，就解决了养老问题，这一辈子没有问题了，这个想法刚刚有，那边说马上要出台房产税、遗产税，房子也不好拿了。这一次股灾前，挣了三四百万、五六百万的比比皆是，现在北京房价这么高，在股市里倒腾两回也倒腾出一套房子了。股灾一发生，这房子又不算数了。这一次股灾发生以后，说挣了四五百万的都赔进去了，有的连本赔了几百万，我劝他们说挣几百万到时候不算数，亏的几百万也不算数，差不了太多。这个社会给你很强的不安全感。一个社会进入这个阶段，你得解决这种问题。

当时美国扩大中产阶层，形成一个以中产阶层为主的社会，因为中产阶层就是耐用消费品的消费者，它通过一系列措施改变了社会，为真正进入耐用消费品时代创造了条件。中国现在正在面临的也是这个问题，如果今天是一个经济学家来讲，他可能会讲这里面涉及非常复杂的问题，但我个人的理解，这个经济困境其实也很简单，就是两条曲线的关系，一条是生产和供给的曲线，一条是需求和消费的曲线。中国生产和供给曲线越来越陡，需求和消费的曲线上升缓慢，经济出现困境就在这个地方。我们看到这一点就能够理解政府现在出台刺激经济政策最好的结果会是什么，现在刺激经济的这些政策绝大多数无非是继续拉高本来就很陡峭的曲线，是把这条线再继续拉高，可以保持增长速度，但拉得越高，和下面的曲线的差距就越大，将来就越后患无穷。

大家现在都说劳动力优势已经不行了，下一步要靠创新，不管什么样的创新最后都体现在产业上，创新产品的市场在哪里？我们经常讲要找差距，德国一个锅卖两三千块钱，我们的一个锅卖十块钱，如果中国生产锅的厂家都生产两三千块钱的锅，这个锅你卖给谁？什么创新都需要有市场。说创新，我们创新出什么东西了？我们要创出一个比苹果还好的手机"哈密瓜"，它卖六七千，我卖一万二，这样行，但是中国短期内要做出一个"哈密瓜"的可能性还不大，我们就弄一个比它差一点的"鸭梨"，它卖六七千，我卖五六千，"鸭梨"的市场在哪里？要是买得起"鸭梨"，再加千八百就可以买苹果了，如果他买不起苹果，买鸭梨也费劲。所以背后的社会结构如果不解决，这个问题也解决不了。我们真正要跨越这样一个中等收入陷阱，关键就是社会转型的过程，社会的问题不解决，光靠经济没有办法走出这个困境，所以在这个情况下，理念非常重要，这个理念我已经讲了七年了。这些年真的是掉进钱眼里了，现在什么都是钱，但实际上现在中国到了这个时候，讲改革讲发展落实到最后一条就是得考虑怎么建成一个更好的社会。改革这个蛋糕能够为大多数人所接受，寻找最大公约数，建成公平正义的社会，刚才说在经济上现在也面临同样的问题，我们真该考虑怎么建设一个更好的社会。在这种情况下需要一个社会进步的理念，社会进步的理念是在 2008 年改革开放 30 年的时候讲的，这些年写过很多文章，在清华大学还成立了一个社会进步研究所，就是想在我们的社会中把这个理念创造出来。这些年我们没有一个社会进步的理念，经济、社会、文化、教育、体育都叫发展，但发展最主要是数量的概念，虽然我们有时候也讲发展的质量，但是发展理念最主要还是数量的增加。中国快速发展 30 多年后，如果再没有一个好的价值理念，这个发展可能要出问题，所以我说要有一个好的理念。

快速发展 30 多年以后，真的要有一个理念的转变，经济发展的同时，要有一个社会进步的理念，没有社会的进步、社会的转型，经济的槛都可能过不去。无论是从改革还是从发展的角度，我主要想说的是这个。

今天想通过这两个问题去思考梳理改革和发展的困惑，我想通过这样一个概念能够提供一个框架和思路供各位参考。

# 互动环节

### 1. 如何看待大学生群体炒股？

**听众 A：**孙教授您好！您刚才在开场和中间讲了炒股的问题，2015 年的股市真是惊心动魄，对于炒股的群体而言，近些年出现了学生群体炒股。我是文学院的，我们学院有很多炒股的，我们学校学经济金融学、工商管理学炒股的就更多了，他们有赚有赔。我想咨询您一下，您对于大学生群体炒股有什么看法？

**孙立平：**我一直不太赞成普通老百姓买股票，因为中国市场和国外市场不一样。国外从长远来看，经济总是在发展，股市总体是上升的，但尽管这样，他们绝大多数投资还是通过专业机构来进行的。有人说中国的股市在一定程度上不是一个股市，是一个赌场，前些天说股市崩盘，它不能崩盘，只听说股市崩盘，没听说赌场崩盘的，这是另外一个东西。要是拿少一点钱找一点感觉可以，但不要把很多精力放在这上面，这是我个人的看法，风险很大。

### 2. 如何解决党政机关"憋着一口气"开车的现象？

**听众 B：**在座很多都是党政机关的，刚才有一个很重要的观点是"憋着一口气开车"，这个在很多单位可能都会有，特别是党政机关很多都是针对上面的要求，不知道孙教授有什么好的办法。

孙立平：这确实是相当普遍的现象，而且当中有一个很重要的变化，就是开始的时候怠工，还是多少有一点自发的个人积极性，后来我了解到一些情况，实际上都比这高一个档次，但有一种自觉抵制的含义在里面，确实是非常重要的一个问题。我要是能解决这个问题，我估计这个事早就解决了。我想这可能涉及几个问题，一个是政府职能问题，章也不盖了，钱也不收了，饭也不吃了，事也不办了，这说明背后有一些问题，真正解决这些问题是政府职能的问题。第二个，中国干部和公务员一直有一个很重要的差别，公务员就是作为一个职业，有一个职业意识，但干部得有干部意识。一个职业基本的守则，比如说一个老师，无论什么情况，只要是考试，给学生分数的时候得公正，绝大多数老师会坚持这一点，要不然良心过不去。这个问题要是让我回答一下就解决了，它就不是一个问题了。

**3. 如何扩大中产阶层群体？**

听众 C：以中国的现状如何扩大中产阶层群体？

孙立平：这个事讨论了很多次，怎么扩大？我也不知道怎么扩大，原来是三座大山使得中产阶层很难形成，这次股灾又消灭了一大批中产阶层。但是从总体来说，中产阶层要扩大最重要的还是教育，一年几百万大学生毕业，大多数会成为中产阶层，我估计这是一个需要考虑的问题。另外，我前些年提出，因为中国是世界工厂，中国考虑在蓝领工人当中形成中产阶层，但这都是说说而已，现在制造业这样的情况，不用说提高工资，维持现在的工资都难。

（根据录音整理，未经专家审阅，收入本书时有删改）

# 柴跃廷简介

**柴跃廷** 清华大学教授、博士生导师，电子商务交易技术国家工程实验室主任。兼任国家电子商务示范城市创建工作专家咨询委员会专家组组长、国家标准化管理委员会电子商务标准化工作总体组组长、科技部现代服务业总体专家组副组长，北京市、深圳市等十个城市电子商务专家咨询委员会主任，历任第二、三届国家信息化专家咨询委员会委员。

主要研究方向是电子商务、供需链管理、现代物流等的理论、技术、方法及系统实施，应用软件系统的分析、设计与实施的技术与方法。围绕主要研究方向，作为项目负责人完成国家"863"计划、国家科技支撑计划等重大项目20余项。获北京市、中共中央办公厅等省部级科技进步奖2项，获科技部企业信息化先进企业奖等2项，获清华大学优秀青年教师、科研成果应用效益显著奖等教学科研成果奖5项，出版《敏捷供需链管理》《集成化企业管理信息系统分析、设计与实施》等著作6部，在国内外重要刊物及会议发表论文100余篇。作为主要参与者，起草了2005年国务院2号文件《关于加快我国电子商务发展的若干意见》和我国《电子商务发展十一五规划》，实施了多项国家电子商务专项。

# "互联网+"环境下电子
# 商务与传统产业融合发展

柴跃廷　　　　2015年10月13日

　　非常高兴能有机会和大家交流电子商务和
"互联网+"的事情，今天比较特别，我此时此
刻成为华大的一员，戴着华大的校徽，所以也跟
在座的师生融为一体，非常高兴。我不是第一次
来泉州，去年在泉州市讲过一次，专题是电子商
务。今天发生了变化，自从李克强总理在今年的
政府工作报告中提出了"互联网+"这样一个名
词，"互联网+"便在中国大地火得不得了了。但
是"互联网+"究竟有什么含义？为什么要提出

这个？我相信不同的人对它有不同的理解，其中有一个问题，我们今天接触到"互联网+"，接触到传统产业的转型升级，其实第一个要弄明白的就是今天为什么会提出"互联网+"，提出这个名词的背景是什么？如果知道了原因，我们还要去了解"互联网+"到底是什么，知道是什么还不够，还要明确在"互联网+"时代我们应该怎样去做，这可能是我们今天面临的很重要的问题。为什么要在"互联网"后面加一个"+"，而不直接是"互联网"呢？其实，我认为"互联网+"是中国人终于在互联网信息技术领域里提出了一个名词或者口号，像云计算、大数据、互联网、工业4.0、工业互联网都不是中国人提出来的，唯独"互联网+"是我们提出来的。这是炒作吗？其实，好多人认为可能是一种炒作，但是自从李克强总理提出这个名词以后，各个地方都在制定有关"互联网+"的行动计划、发展规划，慢慢地我们就认识到这不是一个名词炒作，的确是互联网电子商务发展到今天继续深入下去的重要方向性指引。

# 一　为什么要"互联网+"

提到"互联网+"还是要回到互联网，大家知道互联网发展到今天，它的历史很短。虽然1969年已经开始出现两台机器的连接，但是互联网进入我国公众视野是1995年。1995年在中国由中国电信向社会提供互联网服务，发展到今天整整20年，在这20年的时间里，互联网对经济和社会产生了非常重要和深刻的影响，今天可以说一句话：互联网正在使我们的经济和社会发生革命性的变化。这句话分量已经很重了，因为三年以前我都不敢说它是革命性的变化，那时候只敢说是深刻的变化，但今天我们能感觉到是革命性的变化。我们知道整个社会大致上有三种角色：一种是企业，一种是政府，一种是个人，我们今天看看这三种角色在互联网大环境下正处于什么状态，我用四个字总结是："坐立不安"。

首先看企业，今天的网店正在取代实体店，这是不争的事实；今天的微信正在取代短信，我相信这也是一个不争的事实；今天的支付宝、财富通之类的第三方支付正在动摇整个金融体系；今天的网络专车、嘀嘀打车正在取代传统的出租车行业；今天的工业互联网、工业4.0正在动摇传统的生产制造企业的生产方式；等等。这些给企业界带来了深刻的变化，或者说正在引发深刻的革命，所以大多数传统企业都坐立不安，不知道是拥抱互联网、观望互联网还是远离互联网，不知道路在何方，这是大多数传统企业目前面临的一个困惑。

再看看政府，也是坐立不安，因为政府关心的是两件事。第一件事是GDP能不能继续保持平稳增长，其实背后就是税收的持续增长，因为政府毕竟需要财政支持才能更好地引导国家发展。今天很多传统企业被新兴企业所取代，政府担心如果传统企业"死掉了"，GDP从哪里来？税收从哪里来？这都是很现实的问题，所以我们各级政府领导都在学习互联网、认识互联网，探索新兴产业的发展道路。但是，路在何方呢？其实他们也不知道。第二件事，这些新兴产业正在取代传统产业，如实体店倒闭了，传统的出租车行业也面临危机。这些传统产业如果走下坡路，一定会引起结构性失业和结构性再就业，但能不能顶替上去，这是一个大问题。所以我们的政府部门其实也处于一种坐立不安的境地。

再看看每个人，今天我们在座的还有很多学生，假如我们不和互联网接触、不拥抱互联网，说得实在一点，其实想找到一个好工作都很困难。现在几乎没有不和互联网打交道的工作，互联网的发展已经关系到每一个人，尤其是年轻人要找到一份好工作，从事一份好职业，开拓一项好事业，必须和互联网相关。所以每个人也处于这样一种不确定的状态，这就是我们说的互联网正在引发经济和社会产生革命性的变化，所以我们说这是一种革命。这是我个人的观点。

## （一）互联网激发了人类需求的本性，形成了相关工业发展的原动力

有很多人说到互联网，总是和前面发生的两次工业革命或产业革命相比，第一次工业革命是因为蒸汽机的出现引发的，第二次工业革命是因为电的出现引发了后来的工业技术。前两次工业革命是不是引起经济和社会发生革命性变化了呢？我认为不是，前两次工业革命的核心是使我们的生产系统极大优化，生产效率极大提高，生产成本极大降低。今天的物质极大丰富是工业革命的结果，但它还没有上升到引起整个经济和社会产生革命性的变化，也就是说社会形态没有发生根本性的变化，但是今天的互联网不一样，互联网不仅提高了生产经营效率，降低了成本，而且正在改变我们的社会形态，这就是和前两次不一样的地方。为什么是这样呢？为什么互联网出来以后要比前两次革命来得更全面、更深刻、更彻底呢？深刻思考这背后的原因，总结为一句话就是：互联网第一次激发了人类需求的本性，释放了人类需求的潜能，形成了相关产业发展的原动力。注意"原动力"这个词，为什么叫原动力？这是事物发展的根本动力，不是某个企业或政府部门推动的结果，这是客观的发展动力。为什么说激发了人类需求的本

性？我们知道相关理论提到过人的需求有不同层次，最主要的理论就是需求的七层次理论。七个层次也好，八个层次也好，五个层次也好，基本上可以总结为两块：一块是人的生理需求或者生存需求，如人的吃穿住行；一块是我们的精神文化需求。也就是说，一种是物质的，一种是精神的。

### 1. 个性化

但不管是物质的还是精神的，不管是哪个层次的需求，我认为，就人的需求而言，第一个本性是个性化。每个人对同样一个东西、对同样一个事物的需求其实是有差异的。比如说关书记吃一个馒头，我也吃一个馒头，我们的需求都是一个馒头，但是我们对馒头的软硬、味道的需求是不一样的。在互联网没出来以前的工业化时代，要想做出两个软硬、味道不同的馒头，以满足我们个性化的需求是不太可能的，因为工业化最主要的逻辑一个是标准化，一个是规模化。但今天有了互联网，为满足每个人的个性化需求提供了可能和手段。今天通过网络可以定制服装，可以定制菜、肉、冰箱等等一切需求的产品。个性化定制的发展趋势越来越明显，在一定程度上正在满足我们每个人的个性化需求。比如，大家都熟知的汽车保险，今天的汽车保险产品还是比较单一的，保险公司根据车的情况，根据驾驶员的情况，规定每年缴一定数额的保险费。这是对一个人群或者对某一个品牌的车来规定的，但是未来保险公司的保险产品一定是针对个人的，因为每个人的状况不一样，每个人驾驶的车辆不一样，通过背后的大数据分析，一定会得出每个人的保险费不一样，大家觉得这有可能吗？这是非常现实的，而且很快会走入我们的生活，因为我们每个人的驾驶习惯信息、身体健康信息、交通状况信息、家庭关系信息都会全部汇总到保险公司。所以说个性化是人类需求的第一个本性。

### 2. 自主化

第二个本性是每个人的需求、每个人的秉性，从本质上都有一种自我表现的欲望。说得通俗一点就是我的事情我作主，不要别人作主，这是我们每个人所追求的。这种自我表现的自主性表现在市场上就是，今天要在网上买任何一个东西都是我想买的，不是过去超市有什么东西我去买什么东西。我们的需求由自己说了算了，而不是由工厂说了算，也不是由商家说了算。即使是市场上没有的东西，你通过网络定制就有了，这种满足自主性或自我表现需求的发展趋势会越来越明显。

### 3. 便利化

第三个本性是懒惰。不管你是多么高级的人物还是多么低级的人物，还是从事什么行当，每个人都是懒惰的，懒惰是我们的天性，但是今天的互联网给我们的懒惰补了很好的缺口。今天的互联网比明天的互联网笨一点，明天的互联网会更聪明，我们通过互联网可以搜到任何我们需要的东西，尽管还比较粗糙，但是没有关系，至少在便利化程度上与过去相比发生了深刻的变化，满足了我们懒惰的本性。

### 4. 比较欲

第四个本性是比较欲，不管做任何事情，我们都想跟别人比较一下，买一个东西想比较一下，找一个朋友想比较一下，做一件事情想比较一下，这都是人类的本性，今天的互联网满足我们的比较欲越来越方便。

可能我总结的这四个方面还不是我们需求本性的全部内容，但至少我觉得这四方面在互联网上看得清楚一点，我敢说互联网真正激发了人类的需求本性，所以互联网进入公众社会仅 20 年，就已经发展到今天惊人的成就。大家可以想象一下，20 年以后会是什么样的？我们相信一定会比前面 20 年的变化更深刻，满足生活需求更快捷，并且会越来越快，这就是我认为互联网如此迅速发展及提出"互联网+"的深刻背景。

## （二）互联网时代最具生命力的服务

在这样一个互联网时代，我们从企业的角度看今天的传统产业转型升级，今天生产的东西在未来的互联网环境下还有没有市场空间，我们的企业还能不能很好地生存发展下去，这是一个需要深思的大问题。我们可以明确地说，在互联网的世界里，好多人说它是虚拟的，今天的互联网世界正在和现实的物理世界融为一体。在互联网时代，任何一个企业要想生存和发展，你所提供的任何产品和服务必须要具备下面三个中的一个、两个或者全部特征，否则你生产出来的产品或者提供的服务没有市场。

### 1. 网络化

第一个是互联，也就是说，未来在互联网的世界里，我们所有的商品或者服务必须能够联网，如果生产不能联网的产品或提供不能联网的服务，是没有任何市场空间的。很多人说我说得有一点绝对，这不是绝对，这是一种大趋势。我在内蒙古讲今天养羊，如果这些信息不在互联网上，你的羊肉卖不出去，因为别人不知道你养羊卖羊肉。你做服装，不把服装放在互联网上，你的服装就卖不出去，因为网上的人不知道。今天滴滴打车如果不把车放在互联网上，你怎么能够通过网络找到车呢？同样的道理，我们今天每个人不在微信露一脸的话，在网络世界里你是不存在的，所以互联是未来产品和服务的第一大特征。也就是说，任何产品或服务都必须是能联网的，否则就没有市场需求，没有市场空间。至于怎么联网，那是技术问题。比如，我在兜里装着手机，我每天走路的信息它就自动记录下来了，这实际上就是通过手机把我联到网上去了，我身上没有带任何的传感器，它就知道我走了一万步。上网的手段和方法越来越简单，没有那么复杂，但是都必须在网上互联。

### 2. 智能化

第二个是智能。未来的产品或服务智能化的程度越高，其附加值就越大，卖得价格就越高。智能和互联相比，我认为互联是一个必要条件，你的产品和服务必须互联，但是不是具备"智能"就不一定。如果你的产品或服务没有"智能"，那就价格低一点，如果有"智能"，那就价格高一点，仅此而已。智能不是一个必要条件，但是智能化的趋势会越来越明显。例如，我们穿一件衣服，上面可能有两个微型传感器，能把我们的身体状况测出来。现在很多鞋上有传感器，通过这种鞋，家长就知道小孩跑哪儿去了。内蒙古的羊耳朵上戴个耳环，主人就能知道羊跑到哪儿去了，这都是一样的道理。智能是第二个特征。

### 3. 服务化

第三个是服务。今天几乎大多数产品都是为了卖出去，我生产手机卖手机，生产电视卖电视，生产电脑卖电脑，未来有可能都不卖，我相信不管是苹果手机还是其他手机，我估计五年之内就不卖了，白送，因为手机上面的服务丰富多彩，每天你都在花钱，这是一个大趋势。小到我们的日常用品，大到我们的装备，如数控机床那么高端的东西，现在的大趋势都是租赁，就是变卖产品为卖服务，这是一个大趋势。人们越来越感觉到卖服务的收益比卖产品本身还要来得快、来得多，更持续化，所以服务化是趋势之一。

归纳起来，在互联网世界你的产品或者服务要具备互联、智能、服务这三大特征中的一个、两个或者全部，才有可能在未来的互联网世界立住脚，具有市场空间，否则没戏。

这就是"互联网+"提出的深刻的内在逻辑和背景。也就是说，我们不依托互联网，不依靠互联网去思考我们的产品和服务，思考我们的企业发展，思考我们的社会管理，可能会遇到极大的困难，甚至有活不下去的感觉，所以我们提出"互联网+""+农业""+工业"等等，这是我个人的理解。

# 二 "互联网+"是什么

大家听完我讲的"互联网+"大背景之后会觉得，原来没有想到互联网使我们的生活、我们的环境有这么深刻的内在变化，"互联网+"是什么呢？如果不知道是什么就没法制定相应的规划。其实，不同的人有不同的理解，根本就没有标准答案。我也相信李克强总理在三月份政府工作报告中提出的"互联网+"，总理可能对"互联网+"有他自己的看法，但他的理解和我的理解也可能不一样。今天请我来讲"互联网+"，明天再请另外一个教授来讲"互联网+"，可能讲得也不一样。这就是现状。我提前说明，我今天讲的"互联网+"，即我认为的"互联网+"，是我的个人观点，不一定全面，也不一定是系统的，但是绝对不是错的。

## 1. "互联网+"是一个趋势性判断或发展方向指引

"互联网+"是什么呢？我认为，"互联网+"不是一个学术名词，这是肯定的。它不像数学、物理、化学、水利、土木等的学术名词，它不是一个学术术语，同时它也不是一个产业术语，我认为"互联网+"也不是我们说的农业、工业、服务业、高新技术产业等产业术语。那"互联网+"是什么呢？我个人的观点认为，它是一个趋势性的判断或者发展方向的指引。说个土一点的话就是一种口号，但是这种口号是有深刻的内涵的，绝对不是一种说说而已的口号。所以我给"互联网+"下了一个不叫定义的定义："互联网+"是利用互联网思想、技术和方法，通过经济社会组织方式的创新，重组优化传统产业及社会运行过程，形成自组织、生态化的互联网产业体系和社会管理方式的变迁过程。

**2. "互联网+"是一种产业体系和社会管理方式的变迁过程**

最后的落脚词是"变迁过程"，也就是说"互联网+"是一个过程，是一个我们今天的产业体系变更、社会形态变化的过程，这个过程也许是三年五年、十年八年、二十年，它是一个过程，不是一件事情。大数据、云计算、物联网都是技术术语，唯独"互联网+"是一个过程，这个过程实际上是一个产业体系形成的过程，是由传统的产业体系形成互联网的产业体系，是由过去和现在社会管理的运作过程变成一个未来的互联网社会管理运行方式的过程。这种变革变迁是通过经济和社会组织方式的创新对现有各种过程进行重组优化的结果，实际上是现在各种各样做法和方式的重组优化。这种组织方式是靠什么创新呢？靠互联网的思想和方法。这就是这个话的根本含义，想讲清楚这个逻辑关系，最后的落脚点是互联网的思想和方法，也是其精髓。

**3. 什么是互联网的思想和方法**

什么是互联网的思想和方法？大家肯定从微信、网络、媒体上知道了一大堆关于这个专家讲互联网思维、那个专家讲互联网思想，但是大家或许没记清楚，也没理解或理解得可能不深刻，所以我今天跟大家讲什么是互联网思想，为让大家记得住，理解得透彻，我把互联网思想总结为八个字：开放、互联、合作、分享。什么是开放？开放就是我们每个人把信息放到网上，企业把必要的信息放到网上，政府部门把必要的信息放到网上，最大限度地向公众开放信息或者资源。为什么要开放？开放的目的是为跟别人互联，所以开放是互联的基础。为什么要互联呢？是想跟别人形成一种新的合作关系，为什么要形成新的合作关系？是为了挣更多的钱，所以最后的结果是分享，我不跟别人合作，肯定赚不到很多钱，甚至赚不到钱，合作而且建立信任关系，可能赚的钱比过去多。我认为这就是互联网思想或者说互联网思维，或者说互联网的精髓。我相信这八个字大家肯定能记清楚，而且是递进关系，开放是为了互联，互联是为了合作，合作是为了赚更多钱，从而带来更大的满足感。

如果这样讲还不深刻的话，那就举个例子，这个例子对互联网的精髓反映得最深刻。我们都知道网络专车"优步"，优步现在的市值到了500多亿美元，优步还准备在中国上海建最大的公司、加大投资，除了优步还有滴滴打车都是一样的。首先看它是怎么开放的，把今天的网络专车和出租车相比，我们乘坐出租车，对出租车司机的相关信息，如司机的驾龄、他是不是一个合格的司机以及出租车的车况等都不知道，因为司机的信息、车的信息，包括背后的出租车管理公司等信息我们都是不知道的，因为它是不开放的。今天的网络专车，我们通过手机定专车，一看司机是什么人、开的什么车、几年驾龄、是什么等级的车、车况是怎么样的，我们很清楚，一切信息都是开放的。乘客的信息对司机来说也是开放的，因为通过手机他知道我在什么位置，我通过手机也知道司机在什么位置，所以开放就反映出来了。乘客、司机、车辆，包括背后的网络运营商全部在互联网上互联起来，不互联谁也找不到谁，所以一定是互联的。合作使过去的出租车管理公司和出租车司机以及车辆的关系发生了根本变化，因为过去的出租车管理公司收份子钱，对出租车司机和出租车的管理多数情况下是以行政法规和行政命令为主。但是今天的网络专车不一样，我有一辆车想加入网络专车，给别人提供服务，是什么驱使的呢？是个人行为，是一种自主行为，我们的乘客，我们的司机，我们背后的网络运营商都是基于数据或者信息的信任关系，不是一种被动的行政管理关系。最后的结果是，乘客满意，司机满意，其实背后的网络运营商更满意，这就是分享。

**4. 互联网产业体系**

开放、互联、合作、分享在今天的滴滴打车或者网络专车领域表现得淋漓尽致。我为什么要举这个例子呢？这个案例的逻辑、思想、方式可以套到任何一个产业链。假设套到服装产业行不行？当然可以，套到服装产业就需要现有的服装制造企业开放、互联，要和上下游或者市场建立新的合作关系，其他行业都一样，所以我说开放、互联、合作、分享是整个互联网的思想精髓，通过互联网的思想和方法，重组优化了相关的过程，重组优化了乘客、司机、车辆相互之间的关系，这就是一种经济组织方式的创新，这种创新最后的结果就是诞生了互联网产业。是过去的出租车行业变成了今天或者未来的互联网出租产业，它是一种新的运作体系，彻底把过去的体系打破了，由过去的体系变成了新的体系，这种变化过程其实就是变革过程。为什么今天各个地方出租车司机抗议呢？因为他们的生意受到极大的威胁，抗议归抗议，但趋势一定是这种趋势。

在互联网思想方法或者思路的指引下，整个产业的体系结构或者社会运转过程在发生形态上、运作机制上的变化，基于互联网思想和方法，或者说"互联网+"的核心就是形成互联网的产业体系和社会管理体系。我们今天不讲社会管理，我们就讲产业。互联网的产业体系是什么呢？这张图想表达的就是互联网的产业体系应该由哪些关键要素构成（见图1）。提到互联网产业体系，我们很容易想到传统的产业体系，它和互联网产业有什么不一样？

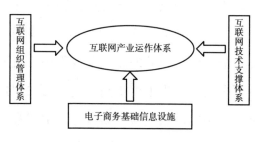

**图1  互联网产业体系**

我先说互联网产业体系，大致上是由互联网产业运作体系、互联网组织管理体系、互联网技术支撑体系以及电子商务基础信息设施构成。互联网产业运作体系是什么呢？互联网产业运作体系分两个层面，一层是新一代电子商务平台，一层是具体的生产制造单元。不管是农业种植养殖、工业制造还是服务业制作，全部是第二个层面，就是生产制造单元。大家看今天的传统产业，如服装业、陶瓷业等产业的产业运作体系，最下面的工厂、农田、养殖场、酒店、电影院等，都是农业、工业、服务业或者第一产业、第二产业、第三产业具体的生产制作过程。具体的生产制作过程是什么呢？传统产业是一级批发商、二级批发商、零售商、消费者。除了这些以外，现在的产业运作体系还要强调产供销一体化，我们要发展大的产供销一体化现代化企业集团，就是说一个企业把销售、生产、采购全过程内部化。未来是这样吗？未来互联网产业运作体系不是彻底把生产制作过程和生产制作过程以外的流通过程分开了，而是有机地结合在一起，把整个销售、采购、物流过程社会化、平台化，所体现的结果或者特征就是消费由过去的被动消费变成主动消费，由标准化的消费变成个性化消费，生产由过去的集中生产变成分散生产，因为工业化的显著特征就是集中，如工业园，由自动化生产变成智能化生产，整个流通过程由过去的一级批发、二级批发、三级批发、零售批发等多个环节变成一个环节，即直接化，通过一个平台把分散的流通变成集中化流通。今天的阿里巴巴平台一年一万多亿元，集中度很高，由过去的间接多环节、分散的流通变成直接集中化的流通，整个物流过程由散乱变成集约化。这就是我给互联网产业运作体系画的一张图（见图 2），大家一定要注意是互联网产业运作体系。美国人说工业互联网，德国人说工业 4.0，不

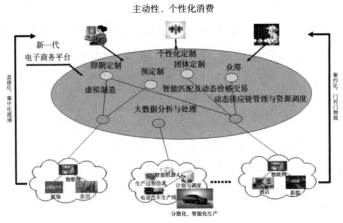

图 2　互联网产业运作体系

管是产业互联网还是工业互联网，它的核心是落到网上，但是放在网上干什么？核心目的还是要发展产业，所以互联网产业和产业互联网是完全不一样的概念。产业互联网是一张网，我们今天说的互联网产业是真正的产业体系，是基于互联网的产业运作体系。

图2和刚才说的网络专车有一点像，你把下面的工厂变成车和司机，中间的大圆变成优步、滴滴打车等网络平台，把上面的人变成你，是不是一样的逻辑呢？网络专车的逻辑其实是可以适合任何行业的。这就是我们说的传统产业转型升级的思路和方式。这样一种产业体系和传统产业体系有什么不一样呢？我认为根本的区别就是由过去或者现在的被动消费、标准化消费变成主动消费、个性化消费，由过去或现在的间接分散流通变成直接集中化流通，由过去或者现在的集中化、自动化生产变成分散化、智能化生产，这三点并不是问题的本质，问题的本质是第四点，就是完全形成一个自组织、生态化产业运作体系，这个很重要。今天的产业体系是工业化产业体系，是工业化时代形成的体系，这种体系是他组织的，是人为组织起来的，未来的产业体系是自组织的、生态化的。只有生态化的体系，才最有生命力，凡是非生态化的，它的组织体系不一定能持续，这是人造的和自然的根本区别。这就是我们说的互联网产业体系和传统产业体系本质上的区别。

### 5. 互联网产业组织管理体系

这里面还牵扯刚才图上的新一代电商平台，为什么叫新一代电商平台？我们是针对今天的淘宝、天猫、京东、1号店等电商平台而言的，今天的电商平台担当不了未来互联网产业运作体系的电商平台角色。新一代电商平台和目前的电商平台相比，淘宝、京东、天猫等一端连接消费者，一端连接二道贩子，新一代的电商平台一定是一端连着消费者，一端连着工厂、农场或服务场所。你在天猫、淘宝、京东上能定制吗？很少，个性化、智能化的匹配交易，目前的电商平台不具备，电商平台上有互联网、云计算、大数据吗？有，但是不显著，这就是说今天的阿里巴巴、京东也面临转型升级，并不是说今天的阿里巴巴很成功，阿里巴巴的模式就可以代表一切。我去了很多地方，去内蒙古、山东等地讲座，包括省长、市长在内都说阿里巴巴在杭州，为什么不到我们这儿呢？我们一定要把阿里巴巴和京东引进来。我觉得说这个太没出息。阿里巴巴是一定时期的成功者，淘宝是 2003 年起步的，奋斗了十年多成为全球最大的购物平台，它对推动中国电商产业的发展是有贡献的，但它是不是电商的唯一模式？绝对不是，是不是电商的未来？绝对不是。假如我们为泉州的支柱产业服装搞一个体系，上面的大圆圈是新的电商平台，下面连接着泉州市的服装生产制造企业，是不是能够缔造一个新一代的阿里巴巴呢？完全有可能，如果说今天的电商平台是 1.0，新一代的电商平台就是 2.0。

整个互联网产业体系里很重要的一个要素就是组织管理体系。什么是组织管理体系？现在我们的组织管理体系由工商、税务、质监、海关、工信、商务等部门构成，也就是说，我们的行政管理部门构成的管理体系叫产业组织管理体系。现在的组织管理体系面对互联网产业已经非常不适应，要想构建适合互联网产业的组织管理体系，必须去地域化。假如互联网上有一个卖假货的，假货出现在北京，但北京工商部门搞不定，为什么呢？行为发生在北京，服务器可能在杭州，卖的东西可能在广州生产，就是说网络是没有边界的，目前的属地化管理方式已经不适应了。我们现在工商管理体系是层级化、地域化的，如国家工商总局、福建省工商局、泉州市工商局、县工商局，这是一个层级化、分片的体系。设想未来的工商系统会是这样：不存在国家工商总局、福建省工商局、泉州市工商局，可能会出来一个网络准入局、假冒伪劣打击局等，完全是专业化的体系，因为每一个专业都是全网性的。也就是说，我们的行政管理体制和机制将会发生根本性的变化，不然适应不了互联网产业体系的发展，这是组织管理体系。

### 6. 互联网产业技术支撑体系

还有一个很重要的方面是技术支撑。一个社会为什么有那么多大学、研究所、实验室、研究中心、培训机构？因为它们是产业的技术支撑。但是我们今天大学的格局、科研机构的格局是不是能够完全适应互联网产业体系呢？回答肯定是：NO！清华大学和华侨大学是两所大学，我们这两所大学的格局都是工业化时代形成的。在若干专业中，清华大学是工科比较强，工程更强，今天美国人说清华大学已经排到MIT前面去了，成为全球第一，在工程领域是客观的，可以说是对的。但是在互联网世界里还要分工程吗？还要分工科吗？有一些人都在跨界融合，大学的围墙一定会被打破，外国的大学没有物理上的围墙，但是有逻辑上的围墙。随着互联网产业体系的形成和发展，大学的逻辑围墙都会被打破，培养人才的方式都会被革新，现在上课都成了慕课，慕课平台，不要小看慕课，那是未来整个课程体系和上课的方式。我们今天搞国家工程实验室、国家工程中心，都是想建立产学研融合的创新发展格局，但目前的搞法是比较封闭的。我相信未来的技术支撑体系就像刚刚提到的滴滴打车、网络专车一样，也有一个大的平台，然后各地的大学、研究机构、实验室全部联网，然后各取所需，我认为这才是真正能够支撑互联网产业体系的技术支撑体系。

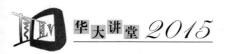

### 7. 电子商务基础信息设施

最后一个要素就是基础设施，刚才那张图上标了一个基础设施，在传统产业里基础设施是什么？是"铁公基"、光纤、服务器等，但在互联网产业里，除了这些必要的物理设施以外，可能更重要的是软性设施，就是电商的基础信息设施。什么是电商的基础信息设施呢？大家看这张图（见图3），不管是B2B、B2C、C2C还是C2B，所有的电商过程简单地说就是卖东西、买东西，但是要注意在这一过程中有几个信息是共性的。第一个是交易主体或者市场主体的基础信息，描述市场主体是真的假的、好的坏的等。第二个是网上交易的各种商品和服务的基础信息，我们叫作交易客体基础信息，描述交易客体是真的假的、好的坏的等。还有一个是交易载体基础信息，任何交易的最后结果不是合同或订单就是发票，所以电子订单、电子发票、电子合同是很重要的交易载体，这也是一个共性的东西。如果是跨境电商，还涉及通关、商检、结汇、退缴税，所有的电商过程涉及的基础信息就是这么几个。但是，目前的基础信息怎么采集、怎么管理、怎么维护

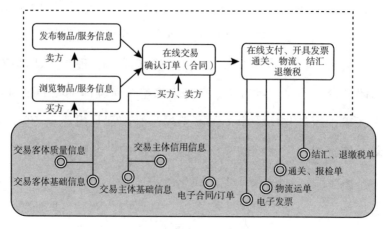

图3　一般电子商务过程中的基础信息

呢？现状是阿里巴巴自己采集自己的，京东自己采集自己的，同样一个企业，同样一个商品，在不同的网站上对它的描述不一样，所以我们老说好坏难分、真假难辨。比如说这瓶矿泉水，你去网上查一查，在淘宝上对它是用三个数据项描述的，在京东上是用六个数据项描述的，但物理上就是这样一瓶水。言外之意是我们现在对整个互联网时代的软性基础设施建设几乎是零，但是它可能在某种意义上要比我们的"铁公基"、光纤、服务器来得更重要，为什么重要？请看这张图（见图4），围绕刚刚说的那些基础信息，我们应该建立一种基础信息采集、管理、维护、共享的设施及机制，以实现三大目标。第一大目标是为所有的企业提供共享服务。大家如果共享的话，不管在哪个网站上，说法是一致的，这就OK了，这叫共享。共享不仅仅是统一信息，更重要的是降低成本、提高整个社会的运行效率。为什么呢？因为各个电商企业采集自己的基础信息，同样一个企业，同样一个商品，被n个电商采集n次，整个社会的电商运行成本是高的、效率是低的，

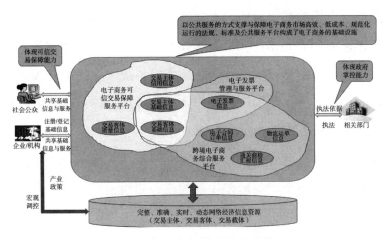

**图4　电子商务基础信息设施**

原因就是缺乏这个设施，这是第一个作用。第二个目标是通过基础设施搜索一切非法违规假冒伪劣的东西推送给相关的执法部门。其实更重要的是第三大目标，这个基础设施建设其实沉淀下来的是网络经济最真实、最准确、最及时、最动态的信息资源，涵盖交易主体、交易客体、交易载体的大数据，这个大数据对政府产业政策制定、对企业的商业决策都有非常重要的作用。目前还不能实现这些。比如，泉州市电子商务交易额 2014 年是多少呢？有人说 1000 亿，有人说 500 亿、800 亿，我觉得这些数字都对也都不对，为什么呢？没有这样一种设施和机制去采集管理维护，所以都对也都不对。我们的国家统计局目前统计的经济数据还是沿用过去的填表调查等方式，但电商是全电子化的过程，让他们去填表，填的数据不一定真实，所以整个统计体系远远不能适应这个时代的发展。人们老质疑统计部门的数据真假，我们先不说其他的，首先从手段上、机制上看就是落后的。概括起来，这个基础设施事实上就是采集、管理、维护、交换、共享、规范、真实、准确，唯一的、企业的、商品的、订单的、发票的、运单的基础信息来支撑网络市场的高效运作。上面说的这些东西基本上是所谓的互联网产业体系的四大要素：一个运作体系、一个组织管理体系、一个技术支撑体系、一个基础设施，这就是我们传统产业转型升级成为互联网产业的状态。由目前的产业运作体系或者产业体系变换成一个互联网时代的互联网体系需要做的事情。

互联网产业运作体系图里很核心的东西是我说的新的电商平台，新的电商平台是整个产业运作体系的核心和纽带，下面的生产制造单元要求自动化、智能化，所以我们可以简单地理解为："互联网 +" 就等于新的电子商务加上工业 4.0。所以说电商或者电子商务是整个新的互联网产业运作体系的重中之重。下面简单说一下关于电商的几个关键点。

# 三　关于电子商务

关于电商，我之前在泉州市做过一次讲座。提到电商，电子商务这个名词比互联网这个名词晚了三年出现，是 1998 年由 IBM 喊出来的名词，可惜 IBM 第一个喊出电子商务这个词，今天的电子商务大环境里 IBM 的影子几乎没有。为什么呢？后来我分析发现，这与 IBM 的运作过程没有遵循互联网的思维方式和思想有关，即开放、互联、合作、分享，IBM 相对封闭，这是我个人的观点。

### 1. 正确认识电子商务

关于电子商务和刚才说的"互联网+"其实是一样的，不同的人对它的理解也不一样，到目前为止，电子商务发展这么红火，应该有一个统一认识，但是没有。目前，大致上有三种比较主流的观点。一种观点认为电子商务没什么可怕的，也没什么新鲜玩意儿，它就是一个信息化的延伸。为什么呢？因为我们过去搞企业信息化，搞ERP，搞企业信息化管理等，今天的电子商务无非是网上采购、网上销售，这对企业来说就是信息化的延伸，所以他们认为电子商务就是信息化的延伸，这对吗？我去过很多大企业，特别是国有企业，给它们讲电子商务，老板或者老总一定把信息中心主任叫过来说，你得好好听听柴老师讲电子商务，把我们公司的信息化工作搞好，言外之意就是，电子商务就是信息化，就是信息中心主任的事，这种观点不完全对。另外一种观点来自政府部门，书记、市长认为电子商务就是网络购物、网络化商贸流通，认为电子商务是新兴的商贸流通形式。所以我去讲电子商务的时候，市长、书记一定会把商务局局长叫过来说，你好好听听柴老师怎么讲电子商务，把我们市的电子商务工作搞好。言外之意，电子商务是商贸流通领域的事，跟农业部门、经信部门、服务部门关系不大，这对吗？不完全对。还有一部分人认为，电子商务不就是通过网络虚拟空间做的一件事情吗？那是一种虚拟经济，这对吗？不完全对，那对的是什么？我们看看电商的表现形式。

**2. 电子商务覆盖经济与社会发展全局**

网络购物是大家最熟悉的，它是电子商务吗？当然是，但是大家对网络购物的本质理解是否到位，我真的不敢肯定。从表面上看，网络购物就是通过网站去买东西，和我们过去从商店里买东西相比同样是买东西，几乎没什么差别，只是形式上的变化而已，这没什么了不起啊！从表面上看确实没有变化，但内涵发生了根本变化，为什么？我们知道买东西涉及"三流"：信息流、资金流、物流。你看"三流"变化了没有：网上买东西和商店买东西，商店里面面对面用不着任何媒介，但是网上买东西要在网上店铺选东西，需要一个网络平台，要上网去查，然后下订单，这个网络平台一定需要计算机软件、硬件，还要研究、开发，这就诞生了新的产业。目前从事这个产业的人为数不少，已经形成一个相对独立的产业。大量的人去研发交易系统，因此，信息流的变化引发了新产业。我们再看看资金流，我们到商店里一手交钱一手交货，网上靠什么呢？靠支付宝，靠财富通，靠银行卡和支付机构的连接，因此，诞生了一个新的产业叫第三方支付，在没有电子商务的时候这个绝对不会存在，以前连银行的人都没把第三方支付放在眼里，但今天它可能逐渐发展壮大以后，要动摇整个金融体系。再看看物流，我们从商店买东西，是货物从工厂到配送中心，从配送中心到门店，从门店拿回家这样一个路径，今天网上买东西，货物有可能从厂家直接到我家，有可能从厂家通过配送中心，然后配到我家，物流的路径变了，整个社会物流运作体系发生了根本变化。所以说由实体店买东西变成网络买东西，背后其实引发了产业根本上的变化，绝对不是一个形式上的变化。

除了我们最熟悉的网络购物，各种生产资料的网上交易、网络定制、跨境电商、网络订饭、网络旅游等都是电子商务的范畴，所以电子商务不仅是商贸流通，它确实涉及消费、流通和生产的全过程。更为重要的是，今天的电商已经不是企业里的信息化管理部门，是活生生的一个一个轻资产的公司，多个公司加起来就是产业，所以电商绝对不仅仅是一个工具，而是一个新的产业，它是以各种信息、知识、技术为主导要素的轻资产电商公司和电商产业。如果所有电商业务都是企业里的一个部门的话，它形不成产业，但今天它就是一个产业，因为是独立的公司。所以电商不仅仅是工具，电商不仅仅是信息化，而是一个产业，这个产业正在牵引整个经济和社会向网络化的方向发展，这是我们全面认识和深刻理解的电商。这种电商对整个第一产业、第二产业、第三产业都产生革命性的变化，对三大产业的影响不仅是形式上的，更是内涵上的。大家看看这张图（见图5）。工业、农业、服务业三大产业，大家都很熟悉，加上电子商务，把电子商务放在什么位置呢？放在哪儿都不适合，只有放在中间比较合适，因为网上卖农产品和农业相关，网上打车和服务业相关，网上卖服装和制造业相关，只有放到中间比较合适。

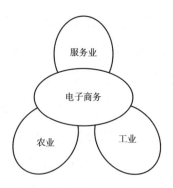

**图5　电子商务覆盖经济社会发展全局**

　　大家看看三大产业，今天说产业转型升级、结构调整，结构调整的方向就是加大服务业比重、降低制造业比重，这是结构优化，如果是这样一种产业体系的话，优化谁呢？好像是三足鼎立，优化谁也不合适，这牵涉一个问题，就是我们的产业结构定义和分类面临很大的挑战，传统的三大产业未来会变成四大产业吗？好多人认为电商出来以后，电商应该是第四大产业，对吗？我不知道，但至少有一点可以肯定，过去的三大产业分类遇到了挑战，我个人的观点更倾向把未来的产业结构看成二元结构，就是两大产业：一大产业是以农业种植养殖、工业制造、服务业制作具体过程的大生产制造业，这很清楚，你种地能够看见，养殖能够看见，制造也能看见，服务业的洗脚、做饭、放电影都能看见，这个过程很清楚。除了这个过程以外所有的交易过程、流通过程全是电商，我个人的观点更认为有可能作为二元产业结构对整个产业结构调整的指向以及整个统计体系的重新建构更有好处。之前有一句话叫跨界融合，融合完以后，工业和农业很难划分清楚，农业和服务业也很难划分清楚，这就是说它对产业结构的影响已经提上日程。同时电商产业和一般产业最大的不同就是发展规律不一样，我们说一般的产业都有生命周期，从起步到成长到成熟到衰落，电商产业最大的不一样就是前面的培育期，起步阶段时间比较长。我们通过统计大致了解到，一个电商要想从一开始创办到赚钱没有五年的时间不行，大多数在中途就死掉了，但是一旦活过死亡点，到了盈亏平衡点往上就是爆炸性增长，这就是网络效应，这就是这类产业的特点，互联网产业都有这种特征。不像过去我们搞一个企业，租一个房子，进一点货就卖东西，然后当月就可以见到效果，或者半年就见到效果，网络不一样。这就是我跟大家说的电商，怎么去理解它，它对三大产业有什么影响，希望在座的各位通过今天的讲座，有一个比较全面深刻系统的认识，电商绝对不仅仅是网络购物。

### 3. 电子商务现状与趋势判断

整个电商发展的趋势是什么？我们知道，去年电商大致上是 13 万亿元，网络零售额不到 3 万亿元，接近全社会零售总额的 10%，即使是这样一个规模，我们国家从 2013 年就已经超越美国成为全球第一大网购国家，在 2012 年就超越美国成为小额外贸的第一大国。有人说电商现在发展已经很成熟了，我们现在再去发展电商，是不是没有多少机会了？因为阿里巴巴发展得那么大，我们再做一个阿里巴巴也不太现实，京东发展得那么大，我们在泉州建一个电商平台也做不起来，感觉到机会也没了，这种观点是大错特错的，为什么？我有一个观点，到目前为止，电商大发展的序幕才刚刚拉开。原因是：虽然目前网络零售占了社会零售总额的 10% 左右，就诞生了阿里巴巴、京东这样的世界级企业，但在零售领域还有 90% 没有进入电商领域，是不是还有九个马云没有出现呢？因为他只做了全国的 1/10，虽然这个比喻不是很恰当，但我的意思是电商的空间很大，这还只是消费品领域，还有大宗商品领域，包括能源、农副产品、生产资料是大宗商品，大宗商品的电商市场还没有起步，大宗商品市场份额大约是消费品的 2.5 倍，言外之意，在大宗商品领域，还有 25 个马云没有出现。除此之外，还有跨境电商，我们国家是国际上最大的对外贸易国家，跨境贸易额占了整个交易额的 1/3 左右。电商成熟了吗？电商发展没有机会了吗？不是的。所以我说，电商大发展的序幕才刚刚拉开，就看你怎么切入，如果你学着阿里巴巴的模式去搞电商，估计死路一条，应创新模式，电商的市场空间很大。

把眼光往后拉看今后的趋势，有几个关键转折点。第一个关键转折点就是今年（2015 年），我四五年前就判断 2015 年前后是电商发展的第一个关键转折点，这个关键转折点的标志就是由过去的快速增长变成高速增长，发展的速度要更快，为什么？因为 2015 年是一个不同寻常的年份，2015 年前后我们的"90 后"25 岁左右，即使是研究生也毕业了，进入了社会，成为社会消费主体和生产力主体，"90 后""00 后"是什么人呢？"90 后""00 后"是新兴的网络人类，跟我们的"80 后""70 后""60 后"是两类人，为什么？因为 1995 年互联网向社会开放，"90 后"上小学的时候，已经知道万维网了，做作业等整个日常生活离不开网络，网络已经渗透到了他们的骨髓，他们是真正具有彻底的网络精神、网络意识、网络文化的人类，用不着培训，这就是问题的关键，人变了。我儿子 1994 年出生，楼下就是麦当劳，他住在 9 楼，他在网上订餐，然后让麦当劳送上去，他的做法对吗？要按过去的眼光看绝对不对，太懒了，但是按照未来的眼光看，我绝对不敢批评他，他是对的。我们每一代人都有些习惯，大多数情况下，上一代人看不惯下一代人的某些做法。我想起我们小时候的情形：我爷爷看不惯我爹的某些做法，爷爷总是说我爹你做得不对，你必须按照我的思路办，但大多数情况下我爹没有按照我爷爷的思路做事，结果过得比我爷爷好；我小时候我爹老说我，你要按我的思路做事，但回想起来我基本上也没按他的思路做，我现在过得比他好。下一代如果按照我们的眼光去看去做绝对不行，用未来的眼光看他可能是对的。我们的核心价值观是不变的，但行为方式可能发生深刻的变化。所以 2015 年是重要的年份，我们身在其中，其实今年以来一些事情回过头来看已经比过去快多了。为什么"互联网+"这个名词诞生在 2015 年？可能是一个巧合，互联网的发展更快速、更深入、更高端了。

第二个关键转折点可能出现在 2020 年前后，按照目前电商的增长速度和规模，简单推算，到 2020 年，网上市场规模和网下市场规模将持平。所以 2020 年前后可能是新旧产业形态的交替年，特别是商贸流通领域，实体店和网店大家各占半壁江山，但越过这个关键转折点，实体店一定下滑得更快，网店上升得更快。我们预测在 2020 年前后，尤其在商贸流通领域，包括一批传统制造业将会面临集中的、短期的倒闭引起的失业，以及引发的社会矛盾，根源是什么呢？根源是新旧产业的交替，引起了结构性失业和结构性再就业。

眼光往后拉一下，刚才说了"互联网+"就是一个变迁过程，这个变迁是产业体系和社会形态的变迁，那么问题来了，变迁以后，我们的社会形态是一个什么形态呢？比如说，我们经过 10 年、20 年的努力，"互联网+"已经完成了，这个社会会变成什么样呢？我认为，我们的社会可能会演变成信息高速公路环境下的原始社会形态，这句话说得不一定恰当，但意思是一种社会形态的回归，绝对不是一种倒退，为什么叫原始社会呢？是因为它的四个特征和书本上对原始社会的描述差不多，虽然我们没有在原始社会生活过。第一，个性化。这跟原始社会差不多，因为当时没有规模化的生产，都是个性化的，只不过效率低，今天的个性化效率高多了。比如，家里的3D打印机，就可能给你打印个性化的物品、打印个性化的服装等，过去做不到。第二，分散化。好多人不太同意我的观点，认为我的说法和目前的现实有一点矛盾。目前的现实是全国人民都向北京挤，地市级的人们向省会城市挤，县市级城市的人们向地市级城市挤，村里的人涌向乡镇，都是往上面挤，是一种集中化的趋势，但是我相信这种局面很快就会改变。今天的手机是4G，到5G、6G、7G、8G、…、100G的时候，需要几年？也许是3年，也许是5年，也许是8年，但是肯定比我们想象得要快，达到100G的时候，通过手机、平板、电脑，可以在远隔千山万水完成任何事情的时候，你还要涌向大城市吗？我认为这是符合人类社会发展规律的，人类社会的发展。其实自从人类诞生，基本的规律就是依山而居、依水而居，所以发展的趋势毫无疑问，不管是赞同也好，反对也罢，我坚信分散化一定是趋势。第三，小型化。好多人不理解，企业和政府的规模为什么会变小呢？现在的企业发展目标大多是要发展成为全球规模最大的企业，为什么会是小呢？我指的小，是指物理规模小，但经济规模不一定小，也就是说三个人的公司可能做1000亿元的买卖，为什么物理规模会小呢？我们学经济学的都知道科斯有一个著名的定理，企业之所以能够出现就是为了能够节约交易成本，企业的边界就是企业内部的管理成本和社会交易成本相等的点，当互联网发展到一定程度，社会交易成本急剧下降，企业的内部管理成本一定会下降，所以这个边界会收缩，最小的管理成本是多大的公司呢？

肯定是一个人的公司，没有协调成本，这是一个简单的推理就可以推出来的。例如，四川有一个公司叫人人快递，人人快递号称有十万员工，但是十万员工都是什么呢？都是企业签的订单业务合同，不是他的员工，也就是说公司和雇员的关系由现在的雇佣和被雇佣关系会转变成未来的契约关系，每个人都是自主的主体，今天跟你合作了，大家一块儿做一个买卖，明天可以跟别人合作，每个人都是自主的，也就是说整个雇佣关系会发生根本性变化，这就是小型化的依据。第四，公共化。例如，网店是一个什么东西？从本质上说就是一个生产工具，只不过这个生产工具能让你做一点小买卖，但是这个生产工具跟过去的拖拉机、机床、镰刀、斧头不一样，这个生产工具的边际成本几乎为零，而且是基于一个公共平台。我们今天发展大数据、物联网、云计算等，最终的结果是给每个人、每个企业提供一系列智能化、自动化、基于公共平台的工具。

### 4. 全球电子商务发展格局判断

放眼全球看电商，可以说，电商正在重构全球经济的基本格局，为什么？解释起来很简单：第一，电商的份额正在增加，所以经济结构在变化；第二，电商的分布在发生变化，因为电商平台是一个大的聚集平台，不可能在全球各地平均分配，中国三个、美国五个、俄罗斯八个，不可能，一定是分布到少数几个国家和地区；第三，因为电商是集中和直接的交易活动，所以整个产业链要重新分布，谁搞物流、谁搞支付、谁搞金融，因为产业链要重新分工，所以产业将在全球范围内转移，最终的结果是重构全球经济的基本格局。

在这一场全球化的洗牌过程中，中国有极好的机会，有希望提高全球经济发展的话语权。第一，今天终于有了互联网，中国的所有产业基本上都落后于世界发达国家，唯独互联网产业不是落后的，互联网领域已经诞生了全球有竞争优势的企业，如腾讯、阿里巴巴、京东等。第二，我们有吸引全球资源的市场优势：人多，网民数量大。按照网络术语，我们中国的网民是全球第三大国家，我们现在的网民是 6 亿，基数大，一个人点击一下就是美国的好几倍。第三，世界工厂的地位奠定了发展的产业优势，因为中国是世界上唯一一个产业体系最全的国家。这在一定程度上是劣势，也是优势，说白了造假都比美国人造得快。第四，城镇化为电商的发展开辟了极大的市场空间，因为这是中国和美国最大的区别，中国的电商为什么是马云、刘强东等？美国的电商为什么是沃尔玛等？是因为中国在传统商贸流通领域里效率低、成本高、机会多，美国没有这些，这就是差别。第五，党和国家决定干这件事，一定能干成，这也是我们的独特优势。所以中国有希望引领全球经济的发展趋势。

我们把眼光拉回到国内，泉州和北京、上海、杭州相比，目前是相对落后的，未来呢？是继续落后，还是领先？这个还不一定，国内的洗牌远没有完成，相比国际洗牌更看不清楚，现在因为阿里巴巴在杭州，所以杭州的电子商务肯定要比泉州好，这个没有错，但并不意味着未来几年泉州就落后于杭州，因为各地的资源禀赋、产业比较优势、地域文化特征完全不一样，在进一步发展过程中没准会发生更大的变化。

## 四  如何推进"互联网＋"

基于这样的趋势如何做呢？我觉得第一件事情是要正确处理三大

矛盾，这三大矛盾考验我们的智慧，不管是政府部门还是企业家。有哪三大矛盾呢？

## （一）正确处理互联网产业发展的深层次矛盾

第一大矛盾是互联网新模式和老的管理机制的矛盾。这个问题处理好了，我们这个地区和企业就发展得好，否则就发展不起来。我经常举一个例子，西单商场 2000 年找我做电商，当年就上线，当年网上卖了 100 万元，但发展了 15 年，规模并没有扩大很多，为什么呢？就是因为它没有改变企业内部的管理制度。对于行政管理部门也是一样。今天的行政管理，如工商、税务、质检、海关等地域化、分层化的管理模式已经远远不能适应电商的发展需求，也就是说现行的管理体制不适应互联网经济的发展，这是肯定的，需要制度创新。第一个矛盾是管理思想和互联网新模式之间的矛盾，你能不能处理好，这是考验智慧的。

第二大矛盾是资源分配。怎么分配？是更多地配置给批发市场、购物中心等传统产业形态，还是更多地倾向于电子商务平台等新兴产业形态？我与多个地方的商务部门沟通过，发现多数地方还是热衷于支持建设批发市场、购物中心等，因为短期内肯定能看到，而且相关的法规及政策都是现成的，没有风险。如果支持电子商务平台建设，能不能成功不确定，相关法规政策还在探索中，风险大。这也是考验不同地方政府部门、不同企业管理人员智慧的重要方面。

第三大矛盾是当前利益和长远利益的矛盾。刚才说了，电商产业是一个培育期较长的产业，今天的投入今天基本上赚不了钱，是明天还是后天才能赚钱，看你怎么干，如果你只顾眼前利益，肯定干不成。

能否正确处理上述三大矛盾，是决定一个地方或一个企业未来竞争力的重要方面。

### （二）传统产业转型升级的途径

下一个问题是传统产业转型升级的途径问题。

#### 1. 服务业

我们首先讨论服务业或者商贸流通业。商贸流通业转型升级可以走不同的道路，不是一条道路。第一条道路是自建平台，像今天的苏宁就是走这条道路，走这条道路必须有足够的资金、足够的能力、足够的信心。第二条道路是利用别人的平台把你的货卖出去。如果你有优质的物流配送资源，可以走第三条道路，即放弃商品买卖业务，转型为专业的物流配送企业。第四条道路，如果你有小型店铺，可以积极与电商企业合作，做电商的体验店。转型升级道路可以有多种选择，但是有一点是肯定的，不能同时选两条道路。

#### 2. 生产制造产业

其次讨论制造业。我认为制造业的转型升级途径可以有三条路。第一条是用别人的平台销售你的产品，强化你的专业化生产制造能力，相当于强化你的工业 4.0 模式，把流通环节、采购环节全部社会化。第二条是自建平台，发展定制化产品和服务，把整个产业连接起来。第三条是把卖产品变成卖服务，这对装备制造业而言有一定的可行性。

#### 3. 农业

最后讨论农业。农业和制造业、服务业不一样，不存在消亡的问题。农业的转型升级有两条路，一条路是依托电商平台销售农副产品，强化专业化种植、养殖能力；另一条是自建电商平台，强化产业链的合作能力。

### （三）政府部门的着力点

对政府而言，政府的着力点肯定和企业的着力点不一样，政府的着力点：第一，行政管理体制不可能一天改变，但是要每天变，这就要看当地政府的作为；第二，基础设施建设，这一定是政府主要做的事情，具体建什么，上面已经讲过了；第三，技术支撑体系的建设，包括华大讲堂，都是属于技术支撑的范畴；第四，支持新一代电商平台的建设并支持生产制造企业、农业种养殖业技术改造。

今天我跟大家交流了"互联网+"和电子商务相关的关键点和基本逻辑，希望能让大家有所收获。我今天的演讲到此结束，谢谢大家！

# 互动交流

1. 互联网在推进过程中会遇到哪些难题？哪些产业受益最大？哪些产业在"互联网+"推进的过程中会被淘汰？

听众A：教授您好！我想问一下互联网在推进过程中会遇到哪些难题？

柴跃廷：这个问题很大。互联网推进过程中碰到的难题，如果说得具体一点，就是我刚才说的三大矛盾，那是最根本的难题。

凡是远离互联网的一定会被淘汰，凡是拥抱互联网的不一定会成功，所有行业都会被影响，没有一个行业能够躲到外面去乘凉。

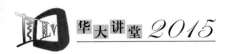

### 2. 推进电子商务应如何保护个人隐私？

**听众 B：** 教授您好！随着电子商务的进程越来越快，个人的隐私安全怎么去保护，或者说要注意一些什么问题？

**柴跃廷：** 这是一个老生常谈的问题，所有接触到互联网、电商的人都担心这个问题，其实我认为这是一个不是问题的问题，也就是说隐私的问题永远是相对的，原始社会都不穿衣服。未来的社会也"不穿衣服"，该暴露的都暴露了，所以说今天强调你的个人隐私是双刃剑，如果过分强调隐私就不能互联，不能互联就会被时代淘汰，过度地暴露隐私可能会牺牲好多利益，所以这是一个相对的东西，靠什么来把握呢？靠我们的感觉来把握，我觉得没有任何标准，什么是隐私？你自己认为是隐私才是隐私，在所有的网站上，我的电话号码、家庭住址都可以查到，我认为这不是我的隐私，但你可能认为那是你的隐私，那就说不清楚了，所以这跟个人的价值观和认知有关，没有绝对的标准，也就不是一个问题。

**主持人曾路：** 现在学术界专门有人研究隐私关注，就是在网络空间中隐私关注对个人消费行为的影响，这本身就是一个很令人纠结的问题。

**柴跃廷：** 非常纠结，而且有一个部分人对网络很排斥的重要理由，老是说网上不安全，我说什么是安全？假如今天没有互联网就安全了吗？也不安全。例如，我爷爷有钱的时候把钱放在我们家缸里面，过两天数一数，他认为安全，因为他不想放到银行里面，说银行不安全，银行还会倒闭呢。我爹有钱以后，他就不把钱放在缸里面，他放在银行，保存存折，现在退休了，一到月底，到银行里面把钱取出来，然后存到他的存折里面，一看 13500 元，OK。但是他不认同我兜里的银行卡，他说那玩意刷一刷，我也看不见，万一刷多了刷少了呢？所以他认为银行卡不安全，存折安全，天天看那个数字高兴。我习惯用银行卡，认为存折不方便，银行卡一刷就好了，这是我们这一代人。"90后"统统不要，在手机上点两下就好，那安全吗？我们现在任何的通话、支付，背后的运营商知道吗？当然知道，安全吗？你要说安全，没有一处是安全的，你要是说不安全，都是安全的。

**3. 如何推进跨境电商？**

**听众 C：**尊敬的柴教授您好！我是泉州本地的电商，我是做鞋服的，我今天是抱着学习的心态向您学习的。我们做电商做了四五年，主要是鞋服方面，在国内电商行业已经是红海，厮杀得眼睛都见红了，基本上没有利润，我们现在想做跨境电商，号称是未来的蓝海，"走出去"才是我们的生存之道，想问柴教授对跨境电商的看法。如果我们本地企业出去闯有没有机会？机会点在哪里？哪些行业比较有优势？对泉州来说可能还是以鞋服为主，谢谢柴教授！

**柴跃廷：**一般来说，国内的电商和国外的电商机会都是均等的，虽然今天我们说建设"一带一路"好像有很好的前景，做跨境电商是一片蓝海，国内电商有了阿里巴巴、京东，没有机会了，就跟刚才讲的道理是一样的，不管你是做国内电商还是国际电商，如果做国际电商跟阿里巴巴的速卖通去拼，和敦煌网去拼，你也拼不过，因为它拼的是流量，你恰恰要去跟人家拼流量那就是死路一条，你为什么不拼个性化定制的能力？不去拼产业链整合的能力？从另外一个途径和另外一个层面去做，这才有可能，这和做国内电商和国外电商没有区别，不要认为国内因为有了阿里巴巴，我们就干脆做国外市场，国外还有阿里巴巴的速卖通、还有亚马逊呢！因此要转换思路，开拓一种新的方式。

### 4. 垂直型 B2C 平台能不能从竞争中突围？

**听众 D：**柴教授您好！我是做传统行业的，我做了大概 20 年，这三年我开始转型做电商，我是做团体定制的，皮鞋、帽子、工装，我想请问柴教授，如果我做一个垂直型 B2C 平台，能不能成功呢？能不能避开淘宝的绞杀？

**柴跃廷：**基本上可以避开，我认为可以做，有可能成功，而且可以做得很大，因为你已经避开了流量竞争，当然你也需要流量，但是你的着力点不是在拼流量多少，而是规模化个性化定制，我觉得这个方向很好。

### 5. 基础信息可信服务平台和电子发票信息管理平台的建设现状及其影响？

**听众 E：**我是做跨境电商的员工，我有一个问题，因为我们公司做跨境电商一直处于摸索状态，刚才您提到了电子商务基础信息设施有三个平台，比如说基础信息可信服务平台、电子发票信息管理平台、跨境电子商务综合服务平台，现在做跨境电子商务综合服务平台的企业挺多。我有三个问题，第一个问题是基础信息可信服务平台和电子发票平台目前全国的现状怎么样，有没有一些企业专门做这一类的平台服务？我知道之前通关服务的平台做得比较多，但可信服务平台或者征信评估服务平台和电子发票做得比较少，想了解一下这两个平台的发展情况。第二个问题是有关电子发票服务平台，在国家层面，是否会开放给民间的社会化企业去做？还是政府会指定某一些企事业单位来做？我想了解这两个问题。最后一个比较关键的，作为整个电子商务来讲，现在电子发票和基础信息可信服务平台对于整个电子商务的影响到底有多大？这样三个问题请教一下柴老师。

**柴跃廷：** 第三个问题，刚才说的基础设施如果好了，对降低电商的运营成本、提高效率有绝对的好处，对政府的宏观决策、对打击网上假冒伪劣都有好处。第二个问题，基础信息可信服务，目前江苏省正在上线，河南省年底上线，目前唯有这两个省开始启动，还没有效果出来。电子发票全国有 12 个城市在做，做得规模最大的是北京，目前效果非常好，北京现在正在召开一年一度的电商大会，今年的亮点之一就是电子发票在北京的应用，其他的地方规模小，效果没看出来。电子发票平台是否是政府指定某一个企业来做，这不可能，现在正在制定准入条件，凡是符合准入条件的任何单位都可以做。

谢谢！

# 张占斌简介

**张占斌**　男，经济学博士，现任国家行政学院经济学教研部主任、新型城镇化研究中心主任，发展经济学学科带头人，博士生导师。2015年国家"四个一批"推荐人选。

兼任中国公共经济研究会常务副会长、中国行政体制研究会副秘书长，中国国际经济交流中心学术委员，国家社会科学基金经济学评审组专家等。

研究领域为政府经济学、发展经济学、公共经济学、政治经济学。主要讲授"统筹城乡发展的政治经济学解析""新型城镇化建设""释放改革红利""中国经济新常态""打造中国经济升级版"等专题课程。主讲课程"新型城镇化与国家变革"获评国家行政学院首届精品课。在省部级领导干部培训班讲授或主持"中国城镇化发展的热点难点问题""中国经济发展的阶段性特征"等专题。

主持完成1项国家社会科学基金重点项目，完成2项国家软科学研究计划项目，参与完成多项中央部委和省级部门委托的重要课题研究。参与完成党中央交办的重点调研课题、国务院办公厅委托课题等多项重要咨询任务。出版《中国式崛起》《改革红利再释放》《解析新型城镇化》《博彩业与政府选择》《股票期权与国有企业激励制度》《省直管县体制改革的实践创新》《统筹城乡经济发展》等10多部学术专著，发表学术论文260多篇。

# 适应经济发展新常态
# 全面建成小康社会
## ——学习十八届五中全会精神

张占斌　　　　2015年11月27日

　　各位领导、各位老师同学大家下午好！今天非常高兴能到"华大讲堂"就党的十八届五中全会精神和大家做一个交流汇报。题目很大，内涵丰富，文件也都印出来了，我要念的话可以念一下午，所以就不能按照文件来念，挑一些重点和大家做一个交流。

　　今天我和大家以《适应经济发展新常态　全

面建成小康社会》为题和大家做一个交流。我准备讲以下三个方面的问题：先是从中国经济新常态说起，然后再讲讲全面建成小康社会决胜阶段的主要指导思想，最后就"十三五"时期经济发展的几个重要问题进行分析。

## 一 十八届五中全会的五大特点

我先对全会的精神作一个总的评价，我认为全会有以下五个特点。

**1. 全会站在全球化国际化高度，把中国的发展放在世界发展大局中把握**

全会提出要把握两个大局、国内国际两种市场。另外强调中国未来要发展更高层次的开放经济，要积极参与全球经济治理和公共产品共享，要增强我国在全球经济治理中的制度性话语权。这些话都是很新的，在这个级别的文件中出现可以说是第一次，表明以习近平总书记为代表的领导集体有很大的政治抱负和胸怀。中国在未来的国际化发展中，不仅仅要当一个跟随者，更希望努力当一个引领者。这是第一个特点。后面还有很多具体的，比如说要积极参加网络领域国际规则的制定，要参加深海的国际规则制定，要参加极地的国际规则制定，要参加空间的国际规则制定。这都是很新的内容，这里面有很多动作，我觉得是把中国摆在了国际化更高更深的层面。大家可能会说党中央过去也说全球化，过去也说国际眼光，但是今天这样深层次的认识，可以说又站在了新的起点上，这一点非常突出。

**2. 把中国的发展放到新常态大背景下通盘考虑**

中国经济进入新常态意味着什么？会给中国带来什么？在新常态

下我们怎么思考、怎么做事情？这需要我们拿出好的方案、方法。五中全会在这个大背景下强调要认识新常态、适应新常态、把握新常态、引领新常态，应当说这也是站在了历史的高度。

**3. 一次性把"创新、协调、绿色、开放、共享"放到了理念的高度**

要问最大的亮点是什么，这五个理念就是最大的亮点，这是我们国家新的发展观。有人说这是中国特色社会主义理论的新发展，未来五年甚至更长时间，这五个重要的概念将频繁出现在中国人民的生活中，从大领导到小领导，从干部到群众，都得服务服从这个大局。

**4. 五中全会要解决未来五年我们国家发展的短板问题**

中国共产党每一届全会要重点解决一个问题，这一次全会重点是解决"十三五"规划问题，到 2020 年要全面建成小康社会，还有一大堆短板问题要解决，还有 7000 万人没有脱贫。习主席说到那个时候要是没有干成这个事，老百姓也不信你，干部也不信你，我们党在群众中就会失去信任，必须把这个事情干成才行。把这个短板补上才行，要让这个桶装更多的水，所以特别强调了要补齐短板，这是最紧迫的问题，要抓紧在这五年之内解决。比如说扶贫问题，要立下军令状，要对干部进行考核。

**5. 国家要集体攻关一些大的科技工程、科学项目，要进行体制机制创新，并出台了重大经济政策**

为完成全面建成小康社会这个庄严的历史使命，特别是考虑到中国未来的长远发展，全会提出我们国家要集体攻关一些大的科技工程、科学项目，组建大的国家实验室，开展国际大科学攻关项目。这对我们今后进一步在国际舞台上争夺科技创新和产业的制高点意义十分重大。另外，为解决目前我们面临的极其困难的问题，比如说生态文明的问题，也出台了一些重大政策，比如说省以下环保监管机构由省垂直管理，这是一个重大的体制改革。针对今年上半年以来中国资本市场出现了剧烈波动，明显感觉到我们的金融监管体制有问题，目前问题还没有完全解决，中央提出要形成新的监管架构。现在有关部门在研究，要改变过去这种分业经营、分业监管的状况，现在是混业经营，分业监管跟不上，这一次股灾差一点酿成灾难性后果，引起了党中央、国务院的高度重视，这是重大的体制性变革。还有一些重大的政策调整，比如说一对夫妇可以生两个孩子，也是针对我们中国老龄化开始加快的情况应对未来经济发展提出的重大政策。

当然还有一些别的特点，但这五个大的方面比较突出，最大的特色就是这五个理念，现在好多人写文章研究这五大理念。这五大理念和新常态都是贯通在一起的，不应该把它看成是天上飘的云彩，愿意看就看一眼，不愿意看就不看，我觉得要和我们的工作、生活、学习息息相关才行，这样我们的国家将来才可能上一个层次，不能按照原来的套路走。

## 二　中国经济发展进入新常态

### （一）"新常态"提出的背景

中国经济发展进入新常态，这是习近平总书记作出的判断，当然这不是他个人的判断，这是以他为代表的党中央作出的判断。作出这样一个判断，究竟是什么意思呢？党内外国内外很多人在跟踪研究，我带着我的团队写了一本书叫《中国经济新常态》，人民出版社出版的，全国第一本解读习近平总书记新常态思想的书。我们对重要概念的推敲、逻辑、体例下了功夫，出版以后反响还可以，中央委员、国务院研究室原主任魏礼群同志在《人民日报》写了推荐文章，人民网连载了这本书的篇章。《经济学研究参考》杂志出版了一个专栏，对这本书进行报道。

在研究新常态这个问题的过程中我们发现，到底什么是新常态，或者说新常态到底长什么样，有一些学者的解读还是挺靠谱的，但是也有一些解读我觉得有一点问题，甚至有一些错误，我们先从经济角度来讲。

比如说有人讲中国经济新常态就是说中国经济现在不行了，中国经济在一路下行。这个观点不正确。为什么说不正确？中国经济没有一路下行，而是到了中高速发展阶段，中高速发展阶段不是一路下行。李克强总理多次表示我们有能力把中国经济稳定在一个合理区间，如果中国经济击穿底线，中央政府要动用各种工具手段，财政手段、货币手段，财政政策、货币政策，把经济稳定在一个区间。稳定在一个区间的目的也是要解决就业问题、民生问题，为了整个社会的稳定。我们潜在的经济增长率也有能力保持这么一个基本情况。所以说一路下行不正确，一路下行从理论上可以一直跌到地面上，甚至可以击穿地面负增长。我们说中高速不是一路下行。

也有人说中国现在产能过剩太严重了，什么东西都卖不出去，这就是新常态。我们说这也不能叫新常态，产能过剩应该叫旧常态，我们通过结构性改革、调整，包括开展国际产能合作，目的就是化解这种产能过剩，所以不能把产能过剩叫做新常态。我们追求的一种新的经济是今后发展的新常态。

还有人说习总书记说不唯 GDP 了，现在 GDP 不重要了，我们可以歇一歇放放水了，有的地方的报告中不提 GDP 了，甚至觉得 GDP 确实不那么重要了，我觉得这也不一定对。习总书记确实是针对一些地方搞黑色 GDP、带血的 GDP 说过，他是反对的，但是他说如果你这个地方能有绿色的 GDP、有创新的 GDP，而且增长速度还能高于中央 7% 的主要目标，中央是要表扬你的。为什么呢？因为中国经济下行的压力还是很大，各地政府也要为中央政府分忧，如果能够在这个问题上增长得好，实实在在没有水分地增长，中央是要表扬的。所以也不能从一个极端变成另外一个极端，GDP 仍然很重要，我们要的是有质量的 GDP、有效率的 GDP、可持续的 GDP。

中国经济进入新常态，就意味着中国经济社会发展到了一个新的阶段。为什么说到了新阶段？为便于大家在比较短的时间内理解，我做了一点梳理供大家参考。

习总书记第一次讲新常态是在两年前的中央经济工作会议上。两年前总书记谈到了新常态，他是怎么谈新常态的？他是由关注增长速度变化这个问题而提出了新常态。他说我们注重处理好经济社会发展各类问题，既防范增长速度滑出底线，又理性对待高速增长转向中高速增长的新常态。这是第一次提新常态，第一次提是跟速度连在一起的，但我们发现之后又不断拓展这个概念，当第一次提了新常态时，可能还不特别成熟，所以中央经济工作会议报告发布的时候，就没有把新常态这个词写进去。老百姓第一次在媒体上看到新常态这个词是在去年，习近平总书记在河南考察的时候说，要从我国经济发展的阶段性特征出发适应新常态，保持战略的平常心态。我们有的干部习惯于高速增长，一放缓以后睡不着觉，习总书记说要保持一个平常心态，适应新常态。当习总书记第一次告诉老百姓适应新常态的时候，他没有说什么叫新常态，老百姓也不知道什么叫新常态，所以理论界学者就开始猜测什么叫新常态。《光明日报》约我写文章，我给它写了一篇叫《从战略全局高度研判中国经济新常态》的文章，对新常态有自己的理解，所以后来我们写了《中国经济新常态》这本书。

　　总书记一开始提新常态的时候没解释，一直到七月份党外人士座谈会上，他还讲适应新常态。总书记第一次公开讲新常态是在去年APEC领导人会议上，出现 APCE 蓝那一次，他说中国经济出现新常态，有机遇、有挑战，有三个特点：一个是速度变化，一个是结构变化，一个是增长动力变化。之后在去年底的中央经济工作会议上，他又讲了四个特点，加了一个发展方式变化特点，习近平总书记的经济思想也在不断完善、不断发展。所以我们学习这个思想也要全面考虑，这一点是很重要的。总书记说认识新常态、适应新常态、引领新常态是当前和今后一个时期我国经济发展的大逻辑，各级领导干部要把这当一个大事情，别不当一回事。

　　我们泉州民营企业非常发达，在国内非常活跃，也是富有创造性开拓性的先行区之一，泉州的很多经验和做法中央也很关注，我们做研究的也很关注。我们调研的时候，有一些民营企业家也跟我说，他说："张教授，现在中国怎么了？现在什么东西都不好卖了，钱也不好挣了，挣点钱投资往哪投也不知道，能不能跟我们说说？"我说："你得认识新常态、适应新常态、引领新常态。""这什么叫新常态呢？"我说："王健林做万达广场你知道吗？他都要拥抱互联网，与时俱进，这就叫适应新常态。"他说："我知道拥抱互联网，但是抱哪？抱大腿还是抱肚子？"我说："抱大腿还是抱肚子你慢慢想，要我说我也说不太清楚，你当年能挣第一桶金，那是自古英雄出少年，但将来你要是不适应形势的变化，你将来有可能挣不到钱，还有一种可能性，你把你原来挣的钱都得交回去。"新常态就和我们有这么密切的关系，你要当个正事来看。

现在我们有一百多个省部级领导干部走丢了，当然各有各的毛病，但是有很多我觉得就没看清楚什么叫新常态，可能跟这个有关系。如果你看不懂新常态的话，还是那样去喝酒，还是那样去工作，没准过一段时间你也进去了，这就是新常态。新常态是挺大一件事情，大家要认真要重视。对企业来讲是生和死的问题，对我们领导干部来讲，是能不能在这个位置上继续往前走的问题，一定要在历史的重大转折时期、变革时期把路看准。

有人说既然你把它说得那么厉害那么重要，你能不能跟我们说习总书记说这句话到底想说什么事，能不能简单点，我们不是搞理论研究的，我们也不是靠你那个东西吃饭的。简单点讲，我的理解是：习总书记想说中国经济社会发展到了一个新阶段。就这一句话。既然到了一个新阶段，就要站在新的历史阶段来思考问题、研究问题、解决问题。

别人跟我说，张教授你凭什么说习总书记提出新常态就是说中国经济社会发展到了新阶段，你怎么看出来的？我怎么没看出来，是不是因为习近平当总书记你才这么说，将来多少年以后再出一个总书记，你说中国经济社会发展又到了一个新阶段，阶段是这么划分的吗？我说不是这样，不是因为习近平做了总书记我们就说到了新阶段，中国共产党最高领导人的调整更迭可能是我们判断一个时代的参考因素，但不是绝对性因素。我们说中国经济社会发展到了新阶段，是有很多重大趋势摆在我们面前，不能视而不见，今天的中国和 30 年前的中国有很大的变化，大家一定要高度重视。

我给大家讲几条带有标志性的特征供大家参考，大家看这样说行不行。

第一，2010 年我国 GDP 总量首次超过日本，成为世界第二大经济体。已是经济大国，但不是经济强国。

中国经济现在是世界第二大经济体，是世界公认的经济大国，200 多种工业产品位居世界第一，外汇储备、贸易总量位居世界第一（见图 1）。我们东部沿海一些大省经济质量、经济增长速度、经济总量超过了中国台湾、欧洲一些中等国家和地区，这在过去是不敢想象的，虽然我们不能骄傲，但是我们说这确实上了一个很大的台阶，为我们党长期执政，并提出道路自信、理论自信、制度自信奠定了很坚实的基础。否则干到今天老百姓没裤子穿，衣服穿不上，没东西吃，你怎么敢讲长期执政，这是在跟国际众多国家赛跑中，我们跑在了比较靠前的位置，上了很大的一个台阶，这一点对中国今后从容地处理

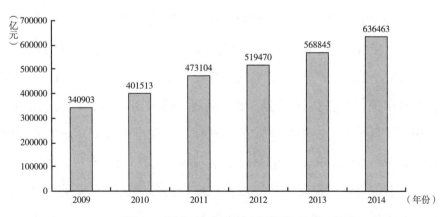

图 1　2009~2014 年中国 GDP 总量

问题非常重要。

当年改革开放之初多么困难，广东省委书记习仲勋向中央请战，要设特区，福建省委书记项南向中央请战，厦门设特区，安徽省委书记万里、四川省委书记赵紫阳、辽宁省委书记任仲夷等都提出要改革要创新，为什么要改革创新？20 世纪 70 年代中国走到历史的十字路口，万里在安徽当省委书记，走遍了淮河两岸，到老百姓家里去，有些老百姓家里家徒四壁，什么也没有，有的农户家十六七岁的女孩蹲在那儿，人进去了也不站起来，走了也不送一下，万里问："这是怎么回事？"陪同的人说："首长别问了，孩子连裤子都没有。"十六七岁的女孩没裤子穿，万里一路走一路感慨，流眼泪，他说我们新中国都成立这么多年了，我们共产党打天下都这么多年了，安徽省农村的贫困程度有些地方甚至还超过了 1949 年前，长期这样贫困下去能行吗？在这样的历史条件下，习仲勋到广东当省委书记，一河之隔就是香港，那边灯红酒绿非常繁荣，我们这边萧条得不得了，我们天天唱社会主义好，五六十年代大量逃港事件发生，香港经济比我们好，怎么回事？还是说明我们在有些方面出了问题。

后来我们找到了改革开放的道路，以经济建设为中心，把中国变成了一个经济大国，不管现在我们 GDP 是不是有问题，毕竟是上了一个大台阶。这一点外国人给予充分肯定，上了台阶以后，他们也不敢小看你中国，过去你去开会，人家还不一定欢迎，现在你要是不去，他就觉得少个人，吃饭的时候还要把你放在主桌位置上，还得给你搁一个桌牌，中国在世界上有这样的地位跟经济总量提高有很大的关系。

总书记说我们要加快从经济大国向经济强国迈进，我说这就是在新常态背景下开启了一个从大国向强国迈进的新征程，这是带有标志性的一件事情。

第二，2014 年我国人均国民总收入超过 7000 美元，处于上中等收入经济体水平，但收入分配差距较大（见表 1）。

表 1　世界银行 2008 年最新的划分标准（人均国民总收入）

| 低收入国家 | 低于 975 美元 |
|---|---|
| 中等偏下收入国家 | 976~3855 美元 |
| 中等偏上收入国家 | 3856~11905 美元 |
| 高收入国家 | 高于 11906 美元 |

我们人均国民总收入超过了 7000 美元，在世界各个经济体中属于中等生，而且是中等生偏上。小青年发牢骚说：我怎么看不出我是中等生，被你们弄成中等生了？他讲得也有一定道理，云南、贵州的大山里面还有很多失学儿童，甘肃、陕西有一些地方喝水都困难，我们搞了多少年母亲水窖，就是宁德地区还有很多贫困的地方，所以从这个角度讲，你就是人均 7000 美元的大国，也是一个总体情况，还有很多不足。但是世界银行不是就为了讨好你中国，给中国搞一套好看的数据，帮助共产党来蒙中国老百姓。世界银行也不挣共产党的钱，它有一套采集数据的体系，大体上它对所有的国家一视同仁，所以我们总体上达到这样一个阶段也是客观事实，毕竟还有马云、李嘉诚、王石这些拥有高额资产的人，平均下来数据也不假。到了这个阶段以后，世界银行和很多研究机构都讲，有一个中等收入陷阱等着你，看你本事大不大，你本事大就跳过去，你本事不大就陷到里面。拉丁美洲国家，有的五六十年前就达到了中等收入水平，至今在里面转，没有一个国家跳过来。所以不管拉丁美洲

国家叫发达国家也是这个原因，它突破不了这个上限，一直在中等里面晃悠。习主席说我们要努力跨过中等收入陷阱，到这个时候我们觉得我们国家要想努力跨过，你的产业要升级，你不能老做衬衫、拖鞋、儿童玩具，要推动经济结构升级，推动社会结构变化，打破社会利益固化格局，增强社会的流动性，让底层老百姓能够看到自己晋升的希望和前途。现在香港特首给习总书记汇报工作，讲香港问题的时候有一点忧虑：就是现在一部分年轻人感到没有前途和希望。他说：我们年轻的时候，虽然香港也不大好，但是我们觉得有希望有机会往上升，现在香港都被垄断财团控制了，所以年轻人就有一些意见，甚至有一些年轻人爆发了朴素的社会主义思想，这成了我们现在面临的很大难题。怎么能让社会有流动性，老百姓能够走到社会顶层，当然也不是所有人都能到顶层，但只要路是通的，大家就会努力去工作。中国到了这个时候，也到了很关键的时期，我们既要为国家进步高兴骄傲，又要保持理性，争取能够在这次考试中及格过关打高分，跨过中等收入陷阱。但现在的社会问题也不少，总书记多次讲话强调了风险性，而且在这次讲话中又一次强调要防范各种风险，特别是很多风险比过去增大，应对难度加大，要有所警惕。

习总书记上来以后有很多招，社会上老百姓比较拥护，部分当官的多少有点紧张，所以社会上出现了很多复杂的情况，这个国家要是不好好整顿，共产党长期执政就是写在文件上，也很难实行。如果你做不好，老百姓将来可能会抛弃你这个党，你要是整顿好了，就会继续往前走。这两年仇官仇富的想法可能不那么严重，早些年非常严重。现在老百姓说：当官的也挺不容易啊，一般人抓，政治局常委也抓，两个军委副主席也抓了，不容易啊，当官的现在要去下海。前些年仇官仇富非常严重，我在行政学院上班打车——有时候限号就打车上班，出租车司机问你去哪儿，我说去国家行政学院，有的人知道拉过去就算了，也不跟你聊，有的就问在哪儿，是什么单位？我说是干部培训单位。出租车司机问不是有一个中央党校，怎么还有你这个单位？我这主要是政府系统的，他问：政府系统都是什么干部？我说：都是厅局长、市长，部长也有，中央企业负责人等。他说：尽是贪官吧？我能顺着他的杆往上爬吗？不可能都是贪官在这学习，因为路途很近，车开几分钟就到了，我说他几句到了就算了。他要是能从这一直从北京开到泉州，我就能从1921年建党跟他讲起，教育他，给他纠正这个错误的思想。出租车司机讲的话，你肯定不能打一百分，但是你给他打零分也不合适，他虽然代表不了最广大的人民群众，但是他毕竟也是老百姓的一员。我还碰到一个出租车司机，我一上车他在调新闻频道，很兴奋，我说你怎么这样高兴呢？他说挺好，我说什么挺好，他说：你看习主席去吃包子去了。我说：习主席吃包子跟你有什么关系？他说：听你的口气好像不太拥护习主席？我说：我拥护习主席，我只是问你为什么这么兴奋这么高兴。他说：你看习主席上来执政没几年就处理了不少贪官，你看哪个人还敢去大吃大喝。我说：人家现在不吃了，没看出来跟你有什么关系啊！人家过去大吃大喝，你是没吃着，现在人家不吃了，你不还是没吃着吗？他说：那不对，过去他们大吃大喝我是真吃不着，现在我吃不着，他们也吃不着了。我反思这些话，可能代表社会中的一种情绪。

　　我们在座的绝大多数是党员，我们加入这个组织，都想让社会上觉得你值得信赖，咱也不是说共产党员都是一百分，都像雷锋、焦裕禄那样才好，不一定能到那个程度。但人家在后面天天指着你说这说

那，我就觉得心里面不是很舒服。我个人对腐败也有一些认识，我还专门研究过这些问题，但是我发现腐败的程度确实超乎了我的想象，不严厉反贪腐是不行的。

央企的领导人也在国家行政学院学习，中石油、中石化、工商银行的一些老总等，有时候碰上我讲课，我也跟他们讲：习主席上来给你们降薪，你们都表示了热烈拥护，是嘴上拥护呢，还是心里拥护？你们要明白习主席不差你这点钱，这点钱算什么，但是中国共产党现在遇到了困难。给你降了一点是要保护你，希望将来你们能长久走下去，你们是共产党的高级干部，共产党员都是特殊材料制成的，你不能道德水平低于老百姓。你既要坐好车，你还要坐头等舱，然后你挣钱还要跟比尔·盖茨一样，这是中国，在中国你要看中国的实际情况。你得好好干，别让人一查工作就查出问题。到了这个严峻的阶段，社会矛盾很多，我们需要高度警惕。

第三，2011 年，我国城镇化率达到 51.27%，城镇常住人口首次超过农村人口。2014 年城镇化率达到 54.77%，但城镇户籍人口仅占 36%（见图 2）。

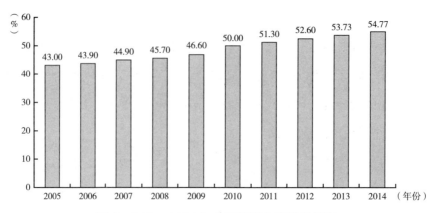

图 2　2005~2014 年中国城镇化率增长情况

城镇化铺天盖地向我们走来，城镇化居功甚伟，我们今天城乡人民生活有这么大的改善，我觉得城镇化贡献很大，但是城镇化里面也是一堆毛病。有一些地方的三、四线城市出现了鬼城、空城，而且泡沫风险不小，去库存的压力很大。有一些地方农民被上楼，问题很严重，不少人到北京上访，全国各地的人到北京去围追堵截，有的甚至跑到美国去告状！这也是在现代化、城镇化快速推进中剧烈的矛盾、剧烈的社会问题，没有解决好。由于城镇化速度太快，我们在重大理论问题的研究上、重大公共政策的准备上，还是很不充分的，但是城镇化不能停滞，它每天都在演进。到去年底，按照国家统计局的数据，我们常住人口城镇化率全国已经达到了54.77%，户籍人口是36%，习总书记讲到2020年的时候，我们的户籍人口要到45%，每年大概有1600万人进城，这是很大的一个任务。

城镇化也要转型，不能简单地卖地，简单地盖楼修路建新城，这些是城镇化，但这只是城镇化中的一两件事，城镇化可能是一个一百件事一千件事的系统工程，别把城镇化看低了，我们现在手里有城镇化这张大牌，甚至是一张王牌，可以带动中国经济成长，推动国家变革，意义极为重大。过去美国人、欧洲人、日本人都有这张牌，他们现在这张牌基本上打出去了，城镇化对美国人、欧洲人、日本人来讲，基本上是昨天、前天、大前天的事情，对我们中国是今天、明天、后天的事情。所以这张牌我们要打好，李克强总理说这对我们在整个国际上进行博弈都是很重要的一张牌。总理特意讲，你跟外国人讲工业化的话，他感到很疑虑，他知道你的工业化搞好了你就不买他的设备了，甚至还想把你的承包设备卖给人家，但是城镇化大量的系统性配套工程是需要国际经验、国际技术的，绿色城市、智慧城市、生态城市、海绵城市等这些城市到底怎么建设和管理，需要进行研究。听说中央要开中央城市工作会议，说明到了关键时期了，中央要把城市问题当成大问题，54%的人在城市里工作、生活和学习，这不分职业，不管是党总书记还是出租车司机，只要半年以上在一个城镇里工作、生活、学习的人，都算成城市人口，这是国家统计局的数据，已经超过了全国的一半人口。我们正处在一个人类历史上一半以上的人在城里工作学习的时代。几千年来，这是历史上第一次，这么大量人口进城会带来什么样的社会后果，社会治理怎么跟得上，天大的难题摆在我们的面前，城镇化一定要把路走好，要走出新意来，才有助于中国今后实现中国梦。这路走通了，就为中国梦奠定了坚实的基础。所以习总书记在中央城镇化会议上专门讲，城镇化是一个历史的发展过程，要在这个问题上有足够的历史耐心，当然也要推动，要让老百姓望得见山、看得见水、记得住乡愁，要慎砍树、不填湖、少拆房，下一步要更多体现人口的城镇化，真正体现人文关怀，城镇化也需要转型升级。

第四，经济发展进入"三期叠加"的特殊阶段，经济风险与矛盾突出。

经济发展到了"三期叠加"的特殊阶段：增速换档期、结构调整阵痛期、前期政策消化期，"三期叠加"。这是习总书记讲的话。他实际上是想说，我们现在面临的经济风险和矛盾比以往更加突出，因为经济速度放缓了，经济高速增长的时候像大海涨潮一样，什么事都掩盖住了，大家都能挣不少钱，都有酒喝。现在经济发展速度一放缓，财政收入大幅度减少，资金流动速度放慢了，很多矛盾就暴露出来，这个风险要高度重视，有一些地方已经出现了一些问题，要给予高度重视。也就是说到了风险特别突出、矛盾容易爆发的阶段，所以习近平总书记讲底线思维，凡事要向最坏的方向想，当然要向最好的方向努力。

第五，国际经济格局正在发生深刻调整，外部经济环境跌宕起伏。

国际环境也不太平，世界正在深刻调整，有人说这是第二次世界大战以来最深的调整。全球经济增长放缓，害得我们国家一些贸易出口大幅度缩水（见图3、图4）。有的企业家说过去我们一船货拉过去，

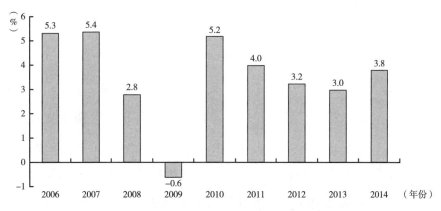

图3　2006~2014年世界经济增长率情况

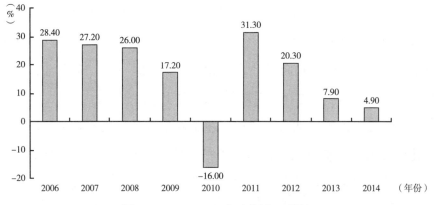

图4　2006~2014年中国出口增速

还能再拉一船货回来，现在有的时候空仓回，有时候到那了，外国人也不按点去卸货，出现了很多新的情况，外国人也有失约的时候。有人也说美国人过去买中国衬衫一打一打地买，现在挑半天买一件，我说挑半天买一件还算不错的，一是美国人也不像以前那么有钱了，二是人家买了你三十多年衬衫了，家里可能都有一百多件衬衫了，还得弄一个屋子专门装你的衬衫，还有你的拖鞋、裤子、儿童玩具，都是中国生产，所以现在买一件也不容易。我们要生产点新的东西让美国人买，要把我们的质量弄上去，生产点新的产品让美国人开开眼，不然难以满足顾客的需求。

大国博弈在深刻加速，美国带着一帮小兄弟正在搞 TTIP、欧美自贸协定谈判、TPP 跨太平洋伙伴关系协议（Trans-Pacific Partnership Agreement，也被称作"经济北约"）的谈判，今年国庆节期间说 TPP 基本谈成了。去年在中央经济工作会议上，总书记讲这个事要是被美国人干成了，WTO 规则就被架空了，我自己琢磨什么叫 WTO 规则架空？那就是中国可能被边缘化。所以我们得想办法，针对美国重返亚太也好，或者是亚洲战略再平衡也好，我们也得出牌，我们搞上海自贸区、福建自贸区、广东自贸区、天津自贸区，也是一种出牌方式，就是要形成可复制可推广的经验，形成更高水平的开放，对冲美国人给我们带来的风险。另外，我们还出了一张牌叫"一带一路"，扩大中国的战略纵深、经济纵深，这样来对冲美国给我们带来的风险。

TPP 我们也可以加入，现在可能条件不具备，也不是说美国刻意不让你加入，是 TPP 门槛太高，我们暂时还迈不过去。一方面和美国人去博弈，另一方面我们自己要加快改革。很多中央企业，过去中央领导人讲躺着就能挣钱，这就是垄断、半垄断，所以我跟央企的领导人讲，将来你躺着就不一定能挣钱了，你得站起来，你得跑起来才行，除了少部分央企承担国家特定功能，你可以这么干，其他企业都应该按市场化的要求到国际市场上去博弈。

我们国内学习了这么多年科学发展观，我发现美国人还没怎么好好学习科学发展观，应该派个人去给奥巴马讲科学发展观，让他也学学，学什么呢？一个13亿中国的崛起，这么大的市场，你美国把中国如果隔在外面的话，对你也是不利的，所以通过不断学习不断博弈，它的价码也稍微降一点，既然是谈判，不能就是你一口价，你也稍微降一点，我这边再往上加一点，这样达到一个平衡状态，慢慢博弈。在这种大的深刻调整、国际博弈面前，中国现在面临很多新的挑战、新的困难，当然也是新的机遇，甚至是最大的机会，要引领全球规则制定的最大机会到来了，所以我们要高度重视这些问题。

### （二）中国经济新常态的趋势性变化

以上从五个方面论证了中国经济发展到一个新阶段，在去年的中央经济工作会议上，习主席从消费需求、投资需求、出口和国际收支、生产能力和产业组织方式、生产要素相对优势、市场竞争特点、资源环境约束、经济风险积累和化解、资源配置方式和宏观调控方式九个方面论证了中国新常态出现的趋势性变化，比我说得详细得多，而且更加具体，因为时间关系不可能给大家展开，挑几个点一点供大家参考。

**1.消费需求：过去我国消费具有明显的模仿型排浪式特征，现在模仿型排浪式消费阶段基本结束，个性化、多样化消费渐成主流**

过去中国人大家都穿一样的衣服，羊群效应，你有我有全都有，明显的排浪式模仿型消费。现在不这样了，个性化、多样化的消费已经成为时代的主流，告诉我们的企业家你盖楼也好，干什么也好，随随便便盖楼，像过去20年前盖的楼，你不一定卖得出去，你得研究市场需求的变化，要紧密贴近市场的变化。30年前你的衬衫好卖，30年后现在不一定好卖了，你得研究市场的变化、群众的需求。

**2. 投资需求：经历了30多年高强度大规模开发建设后，传统产业相对饱和，但基础设施互联互通和一些新技术、新产品、新业态、新商业模式的投资机会大量涌现，对创新投融资方式提出了新要求**

过去投资很容易，办一个钢铁厂，整个房地产公司弄一块地盖楼，办个水泥厂，弄一个小机械制造厂、建材厂、板材厂，过去可以干，现在也到了瓶颈状态了，很多产能过剩、产业饱和。东西卖不出去了，所以需要有一点新的东西，什么新的东西？新的业态、技术、产品、商业模式等等。于是，这几年马云出来了，马化腾出来了，刘强东出来了，一批年轻人出来了，这就是新业态，新的商业模式。马云的阿里巴巴现在不仅在中国是一个帝国级的企业，在世界上也是一个帝国级的企业，俄罗斯人不一定知道我们中央常委，但是知道马云，非洲人到我们行政学院去也知道阿里巴巴。马云这么厉害，当然是马云自己有本事，还有很重要的，一个是马云赶上了互联网时代，再一个是马云生长在伟大的中国——一个巨大的市场，没有这两条，他也照样搞不成。一个市场，一个胸怀，对一个人的成长意义十分重大，你要把马云放在太平洋一个小岛上，我估计搞不出这个东西来，你要是把马云放在秦始皇年代，看他能搞出什么来？马云能走多远，现在我们也不知道，这种技术型创新公司一浪接着一浪，过去像柯达胶卷多牛，现在也不行了。索尼过去也很牛，现在我看也是够呛了，还有好多，包括松下好多公司现在都失去了往日的风采。我们希望马云走得远一点，带动中国经济，为中国经济转型作出贡献，但是不管他走多远，他作为一个时代的标志已经写进历史了。他是新经济的一部分，像电商有很大的替代性，卖一块钱可能有六毛五是替代了实体店，这种势不可挡、爆发性的增长，双十一天猫平台有900多亿元的成交额，世界感到很震惊，美国折腾多少年也没有这么多，中国一年一年飞速增长。

我的女儿还比较小，平常在网上买东西，隔三岔五有人敲门，一打开门，就是马云派人送东西来了，除了衣服裤子鞋子之外，化妆品、方便面、土豆条都在网上买。有时候我一看下一代人就这么一个消费方式，我们还不太习惯，但是世界终归是这代年轻人的，将来到那个时候会是什么样的消费方式，我们也不知道，但是对现有的商店商业模式，包括对网点都提出全方位的挑战，为什么要拥抱互联网？不拥抱互联网，将来就得从帝国中跌落回来，这是剧烈竞争的时代。

3. 出口和国际收支：国际金融危机发生前国际市场空间扩张，出口成为拉动我国经济快速发展的重要动能，现在全球总需求不振，我国低成本比较优势也发生了转化，同时我国出口竞争优势依然存在，高水平引进来、大规模走出去正在同步发生

出口和国际收支也在出现变化，过去这些特区没钱让外商来，甚至给外商创造很多了条件也没办法吸引外商。现在我们中国的资本也在向世界布局，高水平引进来、大规模走出去正在同步发生。去年我们使用外资和对外直接投资基本上是并驾齐驱，中国成为一个净资本输出国，中国什么时候在外国有投资？也就是从我们这个时候开始，

这是几千年未有之变局。有些公司在海外"攻城略地"，大展身手，已经干得很不错了，有机会可以跟外国总统吃饭，达到一个很高的水平。当然有一些企业刚刚开始，还等待援军到来再进一步扩大领地。有的现在也遇到很多困难，不知道水深水浅，被人家套住的也有。所以，如何建立一个支撑对外开放的体制机制，这对我们来讲是很大的一个事情，也需要学习需要研究。

**4. 生产能力和产业组织方式：过去供给不足是长期困扰我们的一个主要矛盾，现在传统产业供给能力大幅超出需求，产业结构必须优化升级，企业兼并重组、生产相对集中不可避免，新兴产业、服务业、小微企业作用更加凸显，生产小型化、智能化、专业化将成为产业组织新特征**

现在很多东西都多了，卖不出去了，你还盖这么多楼干什么？将来很多房地产董事长、总经理，得到王石手下当个部门老总，有的房地产甚至就没了，将来改成干别的，不需要这么多房地产企业了，包括中央企业也不需要这么多了，南北车合并以后达到112家，将来还可能进一步合并，攥成拳头在国际市场上竞争，有人说过南北铁道部分出来，怎么又合并？我说天下大势分久必合合久必分，三国演义说的，你就慢慢琢磨，合了就好，合了有100分，谁说有100分？60分都可以合，根据战略需要，将来到多少年以后，需要我们把南车北车再拆分也有可能，要根据时代的变化需求来研究我们的产业。

今后由于互联网技术、物联网技术的发展，大数据的出现，对企业组织方式也产生了很大的冲击，一说大公司都说像美国花旗银行是大公司，中国工商银行是大公司，中石化是大公司，李嘉诚的大公司，它们是大公司，人也多、车也多、楼也多，全世界都有它们的组织机构，将来我说没准这么一个大楼就我们这几个人就够了，我们就是一家公司，借助互联网就可以指挥全世界，没准也是世界大公司。马云折腾到现在前后折腾了将近 20 年，将来再出现的"马云"，用不了 20 年，没准 10 年就出现另一个马云，甚至 5 年就出现一个马云，速度在加快，这就是时代发生的重大变化，能不变吗？老不变怎么行，你不变人家在变，所以为什么要适应新常态，也是这个道理。

**5. 生产要素相对优势：过去劳动力成本低是最大优势，引进技术和管理就能迅速变成生产力，现在人口老龄化日趋发展，农业富余劳动力减少，要素的规模驱动力减弱，经济增长将更多依靠人力资本质量和技术进步，必须让创新成为驱动发展的新引擎**

中国大地上，现在有很重大的现象变化，劳动力比较优势在逐渐发生变化，什么意思呢？ 2004 年，十几年前，中国的珠三角就出现过短暂的农民工荒，中国的经济学家开始写文章，说刘易斯转折点来了，有的经济学家写文章说不赞成，你怎么凭着这么点现象就说刘易斯转折点到了。经济学家们互相商榷，一讨论就讨论了十几年，现在也不敢说刘易斯转折点覆盖了中国东中西，但至少在东部地区已经非常明显了。刘易斯转折点很重要的含义是讲发展中国家从传统社会到工业社会，从农业社会到工业社会，从二元经济到一元经济的转变过程中，早期阶段劳动力的供给几乎可以用无限两个字来形容，这是你最开始要挣第一桶金的比较优势，但是风水轮流转，到一定程度后出现刘易斯拐点，拐点的后面就是劳动力短缺，再走两步就是严重短缺。到这个时候国家企业一定要想办法改变政策，要是不改变，那就是温水煮青蛙，煮着煮着腿都煮熟了，脑袋想跳的时候，腿动不了了，现在趁着腿还能动抓紧跳。前几年汪洋当广东省委书记的时候搞腾笼换鸟，汪洋提的时候运气不太好，刚提腾笼换鸟亚洲金融危机就来了，笼子腾出来，鸟来不了，有一点紧张，但是思想是对的，方向是对的。广东、福建是我们国家改革开放的前沿阵地，是窗口，它最早看到了世界的风险，它最早发现了前进中的巨大社会问题、经济问题，所以应该最早进行改革，担负起全国改革开放先行区的任务，从这个意义上讲，像泉州、厦门这个地方的责任重大。

刘易斯转折点出现以后，逼着我们很多企业往中西部转移，有的中西部也不一定行，得往越南、非洲转移才行，另外不走的一定要提高自己的能力，转型升级得往高升，提高质量，否则做不下去。为什么是这样？因为在制造业的中高端，现在美国奥巴马提再工业化，德国人提工业4.0，都在争夺世界制高点。越南人、非洲人都在做衬衫。生产要素的优势也在发生变化，现在在非洲找一个好的工人400元人民币就能老老实实在那干活，我们内地大概4000元人民币，4000元人民币还需要加科学发展观教育才行，非洲的400元不需要教育，这个比较优势变了，我们要认识到这种变化的到来，尤其是企业家更要注意到这些问题。

当然，习近平总书记还从市场竞争的特点变化、资源环境的约束、经济风险积累的化解、宏观调控方式等几个方面，论证了中国经济出现的一些趋势性变化，实际上是想说这个国家进入了新阶段，我们要站在一个新的高度，从新境界来思考解决这些问题。

### （三）中国经济新常态的基本特征

新常态有什么特征？有六条特征，前四条基本上是习总书记的原话，后两条是我加进来的，我觉得大概也符合党中央的思想。

**1. 经济增长速度由过去的高速增长转向中高速增长**

这个中高速要维持一段时间，这么大的经济体保持了 30 年高速增长，长期保持高速增长也不正常，现在由于资源约束、环境约束各方面约束，加上规模庞大，适当放缓也符合世界的经济规律。早些年像日本、韩国、德国都有高速增长的历史，后来也在减速，大家对此要有一个平常心，哪能就你这个国家老是两位数增长，人家都是个位数，有的都是负增长，我们要用世界眼光来看待。"十三五"时期，我们GDP 的底线是 6.5%，按照总书记讲的，只要不低于 6.5%，我们就能实现十八大提出的翻一番的目标，城乡人民收入增速底线是 5.8%，只要不低于 5.8%，我们就能实现城乡人民收入翻一番的目标。所以对我们共产党来讲，到 2020 年必须完成这个任务，既然能完成，底线 6.5% 不能突破，最好能够提前完成。

**2. 发展方式由规模速度型粗放增长向质量效益型集约增长转变**

按照我的想法就是由过去的跑马占荒向精耕细作转变，这也是吴敬琏等很多经济学家多年来讲的道理。这对每个企业家都很重要，对我们干部搞管理也是重要的。多少年以前，赵紫阳总理说我们中国能把原子弹弄爆炸了，把人造卫星弄上天去了，怎么解决不好抽水马桶漏水问题？后来有关部门说，总理这个事我们办，经过多少年攻关，抽水马桶今天不漏水了。今天抽水马桶基本上不漏水了，但是马桶盖不行，害得大家又跑到日本去买马桶盖。说明质量还是有问题，供给也是有问题。最近中央提出既要消费加强，还要加强供给管理，从供给的角度提高产品的质量。

### 3. 产业结构由中低端向中高端攀升

就是要勇敢地和美国人、德国人、日本人抢占产业的制高点，用军事语言讲这叫制空权、制海权，这个东西没有的话，将来13亿人的生活估计很艰难。现在还行，是因为30年奋斗有了一个基础，再来30年，将来行不行还不好说，所以产业必须上去才行，要争夺制高点。明年 C919 大飞机试飞，如果试飞成功的话，也可能带动我们国家产业上一个大台阶，我们有了自己的民用飞机，将来在军事上也可以改造成大型运输机、轰炸机都可以，这对国家安全也非常重要。我参加过大飞机公司两个课题，帮助他们研究产业政策怎么改革更好。过去我们自己没有大飞机，在马路上汽车怎么走、人怎么走都有规定文件，飞机怎么走没有文件和规定，所以要加进飞机，帮着做了一些政策研究。自行车百十个零件，摩托车千百个零件，汽车上万个零件，大飞机几十万上百万的零件，这个要搞得成，将来对我们中国制造业将是巨大的提升，所以我们要敢于向中高端发起进攻，这对我们国家的意义很大。现在小青年多数是用苹果手机，有的用三星手机，用国产的也有，但是少，为什么？国产手机不过关，我开玩笑说小青年谈恋爱，昨天发的信息，今天女朋友还没有收到，影响别人谈恋爱。如果手机真的质量过关，没准国产手机也行，现在小米手机还行，华为也在努力，最近360也在做手机，格力也在做手机。竞争到一定程度以后，我们的质量提高了，不用国家号召，不用习主席号召，我们就可以买自己的手机，所以我们要向中高端发起进攻。

### 4. 增长动力由要素驱动、投资驱动向创新驱动转变

要强调创新的重要性,这一点也非常重要(见图5)。

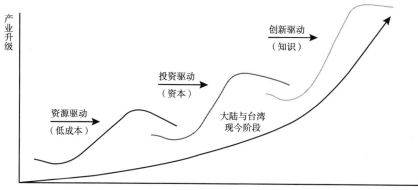

图 5 迈克尔·波特的创新驱动理论

### 5. 资源配置由市场起基础性作用向起决定性作用转变

换句话说,我们就要搞一个好的市场经济、法治的市场经济,不能搞权钱交易的市场经济,过去权钱交易的事情不少,也是因为我们国家在体制机制上还有问题,也害了很多好干部,抓了这么多省部级干部,很多还是很有本事的人,但是无论多大的本事也不能凌驾于制度之上。所以在这些问题上,关键是将来要有一个好的制度。按习主席讲的,治理体系、治理能力的现代化对中国更加重要,所以我们要有好的市场经济,要发挥市场对资源配置的决定性作用,很多企业家不要老是去找市长,应该去找市场,不要都当胡雪岩,到哪都拜码头,做红顶商人。在过去有一些体制机制的制约,没办法,就得当红顶商人,现在要改过来。

### 6. 经济福祉由先富先好型向包容共享型转换

改革开放初期,我们说一部分人先富起来先好起来,邓小平在政

治局会议上大声讲：让广东人民、福建人民先走一步，先富起来，没什么不好，他们挣了钱装到了自己的兜里，装到集体的兜里，没有装到华国锋和我邓小平口袋里。从那个时候开始了改革，从设特区开始改革，蛋糕逐渐做大，蛋糕做大以后，怎么能分好，现在看来也越来越成为时代的课题，怎么能够共享包容，也是我们下一步要追求的长远目标。

新常态有这样六个重要目标，也是"十三五"时期乃至更长时间向前努力的目标。

## 三 "十三五"时期是全面建成小康社会的决胜阶段

### （一）"十三五"时期：指导思想和主要目标

在全会文件中着重强调了"十三五"时期的指导思想和主要目标，在文件里写得非常清楚，如提到了四个全面、发展的第一要务、提高发展质量和效益，特别强调要加快形成引领经济发展新常态的体制机制和发展方式，这是值得我们深思的。

小康社会是我们期待已久的，在建设小康社会的过程中，我们也有一些大的规矩和原则，中央在这个文件中提了六条必须坚持的原则：一是坚持人民主体地位，二是坚持科学发展，三是坚持深化改革，四是坚持依法治国，五是坚持统筹国内国际两个大局，六是坚持党的领导。这些大道理大家一说都懂，在这个文件中也放在很重要的位置，需要我们高度重视。

### （二）坚持创新发展

这里重点强调我们今后全面建成小康社会必须要坚持五个重要理念。第一个理念就是创新。创新非常重要，创新是引领发展的第一动力，而且要用创新贯穿党和国家一切工作，让创新在全社会蔚然成风，要把它摆在党和国家工作发展的全局，放到这样一个重要位置。我自己也在想，把它放在这么高的地位，说明我们过去在创新上是有差距的。我们搞了很多引进，搞了很多盗版光盘，搞了很多山寨版，对知识产权不能说一点保护都没有，但保护得还不是很到位，创新还是不够，所以下一步要尊重知识产权，保护企业家的创造性，保护产权，让企业家有恒产有恒心，这才有利于我们国家往前发展。

我们也注意到今年是世界反法西斯战争胜利70周年，在卢沟桥的抗日战争纪念馆里专门有一个展览，在国家危难之际我们中国军人写给上峰的信、写给父母的信，国家到了危难之际，就必须以自己的死保卫国家，慷慨激昂。当年上海淞沪战役，蒋介石也下了本钱，动用了将近一百万国军，其中还有中央军的人，把家底都搭上去，因为日本想快速推进侵占中国，日军如果快速推进的话，很快就会把中国最富庶的地区全部占完，如果占了以后就会实现日本人讲的以战养战的目的。什么叫以战养战？这个煤矿被他们占领以后，这些煤就变成他们的煤了，变成他们打八路军、国民党的重要资源了，所以为了掩护我们重要的工矿企业转移，包括大学转移，有意识地拉开了淞沪战役，打了几个月。冯玉祥将军讲淞沪战场就是一个绞肉机，一个师的弟兄8000人拉上去，一下午的功夫就得退出战场，战斗力丧失，天上日本人的飞机轮番轰炸，整个队伍都炸没形了，掉胳膊掉腿的到处都是，哀鸿遍野，没有那么多卫生员，很多伤员都救不出来。后来有电视台采访一个老兵，不敢想象那个场景，一想就想哭。那个时候我们用六七个士兵的生命才能消灭一个日本兵，为什么？还是武器不如人、技术不如人，你没有那么多重武器，没有那么多好武器，就得靠人往里填，过去他一个人我十个人，你一个人，我二十个人，我围着你也把你困死。今后的战争不是这样，20世纪海湾战争给中国军人上了一课，过去大家是要多一点武器装备，看到人就打，现在战场上都找不到人，战争的形态发生了变化。所以我们要创新，现在军队高级将领讲，今后的战争形态更加变化，什么更加变化？战争一爆发，没有前方后方之说，你说中南海是后方，广西是前方，没有这种情况，都在各种武器的覆盖之下，战争形态发生了变化，所以我们必须要创新，在全世界各种创新中要担当领先才行，这样才不会被人欺负。

我们对创新的理解有三个层面含义。

一是依靠创新驱动培育经济发展的新动力。创新要为经济发展寻找新动力服务，找到我们新经济的增长点，从房地产、汽车手里接过新的接力棒继续往前跑，这是创新的要义所在。

二是发挥科技创新在全面创新中的引领作用。创新包括很多方面，经济学家熊彼特讲这是一个创造性的破坏过程，当然也包括各种各样的创新，但是核心是科技创新。提高科技含量，不能在价值链的中下游，各行各业都有一个创新的问题，你做服装也有创新，你做拖鞋也需要创新，都需要创新（见图6）。

三是形成一个好的体制有利于创新。完善创新的奖励制度。人家创新了，要表扬，不能因为八项规定该发钱该表扬的也不敢发钱不敢

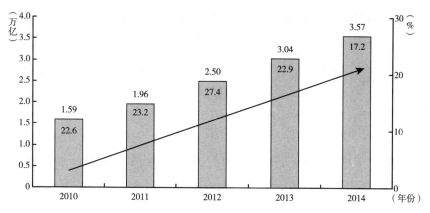

**图6 中关村示范区总收入及增长率**

表扬了，这样也不行。所以我们说八项规定对我们党政干部是有约束力的，大家按这个执行，对企业家要有一套适合企业家创新的发展政策，该鼓励就要鼓励，该创新就要创新，这是很重要的一点。

### （三）坚持协调发展

协调是针对我们区域发展的不协调、城乡不协调等问题提出的。这五个理念从某种意义上讲，都是针对我们过去的功课做得不是很到位提出的，是针对问题提出来的，有很强的针对性。比如说京津冀协调发展，习总书记专门为京津冀三地领导人上了一课，说你们不能只顾眼前的一亩三分地，得有全局观。郭金龙书记听了总书记的话豁然开朗，北京这回知道怎么干了，天津和河北也表态，总书记要求他们有更大的视野和胸怀来干这个事情。

### （四）坚持绿色发展

也是我们强调的一个理念，紧贴着协调之后就是绿色，这是因为我们国家提出了生态文明的概念，而且提出要建设生态文明的美丽中国、美丽福建、美丽厦门、美丽泉州……都要建生态城市、智慧城市，到底是不是真的美丽，这个还不好说。有的地方真的美丽，有的地方不怎么美丽，有的一点都不美丽，水都是黑的，雾霾非常严重，怎么叫美丽。要建设一个美丽中国压力很大，难度也很大，所以要想办法在"十三五"时期促进人与自然的和谐，加快主体功能区建设，产业也要节能降耗，推动绿色生产。包括我们的城镇化，我们盖一栋大楼，修一条马路，要闪烁着生态文明的光芒才行，而且生态文明和绿色发展不仅是政府交代的事情，也不仅是企业的事情，和我们每个人息息相关，我们每位中国人都能够设身处地地在生态文明上做一点工作，节约一滴水，节约一粒粮食，节约一度电，这个国家会有更大的提高。绿色发展显得非常重要，在这个问题上欠账比较多，压力也比较大，所以要拿更多的时间去做这些事情。

## （五）坚持开放发展

开放也作为一大理念写了进来，强调了对外开放格局，提出"一带一路"、港澳台战略，参加国际规则制定等等，讲得都很重要。泉州也是海上丝绸之路、"一带一路"的重要节点。我也注意到网上有一些报道，我们在这方面也做了很多事情，行动也比较快。这也是一个大政策大战略，同时也是一个大机遇大挑战，要把事情办好才行。在这样一个大的时代背景下，习主席有这样大的胸怀志向，党员干部要跟得上才行，所以我们各地方政府党政机关都要把"一带一路"对外开放当一个大事来做，增强我们国家的话语权，在国际舞台上发挥更大的作用，特别是国际规则的制定对我们国家意义十分重大。我们国家过去对规则不太重视，一些规则是别的国家定，我们也不参加，现在经济体量这么大，你不参加能行吗？你不参加他们定规则，将来对我们十分不利，所以下面我们要积极参加国际规则制定，向全球提供公共产品，比如说我们也搞亚洲基础设施投资银行，这就是全球的公共产品。下面我们会干更多的事情，这样在国际上才有话语权，你做多了以后，别的国家也会跟随你，这样慢慢地在国际上的空间也会越来越大。我们要融入国际发展，把我们国家的很多产能产业转移出去。现在哈萨克斯坦的总统跟中国人讲：你们国家产能过剩，你们的钢铁厂、水泥厂正是我需要的，到我们国家来发展吧。所以我们就把这些弄过去，这样慢慢地有一些产业就转移出去了，这对我们下一步的发展非常重要。现在我们的领导人也越来越务实，积极推销我们的核电、高铁。国际上说习近平、李克强是中国的大推销员，说明中国也很务实，铁路换大米，实在不行，铁路换红木也行，实在没钱也可以帮你修，你把港口、机场的股份给我一点也行。

中国海外有五六千万华人华侨，我们是著名的侨乡，这是我们宝贵的人力资源。有好几批人从不同途径走出国门，早些年是在国家困难时期，整个民族处于低潮时期，他们闯南洋走出去，记载着民族的痛苦和历史，现在形势变了，还有很多留学生投资办企业。总之，这都是国家的宝贵财富，出了国的人更爱国，我们有这么多好的人力资源和资本，我们得把它用好，对我们国家意义十分重大。

### （六）坚持共享发展

这主要是讲下一步要把短板补上。比如说公共服务供给、七千万脱贫问题、教育问题、就业问题、收入问题、社会保障问题、健康中国问题、人口问题等都是很大的问题。讲到人口问题要多说一两句，我去年到意大利去访问，意大利的经济学家非常苦恼：中国怎么这么厉害？7% 的经济增长速度持续这么多年，我们就得向你们学习，我们的 GDP 负增长，今年能好一点，今年能到 0 增长就不错了。现在没有消费，不知道什么是新增长，非常苦恼，不光意大利苦恼，希腊也挺苦恼，希腊没钱还债。后来我看了些材料了解到，意大利人口在减少，妇女都不愿意生孩子，即便是意大利总理不断提倡生育，不断增加生育经济补偿和诱人的假期待遇，还是有很多女性不想生育。这个国家的人口在不断减少，将来消费就跟不上去。

## 四 "十三五" 时期经济发展的若干重要问题

下一步，"十三五" 时期有很多有利方面，也有不利的挑战，还是要加把劲。

### （一）紧紧围绕全面建成小康战略目标，保持经济平稳健康增长

首先要稳增长，把经济稳住，稳增长是我们全面建成小康社会最重要的因素。经济增长不稳定，就业可能会出问题，就业出了问题，将来可能会导致社会一些其他的矛盾爆发，会给我们增加更多问

题，所以稳增长非常重要。今年总理刚作完政府工作报告就到东北去了，为什么？辽宁省 GDP 增速倒数第一，倒数第二名是山西，山西是煤炭大省，转型遇到困难。倒数第三名是黑龙江，因为大庆石油减产，对黑龙江的经济带来很大的影响。大庆油田最牛的时候，财政收入占黑龙江省财政收入的 70%，它只要打喷嚏，整个黑龙江都感冒，现在石油储量逐渐减少对经济影响很大。吉林省倒数第四，农业大省种地不挣钱，今年更不挣钱，农民也不挣钱。中央今年也开始研究粮食问题怎么办，那是大问题。近几年，汽车业在减速，房地产业也在减速，东三省出现了这个问题。前两天开东北振兴研讨会，请我去发言，由大连、长春、哈尔滨、沈阳四个市的市长加上东北大学和中国（海南）改革发展研究院联名发起，香港凤凰卫视采访时，我说我是东北人，我希望东北好，东北人为国家多作贡献，东北人活得有尊严。当年共产党抢占东北，十万人入东北，后来林彪带出上百万大军，一线兵团二线兵团首先打赢了辽沈战役，奠定了共产党胜利的最重要基础，然后就开始入关，一举拿下天津，逼迫傅作义北京和平起义，然后接着渡黄河过江解放全中国，一直打到海南岛，为中国的解放东北作出了贡献。新中国成立以后，苏联援助的一些项目，首先也在东北，因为东北解放最早，条件也比较好。当时东北为中国的人才、经济建设也出了力，像宝钢、武钢很多技术工人都是从鞍钢过来的，东北有源源不断的农产品，包括东北的石油、物产为国家也是作了贡献的，计划经济年代东北一直排在前面，但发展市场经济以后东北经济不断走下坡路，现在东北几个省压力也很大。总理去了以后，看了这些数据心里很难受，东北压力也很大，要重新振兴东北。

前两天在开会的时候，国务院发展研究中心的副主任说：十年前就开始东北振兴，现在又开始了，我现在讲话想十年后是不是还要开东北振兴的会？他说我觉得十年以后不需要开了，一种是东北已经振兴了，不存在这个问题了，还有一种就是历史不再给东北机会。所以香港凤凰卫视采访的时候我就讲，东北要敬畏市场，要过市场关。东北要像广东、江浙一带的企业家学习，要很好地尊重市场、敬畏市场、理解市场，才能引领市场。我小的时候在东北吉林，弹棉花、磨刀、修自行车的都是江浙口音，在我小时候的印象中以为这个活就是他们干的，好像有分工似的，国家规定他们干似的，东北人不能干。后来我发现人家也不都是干小事的，人家也有干大事的，卖导弹卖飞机的也有，把工厂盖到美国欧洲的也有，既能当老板也能睡地板。这种拼搏精神，千难万险、千山万水、千辛万苦、千言万语，这是一种境界，是一种精神。东北需要这种精神，尤其在新常态的历史条件下，还得靠这种精神来解决问题。现在东北人口净流出，十年内净流出 180 万，这是非常危险的信号。

我到山东搞第三方评估，山东省的省长郭树清跟我们开座谈会，他说山东现在没这个事，但是担心山东下一步也会出现这个问题，要关注东北现象。我到辽宁以后问辽宁省的领导，包括我去鞍山和丹东两个城市，问他们的市长，确实是人口净流出，现在孩子一考上大学，到北上广、厦门、泉州就不回去了，说毕业就留下了，这地方挺好，山清水秀。你来帮我带孩子吧，父母就跑来给带孩子了，从开始准备怀孕到孩子上学，这中间有十年八年，基本上消费都在外地了。有的老年人也喜欢选择像厦门、三亚等这些环境优美温暖的城市住，在三亚买房子的黑龙江人有三四十万。

## （二）紧紧围绕推动经济结构优化升级，迈向中高端水平

各国三次产业对经济增长的贡献情况见表2。

**表2　三次产业对国内生产总值增长的贡献率**

单位：%

|  | 第一产业 | 第二产业 | 第三产业 |
|---|---|---|---|
| 中　国 | 4.6 | 51.6 | 43.7 |
| 印　度 | 6.2 | 14.5 | 79.3 |
| 南　非 | 0.6 | 15.8 | 83.5 |
| 美　国 | −1.4 | 37.3 | 64.1 |
| 日　本 | −2.1 | — | 68.9 |
| 德　国 | −0.1 | — | 62.0 |

数据来源：《国际统计年鉴》，2013。

现在我们先稳增长，稳住了增长，才能稳定住全面实现小康社会的重要目标。首先要把消费放在更加重要的位置上，包括养老、家政、健康消费、旅游消费、信息消费、住房消费、教育文化消费等等。除了消费以外，总理说还要通过政府的定向调控，棚户区改造、铁路建设、城市地下管网改造以及战略储备库、基础设施的网络工程来顶住经济下行压力，既要GDP又要长远考虑，总理说这叫定向调控，不搞大水漫灌，搞滴灌喷灌。稳住了经济以后，我们就要实现经济结构的优化改革，推动经济向中高端转变，各个地区各个企业都要有这么一个历史转折，在"十三五"时期是我们国家经济结构调整最困难的时期，也是最坚决要推进的时期，这五年搞不过去的话，将来我估计国家会很困难，所以现在调整经济结构，打造中国经济升级版很关键是要过这一关。现在李克强总理多次强调"大众创业、万众创新"，鼓励

年轻人创业创新，教育部也出台文件支持大学生创业，各行各业都在研究。不是说大家都去创业就都能成功，但是创业的人多了，形成一种氛围，就可能会出现新的马云、新的马化腾、新的柳传志等等，所以总理很看重这方面。

中关村过去有图书一条街，我经常在那里买书，叫图书城，一开始生意很红火，李先念主席给它题字"海淀图书城"，后来卖着卖着没有人买书了，人们现在都不买书看了，都喜欢在网上看书。后来说这样不行，就改成了中关村创业大街，一大帮年轻人讲众筹、讲创新，这氛围的确很好，年轻人去干实业，研究这些东西，创新的文化在蔓延，我觉得对国家长远发展意义很大。年轻人确实是产生新思想的群体，容易出现新的东西，对年轻人有更多的政策，总理多次开国务院常务会，多次讲在税收金融上给予这些创业的人更多的支持。有的央企领导人跟我说：好像总理一天到晚讲"大众创业、万众创新"，好像我们就不重要了。我说总理从来没说你们不重要，你们也在"大众创业、万众创新"里面，你们也是其中一员，只是更多强调中小企业、小微企业成长，解决更多的就业问题，总理很关心这个东西。总理说去年经济能顶住经济下行压力完成 7.4% 的增长速度，多亏了"大众创业、万众创新"，而且对工商登记注册上市制度改革降低门槛，一直给予很好的评价，小微企业登记注册出现井喷式增长，虽然这里面有生有死，但是创业的人多了，将来会出现更多的创业人物，这一点要高度重视。

人类工业革命从工业 1.0 到工业 4.0 历程见图 7。

国家制定了《中国制造 2025》，这跟泉州的关系重大。刚才跟宣传部长讲，我们有全国最早的"泉州 2025"，这就是和美国人、日本

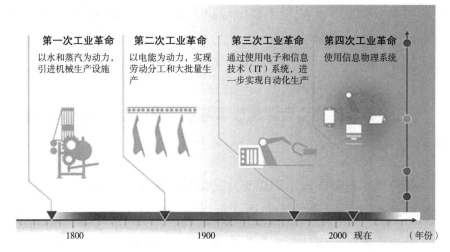

**图7　从工业1.0到工业4.0**

资料来源：《人民日报》2014年8月8日。

人、德国人争夺世界制高点的战略，希望这能变成现实，对我们中国意义十分重大，所以我们要培育好我们的战略新兴产业，包括"互联网+"。李克强总理对"互联网+"很看重，什么都可以"加"，实际上也不是说一触网就行，有的企业家说一"加"互联网就能挣钱吗？我说"加"互联网不一定挣钱，但是不"加"互联网更不能挣钱，是用互联网的思维方式、精神境界来研究怎么创新的问题。

在发展产业的时候要特别注重现代服务业的发展，现在服务业的产值已经超过了工业产值，预示着国家的产业结构在向好的方向转变。中国经济现在出现了分化，有一些方面非常困难，钢铁、煤炭、有色金属、制造业、航运非常困难，但是电商、物流、高端制造业、机器人、高端医药等有一些发展速度非常快非常好，所以既有很不好的数据，也有很好的数据，经济数据出现了分化现象，对不好的数据我们不能掉以轻心，要通过改造、升级来逐渐解决。另外，有好的数据要继续扩大项目，预示着我们国家经济结构调整向好的方向发展。毛主席说"星星之火，可以燎原"，所以这一方面需要我们高度重视。

**（三）紧紧围绕全面深化改革基本方向，增强经济发展的内生动力**

在建议中有很多改革的思想，但是没有单独拿出来写，但改革仍然很重要。"十三五"时期政府改革要简政放权，放管结合，优化服务，是李克强总理讲的当头炮先头旗，还要继续抓好，抓好这件事情可以更好地降低行政成本，提高效率，减少腐败，建设一个现代的服务型政府。国有企业改革、财税改革、金融改革都要提速，而且都要出现重大进展，才有可能形成重大突破，带动其他方面的改革。比如说财税改革，现在到了要紧时期，现在经济面临下行压力，有一些地方财政收入减了很多，山西有一些地方跟我说，公务员有的发工资都变得困难了，已经到了这地步，要引起高度重视。财税体制不改革，将来地方政府也有可能有开不开门的时候，美国奥巴马政府有的不开门，旅游不给盖章，结婚不给盖章，为什么？政府没钱了，不开门了，所以政府过多地依赖土地财政的情况将来要慢慢改变。

马凯副总理原来是我们的院长，我曾经参加他的一些讲话稿起草、材料整理，他跟我们讲：你讲课的时候跟市长提个建议，别总是卖地卖地，要给子孙后代留一点地，给下一任市长留一点地。有的市长也是朋友，跟我开玩笑说：张老师你说得对，我都懂这些道理，不过你是没当市长，你要是当市长了，你照样卖地。这说明体制机制还有好多问题需要研究解决，不解决可能还有问题难以继续。改革既可能是轰轰烈烈，也可能是润物细无声。

习总书记执政后发了八项规定，现在大吃大喝之风刹住了不少，文件也减少了一些，有一些改革虽然很小，但是稍微改一改对国家社会长远发展的意义也很大。国家处于一个极其特殊的历史时期、关键时期，我相信国家将来长远发展会越来越好，国家好大家才能好，从历史上看，民族历史上一定是这样。中央电视台有一个广告，大家好才是真的好，所以我希望把这句话送给大家，也送给泉州的领导和华侨大学的各位师长、学生，谢谢大家！

# 互动交流

**1. 绿色发展理念是否为黑龙江发展绿色农业提供了契机？**

**微博网友提问：**

张教授您好！我们工作人员下午在做微博的图文转播，有很多的网友参与了互动，有一个东北网友提了一个问题，我就转述他的问题，请您来帮忙解答一下：请问张教授，"十三五"提出的绿色发展理念是否为黑龙江省农垦系统（北大荒集团）发展绿色农业、巩固国家大粮仓提供了强大的动力和契机，谢谢！

**张占斌：**

这是一个非常重要的问题，在网友提问题的同时已经部分解答了这个问题。绿色发展的理念对全国都重要，对他们这个地方更重要，因为这个绿色发展对北大荒的粮仓建设、农垦系统都有很重要的意义，这里面一定会有一些实实在在的政策落地，这样结合实实在在的政策，有助于企业进一步发展，有助于区域的进一步发展。

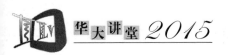
**2.2020 年达成全面建成小康社会目标的可能性有多大?**

**听众 A:**

张教授您好!我是华大法学院一名大二的学生,听了您的讲话我有一个问题想问您,现在是 2015 年已经接近 2016 年了,距离 2020 年有五年的时间,在这个时期我们遇到的问题还非常多,任务还是非常艰巨,对于全面建成小康社会这个目标,对于您个人而言,您有信心吗?就这个目标达成的可能性有多大?

**张占斌:**

这也是一个非常好的问题,首先我跟你表态,我对到 2020 年全面建成小康社会是有信心的。在有信心的同时也有一些担心,因为现在是写在文件上,未来五年是我们抓紧把写在文件上的全面建成小康社会,变成铺在中国大地上的全面建成的小康社会,还需要全党进一步去努力。习总书记也表示了全面建成小康社会的决心和信心,但要求我们全党要深刻认识到这个问题的挑战性,要把各个方面都建设得说得过去才行。全面建成小康社会不仅仅是 GDP 翻一番,不仅仅是人均收入翻一番,还包括政治建设、文化建设、社会建设和生态文明几个方面,所以全面小康是全面的发展,是五位一体的发展,而不仅仅是体现在经济数据上,但经济数据也是一个基础,也需要完成。哪一件事情做起来都不是很简单的,从这个意义上讲确实有难度有挑战,但是在决定的建议中最后一部分讲,在我们党的领导下,我们有能力把全面小康这件事情办成。实现这样一个宏伟目标,完成我们党第一个百年奋斗目标,这就为第二个百年奋斗目标创造了条件、奠定了基础,也凝聚了我们往第二个百年目标奋斗的决心和意志。所以对于你提的问题,简单来说就是有信心,大家要努力,中央要努力,地方也要努力,泉州市委市政府的干部要努力，我们华大也要努力。

**3. 如何促使中国资本市场安全健康繁荣发展？高层是否有对策？**

**听众 B：**

张教授您好！我是华大金融专业的学生，我想问您一个关于中国资本市场的问题，在中国进入经济新常态的时候，如何能够促使中国资本市场安全健康繁荣发展？高层是否有这样的方针、制度、思路和方案去解决中国资本市场的前途问题？

**张占斌：**

谢谢你提出的问题，这也是很重要的问题。在"十三五"的建议中，实际上也讲到了资本市场健康发展的问题，而且针对我们资本市场出现的一些波动，或者叫剧烈的波动，中央敏锐地意识到我们现在的监管体制漏洞比较多，下一步要改革我们的监管体制，要实行大的监管体制，从这个意义上，如果能够把这个大的监管体制建立起来搞好，也是对稳定资本市场很重要的一件事情。除此之外，要建设一个好的资本市场、健康的资本市场，还要把资本市场的各个层次、各种功能建立起来，比如说我们现在有一些资本市场某些方面不发达、不完善，比如说债券市场这方面将来有很大的进一步发展的余地，资产的证券化可以进一步推行，这些领域逐渐完善逐渐发展，对完善多层次的资本市场意义十分重大。另外，我们说在管控资本风险的同时，我们要培养一大批优秀的人才参与这方面的建设，对一个国家来讲意义十分重大，所以我们华侨大学也担负着这样重要的使命，将来也要为国家培养一些对资本市场、金融市场能看得准、懂操作又务实的人才，对国家的意义十分重大。因为中国现在加入了全球化，资本没有完全跟国际对接，但是也有一些管道是对接的，如果一旦在哪些领域出现重大失误，也有可能把自己辛辛苦苦挣的钱，不知道弄到谁的兜里去了，所以一定要用高水平的人才、高水平的队伍来监管建设这个领域，才能把资本市场建设得更好。从另一个角度来看，一个强大的中国需要一个强大的资本市场来支撑，下一步怎么建好资本市场对我们国家意义十分重大，在资本市场强大的过程中，中国人民也要随着资本市场的发展而强大，中国人民能分享到资本市场进一步发展的红利，这才能建设一个好的资本市场。如果所有的投资者都是血本无归，这也不是一个好的资本市场，不是一个强大的资本市场。今后资本市场会有很多需要不断完善的东西，当然现在已经做了不少年，已经奠定了基础性的制度，但还要进一步不断完善，因为现在资本市场更加复杂，所以我们的规矩和制度要更加严厉，我们要 24 小时睁大眼睛盯着，才能把这件事情干好。你提出这个问题，希望将来你能为中国的资本市场健康发展做出你的努力，谢谢！

# 龚维斌简介

**龚维斌**　国家行政学院二级岗教授，应急管理学科带头人，博士生导师，社会学博士。现任国家行政学院应急管理培训中心（中欧应急管理学院）主任（院长）、应急管理教研部主任、国家行政学院社会治理研究中心主任。

兼任中国应急管理学会副会长、中国社会学会特邀常务理事、中国行政体制改革研究会常务理事、中共党史学会社会建设与生态文明史研究专业委员会副会长、国家社会科学基金项目评审组成员等。

研究领域为应急管理、社会阶层、社会治理、社会政策。主要讲授"我国应急管理的形势与任务""有效应对突发事件""创新社会管理体制""提高社会管理科学化水平""建立科学有效的社会治理体制""社会转型发展与社会和谐稳定"等课程。在省部级领导干部培训班讲授"社会转型与社会治理创新""我国社会结构变迁与社会保障体系建设""案例教学：科学规划保障房建设，促进社区可持续发展"等。

出版《社会发展与制度选择》《公共危机管理》《社会管理与社会建设》《劳动力外出就业与农村社会变迁》等学术著作，在国内重要期刊发表论文100余篇。

# 健全公共安全体系 加强应急管理工作

龚维斌 　　　2015年12月25日

　　非常高兴也非常荣幸第二次来到华侨大学做讲座，第一次来被聘为华侨大学兼职教授，这一次算是履行兼职教授的职责，过去三年来因为有这个名分所以跟华侨大学联系更加紧密了，确实也为华侨大学推荐过一些讲座的专家，做过一些事情。今天应华侨大学的邀请，给大家汇报一下这两年我对公共安全体系和应急管理学习研究的一些心得。

今天讲这个题目我认为是恰逢其时。我刚才跟校长讲，幸亏我是前天晚上过来的，如果是今天或者昨天，是不是能够如期到达都不好说，我来的时候北京刚刚解除重度空气污染红色预警，从昨天晚上开始又进入橙色社会安全预警，因为圣诞前夜很多场所人员密集，今天又是大雾，好多航班取消或者延误。现在公共安全特别重要，上一周震惊全国的滑坡事件，昨天我还讲山体滑坡，那里没有山，就是泥石流，也不能算泥石流，是泥浆，淤泥堆积的场所堆土滑坡，最后的伤亡人数还没有统计出来，大概有 70 人。有老师昨天晚上给我发微信，我们有两个老师在前线，今天要回来，基本上已经进入尾声了，非常惨烈。再往前推一点，今年 8 月 12 日先后发生两起重特大事件和事故，8 月 12 日早晨在陕西山阳县发生特大山体滑坡，60 多人瞬间被埋压，没有生还。8 月 12 日晚上，天津滨海新区一声巨响，发生了巨大的灾难，160 多人死亡，8 人失踪。再往前一点，今年 6 月 1 日东方之星客轮在长江内河沉没，两小时以后才被发现，船上 454 人，只有 12 人生还，死亡 442 人，这也是近年发生的最惨烈的一件事情。这些安全生产事故、环境灾难，包括社会安全事件，表明公共安全和应急管理形势十分严峻。

在正式讲课前简单地把概念梳理一下，什么是应急管理？我们讲的应急管理是一个大概念，是针对四大类突发事件而言的：第一类是自然灾害，包括山体滑坡、泥石流、台风、地震、海啸、雨雪冰冻灾害等；第二类是事故灾难，刚才讲的就有事故灾难，天津"8·12"事件就是事故灾难，前几天深圳的滑坡也属于事故灾难，有人为的因素在里面，下雨只是诱导因素；第三类是公共卫生事件，最典型的就是 2003 年的 SARS，这几年发生的禽流感也是，还有食品药品安全事件；

第四类是社会安全事件，如群体性聚集事件、反恐维稳等，属于社会安全事件。对于四大类突发事件，从预防准备、监测预警、处置救援到恢复重建四个阶段，实行全方位、全过程管理就是应急管理。从字面上来讲，应急管理是针对紧急和危急状态的处置应对，但是，从四个阶段来看，预防准备、恢复重建阶段已经进入常态，不是紧急的状态。所以，应急管理是用一个"小词"讲了一个大概念。准确地讲，现在的定义包含了两个层面的含义，即公共安全和应急管理两个层面。应急管理要做四个阶段的事，根据事件发生的规律，事前做预防准备，事发时监测预警，事中做处置救援，事后要恢复重建。这就是我们今天所讲的应急管理概念（见图1）。

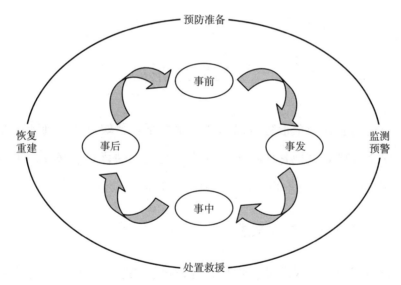

**图1　应急管理的四个阶段**

有人类社会就有应急管理，中国人过去对自然灾害的应对非常有经验，比如说大禹治水，但是把应急管理作为一门科学，作为一项重大的国家任务，走法制化、科学化、规范化的道路是什么时候？2003

年"非典"以后，这项工作才走向科学化、规范化、法制化的道路。所以，现在的应急管理前面应该加两个字"现代"，我国的现代应急管理起步于 2003 年"非典"。

根据这样的理解，接下来的两个小时我准备给各位讲三个方面的内容：第一是讲公共安全形势，第二是应对公共安全形势存在的问题，第三是下一步特别是"十三五"时期公共安全体系建设和应急管理工作应该从哪几方面入手去抓。三个大问题中重点是讲最后一个问题——"任务"，前面两个问题大概用半个小时给大家做一些铺垫，让大家了解形势和问题，进一步增强做好应急管理工作的紧迫感和责任感。增强意识以后，最重要的是要知道怎么办，所以用一个半小时左右讲"怎么办"。

# 一 公共安全形势

现在的公共安全形势可以用四个字概括：严峻复杂。判断现在的公共安全形势应该把它放在中国现代化发展大的背景下来看，中国现代化发展到今天，既取得了巨大的成就，也面临着巨大的挑战。

## （一）"五化"深入推进

我们正处于高风险期。现代化越发展，风险因素越多。为什么高风险？因为中国现代化发展和发达国家走了一条不太一样的路，我们叫"五化"同步深入推进。发达国家从传统社会向现代社会、从农业社会向工业社会、从乡村社会到城市社会的转型用了 200 年的时间，我们主要是在 1978 年以后改革开放这 30 多年的时间里，工业化、城镇化、市场化、信息化、国际化"五化"同步推进，别的国家是渐次往前推进，我们是同步推进。人家在较长时间里渐次出现的问题，我们在一个压缩的时空里集中表现出来。因此，我们转型发展比发达国家面临的风险、问题、挑战多得多，这是不以人的意志为转移的，这是中国现在的发展方位所决定的。去年中央专门成立了国家安全委员会，总书记在会议上讲，"当前我国面临对外维护国家主权、安全、发展利益，对内维护政治安全和社会稳定的双重压力，各种可以预见和难以预见的风险因素明显增多"。

### （二）突发事故频繁发生

我们今天是讲公共安全，包括在国家安全这个概念里面，没有那么大，主要是面对四大类突发事件。特别是近两年来我们的经济发展进入了新常态，面临的风险挑战更多一些。具体来讲，就是四大类突发事件频繁发生。

#### 1. 大灾多发、多灾并发

大家看自然灾害，我们国家是大灾多发、多灾并发。我们国家地域辽阔。我前天来的时候穿着厚厚的棉袄，一下飞机就赶紧脱，今天晚上回去又要一件一件地加。北方冰天雪地，南方烈日炎炎，气候条件差异很大。中国是世界上自然灾害种类分布最广的国家，种类多、分布广，造成的危害大。举个例子，20世纪世界上1/3的地震发生在中国，一次死亡20万人以上的地震两次都发生在中国。最近的一次是唐山大地震，1976年，将近40年前，死了24万多人；还有一次是1920年宁夏海原大地震，死了28万多人。新世纪以来已经先后发生汶川地震、玉树地震、芦山地震、云南鲁甸地震、新疆地震，昨天有地方发生了 4 级以上的小地震。随着工业化、城镇化快速推进，天灾造成的危害和人祸加在一起，如 2012 年 7 月 21 日北京遭遇了一场大暴雨，由于城市排水系统不畅，淹死 70 多人。这在过去不可想象，城市里会淹死人，天灾和人祸交织在一起，这是城市化带来的问题。

### 2. 重特大事故灾难时有发生

刚才已经列举了今年发生的多起重特大事故，其实近年来这方面的案例很多。比如说，2013 年 11 月 22 日青岛黄岛油气管道爆炸弹死了 60 多人，暴露出企业安全生产责任制不落实，风险意识比较薄弱，政府应急管理能力存在欠缺，暴露出了城市规划、建设、管理中的不合理。下面的管道太乱，也暴露出我们的城市管道进入了老化期，十年前投资建设，现在很多管道锈迹斑斑，漏油漏气，要全面整修。这个事件在安全生产领域是标志性的事故。去年江苏昆山中荣金属制品有限公司发生粉尘爆炸，265 名当班工人事发的时候正在外面抬东西，按照事故发生后 30 日报告，共有 97 人死亡、163 人受伤，只有 5 名工人幸免于难。

### 3. 公共卫生事件防控难度增大

公共卫生方面现在最大的挑战是防控难度加大，输入性病毒随人员往来频繁风险加大。全世界 30 种新发病毒一半以上在中国有发现，如非洲猪瘟、非洲登革热、恶性疟疾。这两年非洲的埃博拉病毒，今年中东的呼吸综合征（MERS），虽然在中国没有发现，但给我们的防控造成很大压力，我们投入了大量人力物力。国内大量的人员流动，防疫防控难度加大。食品安全面临巨大挑战，一个重要原因是存在大量的流动商户和小食品加工作坊。

### 4. 社会安全面临新的挑战

第一类是传统的社会矛盾，如征地拆迁、劳资纠纷、医患纠纷、教育领域纠纷，特别是在经济下行压力下，这几年涉众型经济纠纷、非法集资事件较多。今年9月份昆明泛亚金属交易所资金链断裂，涉及20多个省份几十万人、400多亿元，有1000多人跑到北京去上访，这类社会事件处理起来很难。我今年调研了几个省，有一些政法委书记说征地拆迁、劳资纠纷现在处理有一些办法，但对这类事情没有更多好的办法，法院还不能轻易地去判定，判了以后老百姓还对你不依不饶，这里面难度很大。

第二类是恐怖袭击，不仅仅是边疆地区压力大，现在有向内地扩散的危险。2013年10月28日北京天安门前金水桥发生袭击事件，去年3月1日昆明发生恐怖袭击事件。

第三类是涉外事件，这是现在的一个短板。华侨大学应该关注这类事情。国家"十三五"规划关于应急管理体系的一个重点就是如何加强涉外安全体系建设，我国去年有超过1亿人出去学习、务工、经商、办企业、旅游观光、走亲访友，这些人和企业利益需要保护。这是一个很大的挑战。2011年利比亚战事起来的时候，我们用了很短的时间撤回三万多同胞，这是社会主义可以集中力量办大事一个非常生动有力的体现。但是，我们很多企业利益没有得到很好保护。去年中资企业从越南撤回三千多人，今后我们要推动"一带一路"战略大力走出去，这些类似的问题会越来越多。

## （三）应急管理难度加大

### 1. 突发事件具有新的特点

另外，事件处理的难度越来越大，因为这些事件有了新特点，频率高、扩散快、危害大、关联转化。首先是发生得多了，频率高了。恩格斯曾经讲过，人类不要陶醉在对自然界的胜利之中，因为你向自然界前进一步，自然界就有可能报复你一次。很多事故灾难是因为我们改造自然带来的，人为的和自然的交织在一起。另外一个就是信息传播太快，原来在一个小角落里发生的事情就在角落里，别的地方不知道，现在瞒不住了。还有一个重要特点，它的关联性、转化性特别强，四大类突发事件中，现在很少有一类突发事件是孤立的，一般都是相互转化的。比如说地震，地震自然灾害是不可抗拒的力量，但在抗震救灾中发现学校的房子怎么倒了，你这个房子怎么不倒。举一个最极端的例子，比如说 2011 年 3 月 11 日日本福岛核电站泄漏，是地震引发的，发生了 9.1 级地震，从来没有预见过，汶川地震是 8.7 级，它比汶川地震还高很多，引发大海啸，这是自然灾害。但因核电站管理不善，自然灾害造成核事故，是安全生产事故，核辐射对人的身体有影响，变成了公共卫生事件，抗震救灾不力变成社会安全事件，首相菅直人下台，这是政治事件。四大类突发事件渐次发生，相互关联、相互转化。国内还有很多这样的例子，不要以为这个事件是孤立的，往往是相互关联的。

### 2. 公众对突发事件处置的要求越来越高

另外就是老百姓现在生产能力强了，生活水平高了，对自己的生命质量、生活质量要求更高了。过去有一些人员伤亡没有受到那么多关注，现在不一样了。

### 3. 新兴媒体对突发事件的处置形成冲击

新媒体对突发事件处置形成强大的冲击。8 月 12 日天津滨海新区危化品爆炸，谁最先报道这个事情？我们做过研究，既不是体制内的新华社、中央电视台和《人民日报》，也不是市场化的《新京报》和《财新》等媒体。谁报道的？附近的农民工，他们一看到起火，拿着手机就拍照，马上上网，农民工秒拍不需要文字，有图片有视频，有图有真相。住在附近酒店的外国人看到火光，马上拍照上网。你挡不住，删不掉，这对党和政府的应急管理能力提出了新的更高要求。我们可以把形势估计得严峻一点、艰巨复杂一点。

# 二　应对公共安全形势存在的问题

我们应对这种突发事件的能力水平怎么样？客观地讲，过去十几年，从2003年开始，我们国家系统地开展了公共安全体系和应急管理工作，取得了很大的成就。这个成就不容否定，如果说没有现在这个应急管理体系，各级领导干部对这种事情的重视、水平的提高、能力的提高，这些年发生这么多特大灾难灾害事故不可能这么有力有序地处置，但是与发达国家相比，与人民群众的期待相比，还有很多问题。我简要地点几个。

第一，缺乏风险防范意识。现在已经进入了高风险时代，政府官员、领导干部过去都忙于招商引资发展经济，对应急管理重视不够。现在在坚持以经济建设为中心发展招商引资的时候，还要注意安全发展。十八届五中全会讲创新发展、协调发展、绿色发展、开放发展、共享发展，最后还讲了一个安全发展，五大发展观要有安全作保障。安全理念、风险防范意识在一些领导干部脑子里还没有牢固树立起来，比如说一年前上海黄浦区发生的外滩踩踏事件，应该说当地干部有一定的风险意识，12月30日作出决定说今年的灯光秀不搞了，但是预警发布不完善，发布的范围和手段很有限，风险的预防准备工作做得不到位。当天晚上从 8 点多钟开始，上海市公安局指挥中心通过监测已经发现有十几万人往那个地方去，通知黄浦区领导——副区长兼公安局长，说有很多人往那个地方去了，要注意一下，他说不要紧，提醒了三四次，最后还说要不要增加警力、要不要进行交通管制，11 点多最后一次提醒他，他说不需要，很果断地说不需要，11 分钟之后踩踏发生，36 个鲜活的生命死亡，主要是大学生。你再想一想，十年前 2004 年 2 月 5 日首都北京密云县正月十五闹元宵发生彩虹桥踩踏事件，死了 37 人，十年以后惊人地相似，重大活动都是节点，一个死了 37 人，一个死了 36 人，没有进步。8 月 12 日滨海新区爆炸，我们研究这个事，后来又有专家跟我讲，22 年前 1993 年深圳市清水河危化品仓库爆炸跟滨海新区爆炸如出一辙，死了 15 人，包括多名消防官兵。1993 年时深圳城市人口不是很多，所以伤亡小一些。22 年以后，血的教训重演，没有太大进步。上个月举办全国省部级领导干部重特大安全事故预防处置和舆论引导班，我们重点研讨 "8·12" 事件，但是我把清水河的案例也附在上面，让省长们看看 22 年后有没有进步，不要以为有多大的进步。外滩踩踏事件中老百姓也有责任，这么多人难道没有一点风险意识吗？人们这方面的意识也比较薄弱。

第二，现场处置混乱无序。现场处置能力差，特别是前几个小时，现在大灾大难面前混乱无序，表现为多头指挥、决策不当、现场管控不力，再加上信息不畅、职责不清等，处置当中手忙脚乱。

第三，应急保障能力不足。应急保障主要包括通信保障、交通保障、物资装备、医疗救护、人员安置等方面。应急最重要的是"两通"，一个是路通，一个是信息通。这两个方面现在还有一些薄弱环节，小的灾难看不出来，一遇到大灾难这个问题就暴露出来了。

第四，舆论引导能力较差。舆论引导能力比较薄弱，主要有几个方面：信息公开不及时、公开信息形式单一、不注重舆论传播效果、不善于与媒体打交道。不少领导干部不善于与媒体打交道，不愿说，不敢说，不会说，甚至胡乱说。不知道怎么发布信息，以为开新闻发布会是唯一的信息发布形式，这些方面存在很多问题。

第五，基层应急能力薄弱。基层的能力包括个人能力、家庭能力、社区能力、单位能力、志愿者能力。应急管理的重心在基层、在社区，光靠政府还不行，安全事件中第一响应的是老百姓自己。从家庭、个人、社区来讲，现在这方面的意识和能力都非常不足。

我快速和大家讲前面两个问题，一个是形势，一个是问题，目的是希望在座各位领导要牢固树立安全发展观和风险防范意识，要进一步提高这方面的紧迫感和责任感。

# 三　应对公共安全形势的任务

有两个层次，第一个层次是总体思路，第二个层次是重点工作。

## （一）总体思路

总体思路共有四句话。

### 1. 以社会治理理念为指导

应急管理、公共安全属于社会治理的范畴。前几天光明网邀请我写了一篇小文章，学习十八届五中全会的体会，标题就是《健全公共安全体系是社会治理的重要任务》。现在讲社会治理更多是讲常态治理，应急管理是社会治理的非常态管理，在社会治理中具有重要地位。因此，社会治理的四个方面要求，即系统治理、依法治理、源头治理和综合治理，同样适用于应急管理工作。

第一个是系统治理。所谓系统治理就是多元主体参与，无论是常态的社会治理还是非常态的应急管理，都需要群策群力、共治共享。校园里的安全仅靠老师校长是不够的，要靠每一个同学。社会矛盾不靠群众就不行，不打人民战争，反恐维稳就没有保障。食品安全方面，分散的小作坊小生产靠食品药品监管部门也靠不住，它们是负监管责任，企业生产者是主体责任，安全生产也是一样，所以一定要用系统性的概念。

第二个是依法治理。按照法律法规来办事，后面还会强调这个观点。

第三个是源头治理。什么叫源头治理？就是防患于未然。今天讲应急管理包含了公共安全体系这样一个大概念，公共安全就是要求把公共安全网织密了、织牢了。应急管理一定要强调前端风险管理，风险管理是没有发生突发事件，突发事件出来以后就是应急管理。应急管理最重要的是无急可应（不要有事）、有急能应（出事能够及时处理好），更重要的是讲基础、讲源头。

第四个是综合治理。综合治理是指运用多种手段进行应急管理，现在要特别强调运用现代科技手段，如云计算、"互联网+"、大数据。社会矛盾利益调解，除了运用法律手段，还有调解手段、行政手段，还有道德手段、经济补偿手段，要多种手段并用。

今后五年应急管理怎么做，要把它放在社会治理这个大概念里去谋划，要以"四个治理"理念为指导。

### 2. 以"一案三制"为主线

2003 年以来，我们国家应急管理取得了长足的发展和进步。回顾过去 12 年，中国应急管理公共安全体系建设的一个重要经验是抓"一案三制"。马上要搞"十三五"规划，"十三五"时期应急管理以什么为主线？以什么为重点？今年经过反复全面深入思考，我认为还要继续坚持"一案三制"，这条主线不能动摇。年初我提出继续坚持"一案三制"，我们应急管理教研部有一些老师说这些是过去的老做法，已经过时了。我想了想，现在不能过于乐观，还应该继续坚持"一案三制"。过去的"一案三制"可以叫 1.0 版，今后"十三五"时期的"一案三制"是升级版的 2.0 版，没有过时。

（1）一案是预案。

抓预案是抓应急管理最重要的切入点。什么是预案？预案就是事先准备好的应对突发事件的工作方案，它连接了体制、机制、法制和应急准备、应急处置、恢复重建，这是应急管理最基本最重要的一项工作。应急预案主要分为政府及其部门应急预案、单位和基层组织应急预案两大类。

抓预案就抓两个字，第一个字是"编"，要编好预案；第二个字是"练"，要练好预案，预案不练就是空的，一纸空文。我们国家 2004 年以后对预案工作非常重视，中央专门发文，国务院专门发文，要求各级党委政府、企事业单位、基层单位都要编制预案。现在已经形成了一个横向到边、纵向到底的预案体系。各个地方，包括泉州市开展了有声有色的预案编制和演练工作。但是，很多领导同志跟我讲，出了事以后，好像很多时候大家也不是照着预案来处理的，预案好像没发挥多大的作用。去年 4 月 11 日兰州市发生水污染事件，兰州市有关方面来找我，说我们各个单位都有预案，但是出事了没有照着预案来，预案也不管用，你能不能帮我们做三件事：第一件事，把我们的预案优化一下；第二件事，把应急管理办公室（简称"应急办"）的体系改造一下；第三件事，把我们的干部培训一下。后来我想了一下，我说我帮你们做一件事：培训干部，因为我们应急管理培训中心重要的任务就是干部培训。去年 9 月份给他们办了一个班，今年 5 月份又给他们办了一个班。关于预案优化，你们可以找别的单位，我们没有那么大力量。预案不是没有用，问题是预案编得不科学、不合理，所以它没有发挥作用。

预案编制过程中存在什么问题呢？

第一，功能定位不清。人们对预案的定位认识不清，应对突发事件有四个阶段，预防准备、监测预警、处置救援、恢复重建，预案是管全部四个阶段还是突出哪两个阶段？国务院应急管理办公室讲，这不是我的意见，预案应该主要是突出中间两个环节，监测预警和处置救援，预防准备、恢复重建是常态工作，是应急规划应该解决的，不要把应急规划和应急预案混为一体，应急预案可以适当前伸和后延，但一定要突出重点，事发后怎么监测预警、处置救援，这是重点。

第二，缺少风险评估和应急能力评估。我了解相当一部分单位的预案是怎么编的。办公室的主任或者副主任找几个同志，把相关单位的预案拿过来抄抄。这样的预案要它发挥作用那不是奇迹吗？预案要立足本单位本地区的风险评估，进行风险点分析。比如，学校里有各种各样的风险，不是所有的风险点都要有预案，要评估排序，针对那些最重要最有可能发生的风险搞预案。一个企业可能有上万种风险，不可能都编预案，要排排序，所以需要风险评估。然后是能力评估，你应对这个风险有多少资源、人才、装备。这里面涉及一个问题，是"点菜吃饭"还是"看菜吃饭"？有的人想当然需要应急资源、需要力量，但做不到，预案要在约束条件下来编制，从现有资源出发提出应急措施，这叫"看菜吃饭"，不是"点菜吃饭"。我们在培训里经常搞演练，伤员转运到这里，桥炸断了怎么走？有的领导就想赶快派直升机。但是，根本没有直升机，这时你就得想办法。编制预案要在约束条件下来编，不能想当然。可以适当超前一点做规划，但是不能都去想象。

第三，缺乏严格规范的应急预案编制管理程序。编制预案有一套规范程序，动议、人员组成、编写规范、审核、批准、演练，有一套程序，现在比较随意。

由于上述三个比较突出的问题，现在的预案上下一般粗，格式雷同、内容相仿，针对性不强，应急处置措施缺乏可操作性，缺乏科学有效的演练。

很多领导干部跟我讲，能不能给我搞几个有用的预案。最近我了解中石油他们搞的预案不错，安监总局在他们那里搞试点，他们要求预案分层级，就是总指挥部有预案，现场指挥部还有操作性预案。上个月我到深圳福田区去看他们的预案，他们也是分两个层级。我们现在都是笼统地搁在一起，指挥部组成、信息报送程序，还有一些职责等，缺少现场处置的规范和流程。中石油有 3000 多种预案，要求预案尽量图表化、卡片化，这样就便于操作。练，绝大多数演练是演戏，现场感、操作感不强。针对这个问题，前几年广东省政府应急办推动开展"双盲"演练。什么叫"双盲"？事先不告诉参演人员事件发生的地点，事先不告诉参演人员事件发生的类型，就是处于临战状态，有很强的现场感。我也提醒各位，这个事情要做好充分的论证和准备，否则会引发不必要的意外伤亡。比如说学校里面，学生要应急逃生，你事先不告诉他们，突然铃声响了，赶紧要撤退，学生跳楼怎么办？

学生发生踩踏怎么办？所以要做好精心设计。广州、深圳每年都要拿出一段时间来搞专门演练。不能总演戏。应急预案抓两个方面，科学编制预案，科学演练预案，一个是"编"，一个是"练"。

我要强调两点。第一，要正确区分政府预案和基层预案。华侨大学是正厅级单位，和泉州市一样级别，但是坦率地讲华侨大学是一个基层单位，和政府不一样。基层单位编制预案突出两条，一是先期处置，发生事件第一时间要自己自救，二是信息报告。政府不一样，政府有指挥部的问题，有综合协调的问题，有资源保障的问题，有很复杂的一套程序。基层预案和政府预案不能一样，重点是在基层，基层突出两条，先期处置和信息报告。

第二，政府要做好预案体系管理。什么叫预案体系？举个例子，天津滨海新区危化品爆炸，这么重特大的事故要启动多种预案，首先应该启动天津市突发公共事件总体预案，然后是专项预案，如危化品爆炸预案、公共环境灾难预案、交通事故预案和其他的一些预案，这就形成了一个体系，要做好不同预案之间的衔接。事先如果不做好预案之间的衔接，比如说安监局局长、公安局局长、消防队队长就不知道去哪里。在总体预案中他可能是总指挥部里的成员，在专项预案中他可能是总指挥，所以这里面事先就要做好预案的评估、体系的衔接。

（2）三制。

包括三个方面：一是体制，二是机制，三是法制。

① 体制。

什么叫体制？很多同志分不清体制、机制。我认为，体制就是主体及其主体之间的关系，或者是机构及其机构之间的关系叫体制。应急管理体制要从这两方面来理解。

首先，有专门的机构。

2005年，国务院成立了应急管理办公室，由国务院总值班室更名为国务院应急管理办公室，承担三项主要职能：第一项职能就是应急值守、信息报送；第二项职能，风险管理、应急管理体系建设、应急规划、应急预案管理，包括科普宣传教育，普及应急知识，应急方面的宣传培训教育都是应急办管的；第三项职能，协助领导处理突发事件，承担综合协调任务。从上到下，从中央到地方、到市里面，现在应该都有应急办。福建的体制有一点特殊，还是总值班室，不叫应急办，职能比较单一。前几天福建省政府办公厅值班室主任在我们那儿学习，他跟我讲福建比较特殊。当然，应急管理办公室还只是协助领导开展应急管理工作的具体办事机构，是党和政府突发事件应急委员会的办事机构，还不是完整意义上的应急管理权力机构。

其次，机构之间的关系原则。

有了应急管理的机构，机构之间、权力之间是什么关系？有五句话概括了不同权力主体之间的关系：统一领导、综合协调、分类管理、分级负责、属地管理为主。

第一句话是统一领导。什么叫统一领导？遇到突发事件，不管有多少单位，不管有多少人，一个人说了算，在党委政府领导下来解决问题，家有千口主事一人，这叫统一领导。什么叫应急管理办公室？泉州市应该有一个应急委（应急委员会），市委书记、市长是应急委的两个主任，应急管理办公室是突发事件发生后应急委的办事机构，在应急委的统一领导下，在党委政府的统一领导下开展工作。

第二句话是综合协调。谁来综合协调？应急办来综合协调，别的机构没有这个职权。

　　第三句话是分类管理。在中国分类就是按灾种分部门牵头管理，不同的灾害和突发事件由不同的部门来牵头。比如，公共卫生谁来管？卫生部门牵头。

　　第四句话是分级负责。"级"先是灾难的"级"，后面对应相应的行政级别。我刚才讲了突发事件的四大类、四个阶段，还有四个级别，最高级别是一级，称为特别重大。前几天北京发生重度污染事件，政府发布红色预警，是一级预警，过几天调整为橙色，下调二级，属于重大级别；三级用黄色进行预警，昨天晚上美国使馆发布了黄色预警，是三级警报，属于较大级别；四级用蓝色标识，属于一般级别。突发事件的级别是有数量规定的，一般按照灾害的程度、受伤和死亡人数、波及的范围和可控制性等划分为四个级别。地方也可以分更多的级别。

　　第五句话是属地管理为主。什么叫属地管理为主？在发生突发事件以后，谁是有权处理的单位？当地政府。比如，泉州这个地方可能有中央单位，还有驻军、央企，所有的单位发生突发事件都应该请市长指挥，平常可能不管它，但是发生突发事件的时候，管辖权转移。天津滨海新区瑞海公司属于港务局管，港务局是一个企业，归交通部门管。无论天津市政府平常是否直接管理这个企业，发生火灾突发事件后，事发企业必须第一时间向当地政府报告，当地政府的领导必须第一时间站出来承担责任，指挥协调处置。企业不报告是失职，当地政府领导不站出来是失责。讲得具体一点，比如说国家行政学院。国家行政学院人数不多，但是级别很高，正部级单位，坐落在海淀区政府对面，平常和海淀区政府没什么关系。如果我们学院发生突发事件，第一时间要向对面的海淀区政府报告，同时向国务院报告，首先是接受海淀区政府和北京市政府的领导，不是国务院，所以这种关系一定要记住，大家以为这事情很简单，其实不简单。今年"8·12"事件出来以后，有记者问天津市宣传部副部长，问他总指挥是谁，他说"我尽快了解一下"。这需要了解吗？按照属地管理为主的原则，那就是市长黄兴国，不需要了解，说明他不了解这一句话。有同志问我，你们怎么培训的？你们中心每年培训一两千人，基本的常识都不知道，我很惭愧。今年秋季开学后，我就跟管教学的同志讲，你们搞一个卷子测试一下。给厅级干部测试可能面子上不好看，就搞一个需求调研，只记名不记分，了解一下教学需求。其中有一道题是：天津滨海新区发生爆炸，黄兴国市长和郭声琨部长谁是总指挥？就是这样一道题，绝大多数学员答对了，但也有少数几个同志讲黄兴国市长应该听郭声琨部长的，因为郭声琨部长是国务委员，是党和国家领导人。这不对，国务委员来了也只能是指导协调帮助，他不能代替，最后的决策权还是在当地政府。

我们学院的老领导华建敏同志，2003年当秘书长的时候，重庆市开县发生特大井喷事故。他带着国务院工作组去重庆，一下飞机就向当时的市委书记黄镇东、市长王鸿举说："我来解决你们解决不了的问题，协调你们协调不了的困难，决策权不干预，是你们的，因为你们在当地熟悉情况，我不能干扰。"这就叫属地管理为主。上级党委政府对下级只是帮助、协调、指导。市长要明确自己的职责，区县发生突发事件，直接指挥权是区县长、区县委书记的，市长不能越位。这样的事情已经发生太多了，谁级别高、谁指挥、谁发号施令不清，最后导致当地政府和基层干部没办法干事。一定要把这个事情讲清楚，上级是帮助指导协调。当地党委政府真的不行了怎么办？可以接管，但是有条件。因此，不是绝对的属地管理。

这五句话解决了不同层级党委政府之间的权责关系。什么叫体制？

有了机构、有了组织，机构和组织之间的关系用这五句话确定下来，这就叫体制。

应急办这个机构其实非常重要，但是据我了解，各地应急办的设置五花八门，省一级大致相同。我今年到广东、陕西、辽宁去调研，原来以为县里面很健全，后来发现县里面基本上不重视，大家去翻翻《突发事件应对法》，突发事件处置的主体是县级及以上人民政府，县是最重要的主体，但恰恰是县及县以下的应急机构残缺不全，县长书记不重视，一个县里面每年也不发生多少突发事件。只有发生重特大事故以后亡羊补牢才会重视。应急办不是不重要，很重要，负责应急体系、公共安全体系建设，科普宣教和老百姓应急水平的提高要靠它。

上一周，即 12 月 18 日，全国省级政府应急办主任班结业，我去讲话。我说我观察了一下，各个省份应急工作做得不平衡，有的做得好，广东、陕西、湖南做得很好，山西、陕西也做得很好，领导重视，不过，有相当一部分是领导推一下做一下。应急办要主动作为，领导的事那么多，你要主动想工作。假如应急办工作做得好，遇到突发事件，基础工作做得好，就能处理好。所以说是两方面，一方面是呼吁市长书记重视，另一方面应急办自己要主动作为，不能推一下做一下。

②机制。

什么叫机制？机制就是工作的流程、工作的步骤、工作的环节。主要有七个。

一是预防准备机制。预防准备干什么？干三件事。第一件事就是风险排查、风险评估。各部门、各单位要作为一件重要事情抓起来。这次深圳滑坡，现在没有最后结论，但是从现有的信息判断，肯定有责任事故的成分。因为不是山体为什么会滑坡，曾经有人提醒这个东西有危险，也有人举报。但是，风险管理不到位。第二件事情是应急规划、应急预案。什么叫应急规划？要把安全理念和紧急避险的理念贯穿到生产、发展和生活的各个环节，要考虑生产力布局是否安全合理，规划里面是不是有安全距离，人员紧急疏散避险场所有没有，应急装备物资有没有准备。第三件事情是科普宣教。应急管理的培训要进学校、进社区、进基层，这个工作要从娃娃抓起。

二是监测预警机制。包括监测和预警两个工作。监测是专门的人用专门的手段，收集专门的信息，进行事态发展可能性及趋势的研判，现在在重要突发事件领域都有专门的监测。预警就是要求在非常紧急的状况下，在非常有限的时间里，把信息传递出去，有效快速地传递给每一个人，这是一个非常复杂的系统工程。国家在国家气象局建立了突发事件预警信息发布中心。对于特殊人群和特殊地区，怎么去预警，大家要想办法。

三是信息报告机制。信息报告要抓两个字，第一是"报"，第二是"核"。信息在突发事件处置里面居于关键地位，怎么强调都不过分。

什么叫"报"？要有首报意识。中共中央办公厅、国务院办公厅今年要求突发事件发生之后，半个小时之内要向中办、国办口头报告或电话报告，一个小时后要书面报告，书面报告以后还要跟踪报告。上个月我们对各省份分管安全生产的副省长搞了一次模拟演练培训。第一个演练动作是应急办送来应急专报，某某地方发生危化品爆炸，让领导去批示，要求五分钟完成，然后老师把领导批示件收上来，下午请专家点评。专家点评说，"你们批示都很好，但大部分同志缺了一个环节，没有建议省长书记向国务院报告，缺少首报意识"。事发地的工作人员要报告，领导干部也要报告。报告不仅是向上级报告，企业要向当地政府报告，还要向相关单位报告。

报告了以后怎么办？第二个字是核，核实核查，不能听风就是雨。2012 年 12 月 30 日，山西省长治市潞城市天脊矿业集团发生苯胺泄漏，这个企业向潞城市环保局和应急办报告 1.8 吨苯胺泄漏到河里去了。当地应急办和环保局接到报告以后，认为 1.8 吨不严重，没有采取措施，就是信息转发，向长治市应急办和环保局报告，长治市应急办和环保局再向省政府应急办和环保局报告，三个层级都没有采取核实行动。一周以后，三个省三个市数百万居民的饮用水受到污染不能用了。河南安阳、河北邯郸也是如此。环保局再查，不是 1.8 吨，是 8.7 吨以上。严重瞒报，成为责任事故，数十名工作人员受到追责。长治市市长也受到追责，后来有人举报他包养情妇，有贪污腐败行为，一查属实，判刑 20 年。不要以为这是小事。

我再讲一下报与不报的责任。25 天前济南市中院宣判青岛"11·22"事故 14 名责任人刑事判决的决定，其中有 6 名是政府工作人员，有一名是黄岛区应急办主任。我今年 5 月份带着青岛几名应急办的同志到欧洲访问，我就问他现在怎么样，判了没有。他们告诉我这个青年人挺好的，虽然他当时触犯了法律，但是大家还是说他挺好的。他当应急办主任时间不长，事发当晚有人告诉他有泄漏，他心想现在晚了，不要打扰领导睡觉，第二天再报告，漏油也不是一天两天，平常就有小漏，没有想到那么大，第二天还没来得及报告就爆炸了。今年 5 月份，关了一年多还没放出来，查了半年多也没有别的事情，就这个事。前一段时间青岛市应急办主任来了，我问他，他说判三年缓三年，就这一件事。所以我跟我们应急培训中心的老师说，给领导干部讲应急法治不要讲别的，讲三件事：第一是明责，第二是履责，第三是免责。你不要简单地讲外国怎么做，要讲中国的法律怎么规定的，讲应急预案是怎么规定的，你就按照这个来，错了不是你的责任，没办就是你的责任。

四是应急处置机制。四大类突发事件处置方法和手段各不相同，事故灾难、公共卫生、群体性事件、反恐维稳，都不一样，我就讲一点一样的东西。

首先，都要强调先期处置。老百姓自救互救，基层是第一道防线，不能等着专业的救援，不能等着上级机关，否则黄花菜都凉了。

其次，处置重特大事故灾难要建立两个中心。我们研究"8·12"天津危化品火灾暴炸案例，请了很多专家来研讨。现在国务院调查报告没出来，我们是从外围研究这个事。大家普遍认为，处置重特大事故应该建立两个中心，第一个中心是决策指挥中心，权力集中、统一领导；第二个中心是新闻中心或者叫舆情管理中心。一要"做"，二要"说"。你要"做"好，即处置好，还得"说"，否则，老百姓不知道不了解你们干了什么，对你有误解、对你有怨言。要围绕"做"和"说"这两个字建立两个中心。

第一个中心是权力中心，即决策指挥中心。一般来讲是两个层次或者两个方面，一个是总指挥部，一个是现场指挥部。总指挥部由党和政府的主要领导负责。现场指挥部由分管领导任总指挥，主责单位的领导是副总指挥，还有相关单位的领导是成员，是这样一个权力架构。现场指挥部里一定要把搞新闻宣传的同志拉进来，让他们知道事件的整个走向，不然怎么引导舆论？要让宣传部门的同志进入决策指挥部，他们才能了解情况，才能引导舆论。

还有一个问题是现场指挥部权力架构。我不知道大家是否注意这样的现象，处理突发事件和管理一般事情，大家心态不一样，很多同事平常都愿意多管一点事，多要一点权，但是，突发事件发生的时候，很多人不愿意管事，"这个事情不归我管"，好多人是这个心态，敢于担当的人当然有，但不是太多，怎么办？广东省去年出台了一个办法，叫现场指挥官制度，事先规定好，要不然遇到突发事件，比如说遇到火灾，有人说归安全生产部门管，有人说归消防管……都在推，都不愿意当现场指挥官。怎么办？用现场指挥官制度提前规定好主责单位和领导。现场指挥官没有到达之前就按照国际惯例，谁先到谁指挥，等现场指挥官到达后，权力移交。采取这样的方法，避免推诿扯皮、责任不清。还有不少问题，希望市领导县领导去研究。

第二个中心是新闻中心。为什么讲新闻中心？现在我们国家也建立了新闻发言人制度。但是，不能把新闻发言人简单当作一个人，新闻发言人还是一个制度，是一个岗位，如果把它固定为一个人，一方面不利于做好工作，另一方面有时候会把这个人给害了，所有的事情让他一个人发言，他怎么能做到？新闻中心有助于解决这个问题，在一线指挥救援的人坐在那个位置就是新闻发言人，要有这样一个大概念。

另外，还要发挥专家的作用。领导同志分管的领域很广，分管的事务很多，他不可能三头六臂什么都懂，专业的事情要由专业人员去处置，要依靠专家。危化品氰化钠出来了，有没有危害，怎么消除这种危害，谁说了算？部队的专家说了算。但是这里面有一个关系要处理好，行政首长决策和专家决策之间谁最终负责？因为专家的意见有时候也不统一，当行政决策或者政治决策和专家决策不一致的时候，最后由行政首长拍板。

五是恢复重建机制。关于恢复重建，我就讲一件事，财产和人员赔偿问题。现在这方面遇到了一些困难。李克强总理讲消防英雄没有编外编内之分，同命同价。实际上做工作很困难，怎么办？送大家三句话。第一句话是生命无价、赔偿有规。按规矩来，不能随意开口，现在重特大安全生产事故赔偿标准一般按事发地上一年度城镇人均可支配收入的 20 倍赔偿，比如说泉州去年是 3 万元，那就赔偿 60 万元，如果是 4 万元，那就赔偿 80 万元。生命无价，赔偿有规，按照政策规定办。第二句话是尽力而为、量力而行。有的家庭有困难，可以动员社会力量搞一些社会捐赠和帮扶救助，慢慢解决。第三句话是瞻前顾后、统筹安排。这方面一定要汲取教训，要不然上去一闹，前后的矛盾就出来了。

六是舆论引导机制。这是非常重要的事情，一要"做"，二要"说"，怎么说？第一个原则是主动及时。要早说快说，现在早说快说有一个误区，似乎就是要主要领导开新闻发布会，这是不对的。开新闻发布会只是公布信息的一种形式，我们可以用两微一端（微信、微博、客户端），事发后马上发布信息。领导同志，特别是主要领导要到哪里去，你报告他的位置就是公开信息，"9·11"事件中纽约市市长朱利·安尼在现场，他没开新闻发布会，但别人知道他在大楼附近，对稳定民心、对提高政府形象非常有帮助。不是说一定要开新闻发布会，新闻发布会两三小时以后再去开，准备不足不一定要开。上个月法国巴黎遭到恐怖袭击，当时总统奥朗德在体育场看足球比赛，他没有马上离开球场，电视台报道了他在哪里、在干什么。别人知道他在球场，对于稳定人心很有帮助，他是看完比赛以后才发表电视演讲的。明确领导在哪里，并告诉群众，这也是重要信息。一定要主动及时，要知道用什么样的正确的形式发布信息。第二个原则是客观真实。

一定要讲真话，一定要讲事实，真话不一定全说，但假话一定不能说。第三个原则是有序有利。先讲什么，后讲什么，我们过去叫快报事实，慎讲原因，比如说滨海新区爆炸的真实原因现在还没有查出来，不能随便讲，还有一点是重讲态度。第四个原则是科学艺术。讲究科学，讲究艺术，谁来讲？当事人来讲、科学家来讲更有说服力，讲的时候也要讲一点艺术，话不能讲得太满。我们搞演练培训，有几个领导同志上来接受采访。老师的问题经过反复设计，都是圈套，不是那么好回答的，搞不好就会掉到陷阱里。我们培训的目的是让参训人员出出汗，这样他的印象才会深刻，回到工作中他才不会犯这样的错误。有一个问题是：是否需要外面的力量参与救援？这看起来是一个简单的问题。有一个学员回答很干脆：不需要，我们有能力。专家点评说：回答得不艺术，讲得太满。首先应该是感谢，感谢大家的关心和支持。其次，截至目前我们还不需要。要留有余地，不要讲得那么满，万一哪一天需要了怎么办？所以这里面有很多讲究。

王岐山同志当北京市市长的时候有一个非常经典的案例。"非典"时期，他受命于危难之际，当了北京市市长，上任一周就主动出来接受中央电视台《面对面》栏目的采访。有一个记者很刁钻叫王志，王志问他：王市长，你能不能告诉我北京的"非典"什么时候能够结束？王市长说，我告诉你北京现在已经从外地调集了大量医生，在小汤山建了一个医院，准备了大量病房，我们有能力打赢这场战斗。王市长没有直接回答他的问题，但是他把政府要做的事给传递出去了，给老百姓信心。在随后的访谈里，王志又问了一个问题：王市长，有人说今年北京的春天是一个戴口罩的春天，你能不能告诉我，什么时候我能拿掉口罩走出家门。这又是和前面的问题一样，叫他预测。王市长

说，我们不做这种推测，要知后事如何，且听下回分解。电视到这里
结束了。事后我看到很多人分析，认为这是一个经典的案例。为什么
王市长要来做这个访谈？就是要把政府要做的事传递出去，让大家有
信心。王市长借着这个问题把他做的事给说了，不是有问必答。你可
以问，但我可以说别的事。

有反恐维稳的不能讲。2004年俄罗斯境内发生学校人质事件，我
在家里看了凤凰卫视直播，小孩在教室里面，当时记者采访说这些小
孩里面有特种部队指挥官家的小孩，绑匪得知后赶紧去找，给小孩身
心造成极大的伤害。像这样的场面就要管控，不是什么都能说。

我送给大家四句话：主动及时、客观真实、有序有利、科学艺术。
新闻发布就是舆论引导。

七是调查评估机制。不同的阶段，调查评估的重点和内容不一样。
平常我们要进行风险评估，事故出来了，我们要进行灾害评估和责任
调查，主体也不一样。

七个机制，前五个机制是按照时间来的，事前、事发、事中、事
后，后两个机制贯穿于整个过程。

③法制。

大家注意这个"刀制"，是指制度体系，是法律法规的体系。我们
国家到目前为止已经形成了以《宪法》为依据，以《突发事件应对法》
为基本法，以单行法律和相关法规为重要组成部分的应急管理法律框
架体系。

2004年4月《宪法》修订增加了"紧急状态"条款，有了"紧急
状态"条款就为突发事件应对和制定相关法律留下了空间。2007年11
月1日颁布实施了《突发事件应对法》。八年了，很多人呼吁这一部法

律要修订，但没有修订之前它还得发挥作用，前几年大家认为这部法律挺虚，今年上海黄浦区外滩踩踏事件后，几名责任人受到追责，就是根据《突发事件应对法》。大家知道外滩踩踏叫事件，不叫事故，为什么？因为它没有组织者，不属于安全生产事故，老百姓自己去的。当时还有同事跟我讲，能不能适用《旅游法》？后来大家觉得《旅游法》也不合适。想来想去，《突发事件应对法》中有一句话叫属地管理责任。区委书记、区长、公安局长、分管区长统统免职。

单行法律，比如说《安全生产法》《食品安全法》等，还有条例和规定，都是应急管理方面的法律法规。我特别提醒各位注意，前面讲的预案在一定意义上也是法，预案制定第一条就是预案的依据是什么，依据某某法，你不能和上位法有冲突。预案就是你那个单位、地区、部门的法，它只不过适用的范围不大、位阶不高，它是法律法规的重要组成部分，所以一定要树立预案是法的观念。

"刀制"的法制，还应该走向"水治"的"法治"。刚才讲了社会治理里有四个理念，即系统治理、源头治理、综合治理、依法治理，要树立法治思维，用法治方式来解决问题。讲到这里，想和大家强调一下，应急状态下或者紧急状态下的法律和常态下的法律是不一样的，它有五个特点。

第一个特点是行政权力优先。要统一领导，权力集中。

第二个特点是公民权利受限。和第一个特点相对应，行政权力优先，老百姓的权利就相对受到限制。举个例子，你这里靠近台风袭击地，有洪水来了要堵缺口，没有沙石材料，看到老张家盖房子的材料挺好，根据《防洪法》就可以征用，我不需要你同意，同意不同意都可以征用，老百姓的权利就受到了限制。但是，事后要归还，如果损坏要赔偿。2005年乌鲁木齐发生"7·5"事件，党委政府作出决定，11点钟以后开始宵禁，老百姓不能在大街上走，这是对公民人身自由的限制。2003年"非典"时期，我作为北京人要隔离，这是对我人身自由的限制。哪部法律赋予政府这样的权力？《传染病防治法》《突发公共卫生事件应急条例》规定的，政府有这个权力，让公民权利受到限制。

第三个特点是程序特殊。平常我们决策要开会，要有专家论证、公开公示、群众参与，各方听取意见。紧急状态下处置突发事件，要是这样的话，黄花菜都凉了，很多程序就只能兼顾。信息报告可以越级，指挥决策可以越级，这叫程序特殊，时间紧急，不允许四平八稳。

第四个特点是惩罚严苛。不按照规定和程序办事，特别是造成严重后果的，要严肃追责。

第五个特点是严格的时效性。前面讲的行政权力优先、公民权利受限、程序特殊、惩罚严苛等特点，是在特定的时间里的，超出这个范围就不适用了。因此，提醒市长书记、区长县长们注意，突发事件发生的时候，根据形势研判要宣布启动应急响应。没宣布就意味着还是常态，法律就不能适用，适用了就是违法。事件结束了还要宣布应急响应结束，这个状态解除。没有宣布启动应急响应，你就不能拆我的房子。不是宣布启动应急预案，是宣布启动应急响应。

### 3. 以能力建设为重点

制度体制建设就是能力的重要表现，除此之外，还有两个方面：一是人的能力，二是物的能力，即物资保障的能力。

（1）人的能力。

人的能力分三个方面。

第一个方面是领导干部的能力。

领导干部需要具备什么应急管理能力呢？我认为有五种能力很重要。

一是形势研判能力。领导干部要有敏感性、敏锐性，对突发事件的性质、危害和可能走向要能快速作出大致的判断。"8·12"滨海新区危化品火灾爆炸事件在某种程度上反映了领导干部的形势研判能力不足。天津方面是按照传统的思维来处理的，比如说舆论报道、新闻报道，8月12日这一天全国各地乃至世界各地的媒体都在报道天津这个事，当地媒体一言不发，还照常在播韩剧，有一句话叫"世界在看天津，天津在看韩剧"。专家们说，天津这座城市是号称没有新闻的城市，因为离北京太近，不愿意出事，出事就给盖住，不要让它扩散出去，大事化小、小事化了，没想到这么大的事盖不住了，现在是新媒体时代、自媒体时代、全媒体时代。

怎样才能够提高领导干部的能力？一是要让领导干部有正确的理念，要坚持以人为本。所谓以人为本就是把人的生命安全放在第一位。总书记说，"人命关天，发展绝不能以牺牲人的生命为代价，这必须作为一条不可逾越的红线"。总书记反复讲，有一些领导同志对安全生产、公共安全不重视，不知深浅，不知厉害。

二是要牢固树立安全发展的理念。十八届五中全会上，习近平总书记要求，牢固树立安全发展理念，坚持人民利益至上，加强安全意识教育，健全公共安全体系。完善和落实安全生产责任和管理制度，实行党政同责、一岗双责、失职追责，强化预防治本。改革安全评审制度，健全预警应急机制，加大监管执法力度，及时检查化解安全隐患。坚决遏制重特大安全事故频发势头，实施危险化学品和化工企业生产、仓储安全环保搬迁工程，加强安全生产基础能力和防灾减灾能力建设，切实维护人民生命财产安全。"十三五"时期各地这方面的任务非常重，化工园区危化品专项整治，危化品管理涉及生产、储运、销售、使用等诸多环节。危化品不仅仅是企业有，学校食堂、实验室都有危化品，清华大学前几天实验室发生爆炸。十年前烟花爆竹是危化品，十年以后种类不一样了。各位领导要高度重视。

三是防灾减灾能力建设。切实维护人民生命财产安全，坚持安全生产、安全生活、安全发展。

四是领导干部要敢于担当。突发事件发生一定要敢于担当。上周三，我把湖北省监利县县委书记黄镇同志请到我们培训班上来讲2015年6月1日"东方之星"沉船事件，当时他是县长，县委书记在中央党校学习。接到报告，他不假思索就把这个事情揽过来了。大家知道船在长江上行驶，长江南岸是湖南，长江北岸是湖北，和监利没有直接关系，长江归长江水利委员会管，航运归交通部管，船是重庆的，和他没有关系，但是他接到报告后，义无反顾把这个事情揽过来。监利县140多万人，经济不发达，当时还要迎高考，县城里可用床位1000多个，来了一两万人，对他是巨大的挑战。442名死难者，多少家属过来，多少救援工作组过来，上至国务院领导，下至部长省长，他48小时没合眼睡觉，把这个事情处理得非常好，所以国务院应急办主任李晓东知道以后就让我把他请来讲一讲。黄镇说，他当时没想这个事情该不该他干。他说："人命关天，我不干谁干？"所以他现在就当了书记，之前的书记当了湖北省信访局副局长，还有一批干部受到提拔和重用。

五是要科学决策，决策很重要。2008 年雨雪冰冻灾害，京珠高速被封路，好多天走不了。如果当时决策科学一点，可能不是这个状况。高速公路封路，冰越结越厚，铲也铲不掉，装甲车都铲不掉。如果不封路，让车慢速行驶，雪会边走边化，就没有那么严重的结冰，这是后话。

第二个方面是普通群众的能力。

普通群众比领导干部更重要，因为大量的有效救援是群众自己搞的。总书记在今年 5 月 29 日中央政治局第二十三次集体学习时讲话，主题就是加快构建公共安全体系，涉及应急管理，请了五位部长去讲课。总书记最后发表重要讲话，他讲今后公共安全应急管理的重点和重心在基层，要重心下移、力量下沉、保障下倾。今天在座听课的是领导干部，我希望通过你们的工作把力量传递到下面去，只有基础打牢了，整个社会的安全网底才能够铸牢。世界上救援有一个规律，95%是自救互救，5% 才是专业救援，汶川地震中救了 8.7 万人，自救互救 7 万人，军队 1 万人，专业救援队救出 7000 多人，国家地震救援队很厉害，救了 49 人，那是了不起的。地震救援队成立十多年来参加多次国际救援、国内救援，救了 100 多人。包括今年在尼泊尔大地震后救了 2 人。成就不容否定，但是要和几万人相比，那就是一个很小的数字，因此，重要的是基层的能力。我今年夏天到贵阳市调研，那里的应急管理开始逐步走进学校和社区，火灾来了怎么避险逃生，地震来了怎么逃生，毒气来了怎么避险，训练孩子们掌握逃生办法。学生们感兴趣了，通过"小手拉大手"，他们领着家长也感兴趣了。

第三个方面是专业人员的处置救援能力。

（2）物的能力。

强调一条，应急平台建设。各级政府各个部门现在都搞信息平台建设。我到几个地方调研以后，想强调两个观点。第一个是政府要牵头搞顶层设计，现在各自为政重复建设现象比较突出，有的是过于超前，有的地方搞了大的指挥平台，搞得很高大上，多少年用不了一次。顶层设计要整合资源。第二个是要便携化、可移动化，比较适用的是移动平台，小型可移动的平台较为适用。这是总体的思路。

#### 4. 以综合应急为方向

什么叫综合应急？因为现在突发事件发生有这样一个特点：单一事件向多种事件综合管理转变，单一部门应对向多个部门协同应对转变，单一地区向多个地区和更大领域拓展。现在这个社会关联性、转化性太强。现在按照分类管理的原则来处理突发事件，实际上需要再研究。去年我到清华大学参加一个课题评审，卫生部委托清华大学公共管理研究院对应对 H7N9 禽流感情况作出评估。卫生部的专家讲，禽流感这个事让卫生部来牵头不合适，因为它涉及农业部门、交通部门、公安部门、检疫部门、工商部门，卫生部只是其中一个小小的环节，由卫生部来牵头其实很吃力。为什么呢？实际上很多突发事件是综合性的，涉及多个部门和多个地区，卫生部不是一个很强势的部门，最好应该是国务院层面来牵头。这位专家的意见有没有道理？我想还是有一定道理的。这实际反映了现行分类管理原则的体制弊端。怎么解决？需要大家去考虑。

## （二）重点工作

"十三五"时期，我国应急管理应该怎么做？归纳起来，就是"以

社会治理理念为指导，以'一案三制'为主线，以能力建设为重点，以综合应急为方向"。今年是"十二五"规划实施的收官之年，明年是"十三五"规划的启动之年，下面我用几分钟的时间讲一下重点工作，也是四句话。

一是编制应急规划。"十三五"规划要体现公共安全要求，体现安全发展、安全生产、安全生活的要求。前几天中央城市工作会议闭幕了，习近平总书记在这个大会上强调，要把安全发展放在城市工作的首位，把住安全关、质量关，并把安全工作落实到城市工作和城市发展各个环节各个领域。城市工作无非是三个环节：规划、建设、管理，三个环节都应该牢固树立公共安全的理念。我今年夏天到一个省会城市住了七八天。这是一个山城，规划了四个很大的居民区，每一个小区可以容纳四五十万人，现在入住了一二十万人。我看了看，我心里面挺害怕的，高楼林立，又是山区，要是发生火灾，消防车难以进去，要是发生毒气泄漏、地震，人员疏散逃生的通道都没有，避险的场所都没有，这就不符合安全发展、安全生产、安全生活的理念。在此基础上，要编制好应急规划。

二是完善应急体系。市里面要牵头，县里面要落实这个事。要落实应急规划和应急预案中的规定和要求，做好应急队伍、应急物资、避险场所、通道、工具、教育、培训等方面的工作。

三是加强科普宣教。应急管理知识和培训要加强，要进家庭、进学校、进企业、进机关、进社区、进农村。另外就是要有心理干预。比如，两年前厦门市出了一个公交车纵火事件，是极端行为，要对受害人进行心理干预。心理干预不仅仅针对极端事件，像灾难发生以后要有心理干预，汶川地震灾区好多干部本身也需要心理干预，有几个干部提拔了以后，最后觉得生活无望，寻了短见。

四是抓好重要领域。有哪些重要领域？一是环境问题。特别是在北方，像北京，雾霾很严重。当然，环境问题不仅是空气污染，如漳州的 PX 事件，厦门不让搞，漳州搞，漳州两次着火，民众有恐惧心理。邻避效应怎么避免？化工项目还要落地，怎么让老百姓信任。二是涉外事件。泉州是侨乡，大量人员出去，境外人员权益和人身安全如何保护？三是城市基础设施。水、电、气、运、通信，城市系统的运转任何一个环节出了问题，全盘皆输。国家能源局上个月修订了《大面积停电预案》。城市停电了怎么办？不要以为这个事情就一定不会发生，2008 年郴州市就发生了停电，市长书记讲当时他们最担心的是几百万人的郴州顷刻之间或者说几天之内就会变成一座黑城、死城、臭城、乱城。没有电，住在高楼上面没有水，不能洗澡，不能做饭，下水道不能冲，就是臭城、黑城，搞不好群众有意见，就是乱城。现在城市里面地下空间，如北京地铁每天运送人员一千万人次，出个小问题都不得了，还有大量人员住在地下民防出租屋里，安全隐患很大。

本来年末岁初应该讲一些愉快的事情，尤其今天还是圣诞节——洋人的圣诞节，如果按照中国人的习惯，我认为是中国的圣诞前夜——明天是毛主席诞辰日，应该讲一点平安的事情，但是今天下午讲了很多突发事件、不愉快的事情，讲这些事情是希望大家更平安更幸福。

谢谢大家！

# 后　记

　　经过一段时间的筹备和编辑，《华大讲堂2015》终于和读者见面了。本书是"华大讲堂"系列丛书第 7 辑。

　　本辑收录了刘丛强、厉以宁、周熙明、周文彰、孙立平、柴跃廷、张占斌、龚维斌等 8 位专家的讲稿及互动环节内容，涵盖科技发展与基础研究、新常态与经济走向、核心价值观与文化思维、"三严三实"的内涵和意义、经济困境与社会转型、"互联网＋传统产业"、新常态与全面小康、公共安全与应急管理等前沿问题。

全书内容系根据录音整理而成，保留了口语化深入浅出的表述方式，把专家的思想和见解娓娓道来，让人犹如亲临讲堂。通过报告会上互动环节的内容，再现专家与现场听众的智慧交流、思想碰撞，能让大家一窥专家学者的风采和魅力，激发思考，启迪思维。

本书能够顺利出版，首先得益于各位专家学者于百忙中拨冗审稿并授权；其次是得到社会科学文献出版社社长谢寿光教授的鼎力支持和宝贵指导，社会政法分社社长王绯和责任编辑曹长香尤付心力；泉州市和华侨大学的领导提供了大力支持，华侨大学党委宣传部的工作人员为文稿的录制整理、编排校订付出大量工作。谨此向他们致以最诚挚的谢意。

需要说明的是，本书的讲稿是根据录音整理而成，从口语到书面语言转化的过程，难免存在疏漏和错谬之处，祈望读者海涵赐谅并予批评指正。

期待今后有更多的人能够走进"华大讲堂"，愿读者能够喜欢本书并有所收获。

编　者

2015 年 4 月

**图书在版编目(CIP)数据**

华大讲堂. 2015 / 陈铁晗，曾路主编. -- 北京：
社会科学文献出版社，2018.11
　ISBN 978-7-5097-9986-4

　Ⅰ. ①华…　Ⅱ. ①陈…②曾…　Ⅲ. ①社会科学－文
集　Ⅳ. ①C53

中国版本图书馆CIP数据核字（2016）第272343号

## 华大讲堂2015

主　　编／陈铁晗　曾　路
副 主 编／赵小波　黄景生

出 版 人／谢寿光
项目统筹／王　绯
责任编辑／曹长香

出　　版／社会科学文献出版社·社会政法分社（010）59367156
　　　　　地址：北京市北三环中路甲29号院华龙大厦　邮编：100029
　　　　　网址：www.ssap.com.cn
发　　行／市场营销中心（010）59367081　59367083
印　　装／三河市龙林印务有限公司

规　　格／开　本：787mm×1092mm　1/16
　　　　　印　张：18.5　插　页：0.5　字　数：205千字
版　　次／2018年11月第1版　2018年11月第1次印刷
书　　号／ISBN 978-7-5097-9986-4
定　　价／69.00元

本书如有印装质量问题，请与读者服务中心（010-59367028）联系

▲ 版权所有　翻印必究